영국 옥스포드, 케임브리지, 미국
하버드 대학에서 25년간 교수로
재직하며 창안하고 설계한 ————

Lateral thinking

드 보노의
수평적 사고

창의성 공부의 바이블

영국 옥스포드, 케임브리지, 미국
하버드 대학에서 25년간 교수로
재직하며 창안하고 설계한 ———

드 보노의
수평적 사고
창의성 공부의 바이블

2005년 10월 15일 1판 1쇄 박음
2019년 12월 30일 2판 1쇄 펴냄

지은이 에드워드 드 보노

옮긴이 이은정

펴낸이 김철종

책임편집 한언 편집팀 **디자인** 최예슬 **마케팅** 손성문

인쇄제작 정민문화사

펴낸곳 (주)한언

출판등록 1983년 9월 30일 제1 - 128호

주소 110 - 310 서울시 종로구 삼일대로 453(경운동) KAFFE빌딩 2층

전화번호 02)701 - 6911 **팩스번호** 02)701 - 4449

전자우편 haneon@haneon.com **홈페이지** www.haneon.com

ISBN 978 - 89 - 5596 - 889-7 03170

이 도서의 국립중앙도서관 출판예정도서목록(CIP)은 서지정보유통지원시스템
홈페이지(http://seoji.nl.go.kr)와 국가자료.공동목록시스템(http://www.nl.go.kr/kolisnet)에서
이용하실 수 있습니다.(CIP제어번호: CIP2019053170)

영국 옥스포드, 케임브리지, 미국
하버드 대학에서 25년간 교수로
재직하며 창안하고 설계한 ———

Lateral thinking

드 보노의
수평적 사고
창의성 공부의 바이블

에드워드 드 보노 지음 | 이은정 옮김

수평적 사고가 미래의 힘이다

근면함과 성실함을 최고의 미덕으로 평가하던 시대는 이미 오래 전에 지나갔다. 그리고 이제는 개인의 창의성을 가장 중요하게 평가하는 시대가 되었다. 인터넷 등을 통해 지식과 정보가 홍수를 이루는 현시대에는 그것을 어떤 시각으로 바라보고 재구성해 가치 있는 결과를 도출하느냐가 더욱 중요해진 것이다.

이런 시대에 절실히 요구되는 것이 바로 수평적 사고 능력이다. 이미 세팅되고 용인된 패턴에 따라 논리적으로 평가해가면서 문제 해결의 단계를 밟아가는 것이 수직적 사고라면, 그 한계를 뛰어넘어 기발한 해결책을 제시하는 능력을 부가하는 것이 수평적 사고다. 흔히 우리가 통찰력이나 창의성, 유머라고 부르는 것들은 바로 이 수평적 사고의 결과로 도출되는 것들이다.

특히 내가 몸담고 있는 광고계에서 가장 요구되는 것이 창의성이다. 나는 광고일을 하면서 수평적 사고의 필요성과 효과를 절실히 깨닫고 실천해 큰 도움을 받은 사람이다. 화장품 광고를 하면서 청개구리를 등장시키고, 신발을 팔면서 과거의 아픈 역사를 접목시키는 등의 아이디어들은 수직적 사고로는 절대 도출될 수 없는 결과물이었다. 나는 지금껏 한번도 만나지 않았던 두 사물을 만나게 함으로써 새로운 놀라움과 가치를 창출해내는 것을 크리에이티브라고 정의해 왔다. 학문적 체계를 통해서가 아니라 몸소 현장에서 부딪히며 어렴풋하게 깨우친 것이다. 그런데 나중에서야 그것이 바로 수평적 사고라는 것을 알게 되었다.

이 책은, 수평적 사고가 특별한 천재성이나 창의력을 가진 소수의 사람만이 아니라 누구나 의식의 습관이나 태도를 훈련함으로써 가능하다는 사실을 체계적으로 구체화했다. 나는 이 책을 통해 갈수록 더욱 뛰어난 창의성을 요구받는 시대를 살아가는 직장인들은 물론 미래를 책임져야 할 우리 청소년들이 하루라도 더 빨리 수평적 사고 능력을 배양함으로써 대한민국의 미래 경쟁력을 우뚝 세울 수 있기를 바란다.

- DDB Korea 대표이사 이용찬

왜 수평적 사고인가?

수평적 사고는 통찰력, 창의성, 유머와 매우 밀접하게 관련되어 있고, 모두 동일한 기반을 가지고 있다. 그러나 그것들은 우연히 생기는 반면, 수평적 사고는 구체적인 과정을 거쳐 생긴다는 점에서 다르다.

문화는 아이디어를 확립하고, 교육은 확립된 아이디어를 배우고 익힌다. 그것들이 아이디어를 현재까지 이어오면서 발전시켜왔다. 아이디어를 바꿀 수 있는 유일한 방법은 충돌이다. 충돌은 두 가지 방식으로 일어나는데, 첫번째 방식은 서로 다른 아이디어의 대립에서 영향력이 더 큰 것이 있는 경우다. 이때, 실제로 하나의 아이디어는 다른 아이디어에 영향을 끼친다. 그렇다고 그 아이디어를 바꿀 수 있는 것은 아니다. 두번째 방식은 새로운 정보와 기존의 아이디어가 대립하는 경우로, 그 결과 기존의 아이디어가 변한다. 이는 기존의 아이디어를 뒤집어 새로운 정보를 만드는 방법이자 인간이 지식을 축적하는 방법이다.

교육은 '정보를 수집한 후 그것을 유용하게 사용하는 것'이라는 전제를 기초로 한다. 수학과 논리적 사고는 정보를 다루는 도구로, 정보를 확대하고 다듬는다.

두번째 방식은 정보를 객관적으로 판단할 수 있을 때 효과가 크다. 그러나 기존의 아이디어로 새로운 정보를 평가할 때는 별 효과가 없다. 오히려 기존의 아이디어를 강화하고 견고하게 할 뿐이다.

아이디어를 변화시키는 가장 효과적인 방법은 외부의 대립이 아니라, 내부에서 사용 가능한 정보를 통찰력 있게 재배열하는 것이다. 통찰력은 정보를 객관적으로 판단할 수 없을 때 생각을 변화시킬 수 있는 유일한 수단이다. 그러나 과학처럼 정보를 객관적으로 평가할 수 있을 때도 큰 진전을 가져올 수 있다.

아이디어가 정보보다 앞서면 급속하게 발전할 수 있다. 그러나 지금까지 우리는 통찰력을 다룰 수 있는 도구가 없었기 때문에 정보를 수집하고 적당한 결과가 나오기만을 기다릴 수밖에 없었다. 우리가 지금부터 다룰 수평적 사고는 통찰력을 다룰 수 있는 도구다.

통찰력, 창의성, 유머는 정의하기가 어렵다. 의식이 너무 효율적이기 때문이다. 의식은 그것을 둘러싼 환경으로부터 패턴(pattern - 사고 · 행동 · 글 따위의 유형이나 양식)을 만들어낸 후 그것을 파악하고, 반응하고, 사용한다. 그러한 패턴은 사용될수록 더욱 확고해진다.

패턴을 사용하는 시스템은 정보를 다루는 매우 편리한 방식이다. 일단 패턴이 구축되면, 그것은 특정한 코드code를 만든다. 코드는 도서관에서 책을 검색할 수 있는 분류번호 같은 것으로, 패턴과 관련된 모든 정보를 기억할 필요없이 패턴에 붙은 코드만 기억하고 있으면 원하는 것을 쉽게 찾을 수 있다는 장점이 있다.

의식은, 정보가 스스로 패턴이 되게 하는 특별한 환경으로, 스스로 구성(self-organizing)하고, 스스로 극대화(self-maximizing)하는 시스템이다. 이는 패턴을 만들어내는 데 매우 뛰어나다.

하지만 의식에는 분명한 한계가 있다. 의식은 패턴을 결합하거나 추가하기 쉬운 반면 패턴을 재구성하기가 어렵다. 왜냐하면 패턴이 주의(attention)를 결정하기 때문이다. 한편 통찰력과 유머는 패턴을 재구성할 때 얻을 수 있다. 창의성 역시 마찬가지지만 패턴에서 벗어나는 것에 중점을 둔다. 수평적 사고는 기존의 패턴에서 벗어나고, 자극해서 새롭게 재구성하는 것이다.

수평적 사고는 창의성과 밀접한 관련이 있다. 그러나 창의성이 종종 결과를 설명한다면, 수평적 사고는 과정을 묘사한다. 다시 말해 창의성이 단순히 결과를 바라는 것이라면, 수평적 사고는 결과에 이르는 과정을 배우는 것이다. 우리는 창의성을 특별한 재능으로 여겨 미적 감각이나 천부적인 자질 정도로 그 범위를 제한한다. 그러나 그것은 분명한 오해다. 창의성은 문화의 변화와 발전에 필수적인 요소다. 오늘날은 지식과 기술을 쉽게 얻을 수 있기 때문에 창의성의 가치가 더욱 커지고 있다. 따라서 창의성에 대한 오해를 풀고, 그것을 '의식을 활용하는 방법', 즉 정보를 다루는 방법으로 생각해야 한다. 그 방법이 바로 수평적 사고다.

수평적 사고는 새로운 아이디어를 만드는 것과 관련이 있다. 어떤 사람은 새로운 아이디어를 기술적인 발명으로만 생각한다. 하지만 그것은 새로운 아이디어의 일부만을 말하는 것이다. 새로운 아이디어는 과학에서 예술, 정치에서 개인의 행복에 이르기까지, 모든 분야의 발전을 가져온다.

수평적 사고는 기존의 아이디어에서 벗어날 수 있도록 한다. 그리고 사물이나 상황을 바라보는 방식을 변화시킨다. 즉 항상 같은 방식으로 바라보던 것을 다른 방식으로 바라볼 수 있게 하는 것이다. 기존의 아이디어에서 벗어나서 새로운 아이디어를 자극하는 것은 수평적 사고의 두 축이다.

수평적 사고는 전통적 사고방식인 수직적 사고와는 판이하게 다르다. 수직적 사고는 각 단계를 순서대로 밟아 가고, 그때 각 단계는 논리적으로 옳아야 한다. 그러나 수평적 사고는 정보 자체가 아닌 그에 따른 효과를 위해 정보를 사용한다. 그리고 문제 해결을 위해서 어느 단계에서는 잘못된 것도 수행할 수 있다. 그것은 수직적(논리적 또는 수학적) 사고에서는 불가능하다. 게다가 수평적 사고는 관계없는 정보를 고의적으로 선택하기도 하지만, 수직적 사고는 오직 관계있는 정보만을 선택해야 한다.

그렇다고 수평적 사고가 수직적 사고를 대체하는 것은 아니다. 그 두 가지 사고는 상호 보완적인 관계로, 모두 필요하다. 수평적 사고가 여러 가지 대안을 만들어내면, 수직적 사고는 그중에서 선택한다.

수직적 사고는 정확한 단계만을 거쳐 결론에 이른다. 각 단계들이 정확하기 때문에 결론 역시 정확하다. 하지만 각 단계들이 얼마나 정확한지는 상관없이, 출발점은 항상 지각적 선택의 문제다. 지각적 선택은 상황을 명확하게 구별하고, 양극화시키려는 경향이 있다. 그리고 수직적 사고는 그런 방식으로 만들어진 개념을 토대로 작용한다. 반면 수평적 사고는, 수직적 사고가 미치지 못하는 영역을 다루기 위해 작용하고, 결론을 다양하게 한다. 그때 결론이 얼마나 정확한지는 문제가 되지 않는다.

결국 수평적 사고는 수직적 사고의 효과를 증가시킨다. 수직적 사고는 수평적 사고로 만든 아이디어를 발전시킨다. 수직적 사고가 구멍을 깊이 팔 때에 사용된다면, 수평적 사고는 여러 구멍을 팔 때 사용된다고 할 수 있다.

과거에는 수직적 사고만을 중요시했기 때문에, 오늘날 수평적 사고를 가르칠 필요가 더욱 절실해지고 있다. 수직적 사고만으론 진보를 기대하기 어렵게 되었다기보다는 위험에 빠질 수도 있기 때문이다.

한편 논리적 사고와 같이 수평적 사고도 의식을 활용하는 방법이다. 수평적 사고는 의식의 습관이자 태도다. 논리적 사고와 마찬가지로, 수평적 사고를 하기 위해서는 특별한 기술들을 필요로 한다. 이 책에서는 그 기술들을 강조할 것이다. 그 기술들이 중요해서라기보다는 실천해야 하는 것이기 때문이다. 가르치고 부추기는 것만으로는 그 기술들을 익힐 수 없다. 그것들에 대한 이해를 바탕으로 실제로 연습할 때만 수평적 사고를 의식의 태도로 발전시켜 나갈 수 있고, 활용할 수 있게 될 것이다.

이 책의 목적은 수평적 사고가 사고의 기본적인 부분이라는 것을 알고, 그것을 발전시킬 수 있는 기술들을 연습하기 위한 것이다. 다시 말하면 이 책은 단순히 통찰력과 창의력 향상을 기대하는 것이 아니라 수평적 사고를 의도적이고 실용적으로 사용할 수 있도록 도와준다.

요약

사고의 목적은 정보를 수집하고, 그것을 통해서 최선의 방법을 찾는 것이다. 그러나 의식이 고정관념이라는 패턴을 만들기 때문에 기존의 패턴을 재구성하지 않는 한 새로운 정보를 효과적으로 이용할 수 없다. 전통적인 사고방식은 패턴을 어떻게 정교하게 가다듬어 정확성을 확보할 것인지를 가르쳐 줄 뿐이다. 하지만 새로운 패턴을 만들어내고, 기존의 아이디어의 지배에서 벗어나는 법을 알지 못하는 한 정보를 최대한으로 이용할 수 없다. 수직적 사고는 개념에 대한 패턴을 향상시키고 발전시키는 데 효과적이다. 반면 수평적 사고는 패턴을 재구성(통찰력)하고, 새로운 패턴을 만들어내는 데(창의성) 효과적이다. 그러므로 수직적 사고와 수평적 사고는 상호 보완적이다.

두 사고 모두가 필요한 것이다.

수평적 사고는 스스로 극대화하는 기억 시스템으로서 의식의 한계를 극복하기 위해서 필요하다.

이 책은 새로운 주제를 소개하거나, 특정한 분야에서 하고 있는 일을 알리기 위한 것이 아니라, 교육자나 수평적 사고에 관심을 가지고 있는 일반 독자들이 그것을 활용할 수 있도록 돕기 위한 것이다.

사용 연령

이 책에서 설명하는 내용은 아주 기본적인 것으로, 모든 연령층, 다양한 학문에 적용될 수 있다. 나는 프로그래머 집단과 같이 수준 높은 집단에게 수평적 사고를 쉽게 가르친 적이 있다. 그들은 전혀 시간 낭비라고 생각하지 않았고, 각 과정을 충실히 이행했다. 한편 그들은 나이가 적을수록 과정 자체를 즐긴 반면 나이가 많을수록 과정 뒤에 숨어있는 의도를 파악하려고 노력했다. 따라서 간단한 과정은 나이가 많고 적음에 관계없이 적용될 수 있지만 복잡한 과정은 나이가 많은 사람들에게 적용하는 것이 좋을 것이다.

한편 나이가 적은 사람들은 언어적인 것보다는 시각적인 것에 더 효과적으로 반응했다. 그들은 항상 무언가를 시각적으로 표현하려고 하며 시각적으로 표현된 것을 더 중요한 것으로 여기는 경향이 있다.

수평적 사고는 아이부터 어른까지 누구든지 사용할 수 있다. 연령층이 너무 광범위하다고 생각할 수 있지만, 수평적 사고는 논리적 사고처럼 기초적인 것이기 때문에 특정한 연령층에 한정되지 않는다. 그리고 수평적 사고는 특정한 분야에 얽매이지 않은 채 다양한 분야에서 사용할 수 있다. 이 책의 일반적인 규칙들은 특정 분야의 배경 지식을 필요로 하지 않기 때문에 누구든지 이해할 수 있다.

수평적 사고의 태도를 가지기 위해서는 어려서부터 연습해야 한다. 또한 이 책의 아이디어를 특정한 연령층에게 적용하기 위해서는 어느 정도 교육자의 경험에 의지해야 한다. 그때 다음과 같은 실수를 하기 쉽다.

- 어떤 주제는 너무 분명하기 때문에 모든 사람들이 수평적으로 생각하고 있을 것이라고 가정한다.
- 어떤 주제는 다소 어렵고 특수하기 때문에 모든 사람들에게 적

합하지 않을 것이라고 가정한다.

이 책의 연습 부분은 뒤로 갈수록 복잡해진다. 일반적으로 앞쪽에 있는 연습은 아이들에게 적합하다. 그러나 뒤쪽에 있는 연습은 누구에게나 적합하다. 그렇다고 그것이 앞쪽에 있는 연습은 아이들에게만 적합하고, 뒤쪽에 있는 연습은 어른들에게만 적합하다는 것을 의미하진 않는다. 수평적 사고는 모든 연령층에 다 적용될 수 있기 때문이다.

형식

수평적 사고는 의식의 일반적인 태도로, 논리적 사고처럼 상황에 따라 특정한 기술을 사용한다. 의식의 태도를 배우는 가장 효과적인 방법은 구체적으로 연습하는 것이다. 그것을 배우는 이유는 수평적으로 사고하는 습관을 유도하기 위해서다. 형식이 없으면 의욕이 감소하고, 수평적 사고를 할 수 있을 때 그것의 진가를 알지 못한다.

수평적 사고를 가르치기 위해 일정한 기간을 따로 설정하는 것이 다른 과목에서 수평적 사고를 조금씩 가르치는 것보다 훨씬 효과적이다. 설령 다른 과목과 함께 수평적 사고를 가르쳐야 하는 상황이라도 일정한 기간을 뗄 수 있도록 최선을 다하라. 다른 과목을 가르치는 동안에도 1주일에 한 시간 정도는 수평적 사고의 태도나 창의적 사고의 태도를 가르치는 것이 필요하다.

이 책의 연습은 다양한 측면들로 구성되었다. 그것을 배울 때마다 분량을 할당해놓는 방식은 권하지 않는다. 그것은 효율적이지 않다. 대신 각 부분의 과정이 완전히 익숙해질 때까지 그 부분의 기본 구조를 반복해서 보는 것이 좋다. 한 부분을 몇 시간 또는 몇 개월 동안 볼 수도 있다. 항상 기본 자료를 바꾸어가지만, 결국 수평적 사고를 익히는 과정을 촉진할 것이다. 중요한 것은 부분의 지식이 아니라 수평적 사고를 사용할 줄 아는 것이다. 하나의 기술을 철저히 익히면서 모든 기술을 익혀나가면 수평적으로 사고할 수 있다.

수평적 사고의 기술은 특별한 것이 없지만 그 기술 뒤에 숨겨진 태도는 중요하다. 수평적 사고의 기술을 발전시키기 위해서는 그것을 연습할 수 있는 알맞은 시스템과 수단이 필요하다. 단순히 지적하고 타이르는 것만으로는 충분하지 않다. 수평적 사고의 기술을 익힐 수 있는 가장 좋은 방법은 모아 놓은 자료들을 충분히 활용하는 것이다.

자료

이 책의 많은 자료들은 진부하거나 인위적인 것으로 여겨질 수 있다. 왜냐하면 그것들은 사고의 과정에 관한 요점을 명확하게 하는 것에만 집중하기 때문이다. 다시 말하면, 그것들의 목적은 독자들에게 무엇을 가르치려는 것이 아니라 그들이 의식의 활동에 대한 통찰력을 키울 수 있도록 돕기 위한 것이라는 말이다. 한편 어떤 내용을 전달하기 위해 하찮아 보이는 논거를 사용할 수도 있다.

불행히도 의식은 중요한 문제를 처리하는 부분과 사소한 문제를 처리하는 부분을 조절할 수 있는 장치가 없다. 그것은 시스템이 문제의 중요성을 따지지 않고, 그 자체의 성질에 따라 동일한 방식으로 작동하기 때문이다. 시스템은 사소한 문제를 간과하는 것으로 중요한 문제를 왜곡시킬 수도 있는데, 그것은 시스템을 악화시키기만 한다. 그런 점에서 사소한 문제를 다루면서 생기는 결점은 중요한 문제를 다루면서 생길 수 있는 결점이나 마찬가지다.

그것은 문제의 과정이지 결과는 아니다. 인위적인 아이템들은 간결하고 이해하기 쉬운 과정을 설명한다. 과정은 결과와 분리될 수 있다. 그것은 수학 공식에서의 상징은 그것이 실제로 나타내는 의미와 분리할 수 있는 것과 같다.

또한 이 책에는 시각적이고 기하학적인 자료를 많이 실었다. 말에 의존한 설명은 혼동을 가져올 수 있기 때문이다. 사고 과정을 묘사할 때 사용되는 단어들은 이미 화자의 관점에 의해 선택된 것이고, 원래의 상황과 멀어지기 마련이다. 그런 면에서 시각적이고 기하학적인 자료들이 훨씬 유용하다. 보다 한정적이고, 그것들이 표현되기까지의 과정을 한눈에·관찰할 수 있기 때문이다. 말로 묘사하는 것은 관점이나 단어들을 선택하는 과정을 설명하기 어렵고, 의미를 정확하게 전달하는 데도 한계가 있다. 하지만 시각적인 자료는 그 자체로 아무런 관점을 지니지 않는다. 다만 모두의 눈앞에 동일한 형태로 존재할 뿐이다. 인위적인 묘사를 통해 원리들을 이해했을 때, 원리들이 과정에서 충분히 연습되었을 때, 독자는 더 실제적인 상황으로 나아갈 수 있다. 그것은 연습 문제를 통해 풀이 과정을 익힌 후 더 어려운 문제를 푸는 것과 같다.

시각적인 자료

이 책의 자료는 사례에 한정되어 있다. 수평적 사고를 가르치고자 하는 사람은 책의 자료에 다른 자료를 추가해도 상관없다. 다음은 수집해서 사용할 수 있는 자료들이다.

① 도형의 단계적 배열을 다룰 때, 우리는 임의의 모양을 만들고 그것과 동일한 모양을 나타낼 수 있는 새로운 패턴을 생각해낼 수 있다. 경우에 따라 교육자는 교육생들에게 새로운 모양을 만들도록 시킬 수도 있다.

② 신문이나 잡지 등에서 사진이나 그림을 수집할 수도 있다. 이는 상황을 다양한 방법으로 바라보고 해석한다는 점에서 특히 유용하다. 단 사진이나 그림을 설명하는 말은 없애는 것이 좋다. 사진이나 그림을 판지에 붙여 사용할 수도 있다. 만약 잡지에 쓸만한 사진들이 여러 장 있다면 몇 권을 구입해서 계속 사용할 수도 있다.

③ 교육생들이 배경이나 움직이는 사람들의 모습을 직접 그려서

자료로 활용하는 방법도 있다. 한 교육생의 그림은 다른 교육생들에게 필요한 자료가 될 수 있다. 그림이 얼마나 복잡하고 정확한지는 문제가 되지 않는다. 교육생들이 그림을 보는 시각이 중요하기 때문이다.

④ 디자인이 그림의 형태라면, 지금 배우는 교육생들뿐만 아니라 나중에 배울 교육생들에게도 좋은 자료가 된다.

글이나 말로 된 자료

① 글로 된 자료는,

- 신문이나 잡지 등에서 선택한다.
- 특정 주제에 대해 명확한 견해를 보이는 교육자들의 글에서 구할 수 있다.
- 어떤 특정 주제를 다루고 있는 교육생들의 짧은 글에서도 구할 수 있다.

② 말로 된 자료는,

- 라디오 프로그램의 녹음이나 모의 강연을 녹음해서 사용할 수 있다.
- 교육생들에게 어떤 특정 주제에 대해 이야기하게 하는 것으로 얻을 수 있다.

문서 자료

문제 자료는 생각을 불러일으키는 데 편리하다. 생각할 필요가 있는 문제를 떠올리는 것은 어렵다. 다음에 제시한 여러 종류의 문제들을 참고해 보자.

① 식량 부족 등 세계 전반에 걸친 문제

이 문제들은 사람 수와 시간에 구애받지 않고, 모두가 자유롭게 토론할 수 있다.

② 도시의 교통 통제와 같은 시급한 문제

이 문제들은 교육생들과 직접적으로 관련되었을 수 있다.

③ 현재 당면한 문제

일상적인 대화를 예로 들 수 있다. 개인적인 이야기를 할 때는 제3자의 입장에서 추상적으로 하는 것이 좋다.

④ 디자인과 혁신의 문제

이 문제들은 특정한 효과를 내기 위한 것들이다. 분명한 생각이나 목적, 단체를 위해 사용할 수 있다(예: 아이를 봐주는 서비스, 슈퍼마켓을 어떻게 조직할 것인가?).

⑤ 종결된 문제들

이 문제들은 확실한 해답이 있는 것들이다. 따라서 문제를 해결하는 방식만 찾아내면 문제를 쉽게 풀 수 있다. 실질적인 문제(예: 빨랫줄을 거는 방법)나 인위적인 문제(예: 엽서에 자신의 머리가 드나들 만한 크기의 구멍을 만드는 방법)가 있다. 문제는 다양한 자료에서 얻을 수 있다.

① 신문을 훑어보면서 세계적인 문제들이나 시급한 문제들을 찾아
낼 수 있다.

② 일상생활에서 문제를 생각해낼 수도 있다(예 더 편리한 기차 서비
스).

③ 교육생들이 문제를 제시할 수도 있다. 교육자는 교육생들에게
문제를 만들어보라고 한 후 그것을 취합하여 보관할 수 있다.

④ 디자인 문제들은 아무 항목(예: 자동차, 테이블, 책상)이나 정한 후
그것들을 더 잘 사용할 수 있는 방법을 생각해보는 것으로 얻을
수 있다. 복잡한 디자인 문제들은 직접 손으로 하는 일이나 그
일을 기계로 할 수 있는 방법을 나타내보도록 시켜봄으로써 얻
을 수 있다. 기계보다 더 쉬운 방법을 찾아보는 것도 가능하다.

⑤ 종결된 문제들은 찾아내기 상당히 어렵다. 그것들은 흥미를 끌
만큼 충분히 어려워야 하지만, 일단 해답을 찾으면 그 과정이
분명해져야 한다. 여기에는 우리가 이미 알고 있거나 들어보았
던 문제들이 몇 개 있을 것이다. 한편 퍼즐 책 같은 데서 문제
를 찾는 것은 좋지 않다. 왜냐하면 그런 종류의 책에 나오는 대
부분의 문제들은 수평적 사고와는 별로 관련이 없기 때문이다.
그저 평범한 수학 문제들이 대부분이다. 종결된 문제들을 만들
어내는 간단한 방법은 평범한 과제를 정한 후 제약을 두는 것이
다. 컴퍼스를 사용하지 않고 원을 그리는 문제가 그 중 하나라

고 할 수 있다. 그런 식으로 문제가 정해지면 다른 사람에게 문제를 내기 전에 먼저 문제를 풀어보고 해답을 찾아야 한다.

주제

우리는 생각을 유도하기 위해 임의의 주제를 사용할 때가 있다. 그것은 실질적인 문제도 아니고, 특정한 관점을 나타내는 것도 아니다. 다만 아이디어를 이동하고 발전시키기 위한 주제를 가지고 있는지가 중요하다(예: 컵, 칠판, 책, 가속, 자유, 빌딩). 이와 같은 주제는 다음과 같은 다양한 방법으로 얻을 수 있다.

① 단순히 주위를 둘러보거나, 임의의 대상을 정한 후 관련된 주제를 생각한다.
② 신문을 훑어본 다음 각각의 헤드라인에서 주제를 유도해낸다.
③ 교육생들에게 질문을 던져봄으로써 주제를 만든다.

일화와 이야기

이것은 수평적 사고를 하게 하는 가장 효과적인 방법이지만, 다음과 같은 이유 때문에 만들기가 매우 어렵다.

① 전래동화나 우화를 수집해야 한다.

② 자신의 경험이나 타인의 경험, 뉴스 기사들을 노트에 적어두어
   야 한다.

자료의 저장

자료를 모아두는 것보다 필요할 때마다 구해서 사용하는 것이 더 쉬울 수도 있지만, 신문을 스크랩하거나 사진, 문제, 이야기, 우화, 주제, 교육생들의 아이디어와 같은 자료들을 계속 모아두면 자료가 필요할 때마다 언제든지 찾아 사용할 수 있기 때문에 좋다. 그리고 그렇게 모아둔 자료를 사용하면 어떤 항목이 더 효과적인지 쉽게 알 수 있다. 또한 항목에 대한 일반적인 반응을 어느 정도 예측할 수 있다. 우화, 전래 동화, 문제들은 수평적 사고에 관한 논지를 충분히 입증해야 한다. 주제는 중립적이어야 하고, 아이디어를 분명하게 생성할 수 있을 정도로 구체적이어야 한다. 동시에 다양한 아이디어가 나올 수 있을 만큼 범위가 넓어야 한다.

사진은 여러 가지 해석이 가능해야 한다. 예를 들어 깡통을 들고 있는 남자의 사진은 다양한 해석이 가능하다. 그러나 불을 끄고 있는 소방관의 사진은 그렇지 않다. 거울을 보고 있는 여성의 사진, 어떤 남자를 체포하는 경찰의 사진, 거리에서 행군하는 군사들의 사진도 다양한 해석이 가능하다. 최소한 두 가지 이상으로 해석할 수 있으면 된다.

반대로 글이나 말로 된 자료는 아주 명확해야 한다. 기사는 비록

견해가 완전히 엉터리여도, 명확해야 한다. 기사에 대한 평가 역시 명확해야 한다. 일반적이고 중립적인 평가는 큰 도움이 되지 않는다.

수평적 사고 역시 다른 종류의 사고처럼 가르쳐서 이해시킬 수 있다. 그리고 추상적인 용어를 사용해서 말하는 것이 가능하다. 하지만 사건을 분명하게 만드는 것은 실제적인 참여다. 참여는 추상적이고 기하학적인 모양에서 시작해서 어느 정도 현실 상황으로 전환된다. 그러나 만일 완전히 현실 상황으로 가는 것을 고집한다면 과정의 본질이 흐려질 것이다. 따라서 과정을 강조하기 위해 단순한 모양으로 돌아가야 한다. 또한 우리는 수평적 사고를 하기 위해서 더 많은 정보를 수집해야 한다고 생각하지만, 실제로 수평적 사고의 모든 아이디어는 가지고 있던 정보를 재구성한 것이다.

수평적 사고의 독특성

다양한 종류의 사고 중에서 수평적 사고를 구별해서 따로 가르치라는 주장은 다소 억지스러울 수 있다. 하지만 그렇게 주장하는 데는 그럴 만한 이유가 있다. 수평적 사고의 많은 과정들은 다른 사고의 과정과 크게 다르다. 수평적 사고가 분명히 구별되는 특성을 가지지 않았다면, 그것의 가치가 의심스러운 것으로 받아들여질 위험이 있다. 그러나 수평적 사고를 수직적 사고와 구분함으로써 의심을 피하고, 두 사고의 가치를 이해하고 인정할 수 있다. 수평적 사고와 수직적 사고는 서로 반대되는 것이 아니라 수직적 사고에 창의성을 더하는 것으로 그것을 더욱 효과적으로 만든다.

다른 위험은 수평적 사고를 구분하는 데 실패하기 때문에 발생한다. 즉 수평적 사고를 다른 과목에서 함께 가르치고 있기 때문에 특별히 구분해서 가르칠 필요가 없다고 생각하는 것이다. 그것은 수평적 사고를 익히는 데 있어 매우 안좋은 자세다. 대부분의 교육자들은 스스로 수평적 사고를 하고 있다고 생각할 뿐만 아니라 교육생들에게 그것을 권장하고 있다고까지 생각한다. 하지만 수평적 사고와 수직적 사고 모두를 동시에 가르칠 수는 없다. 수평적 사고의 본질은 수직적 사고의 그것과 판이하게 다르기 때문이다. 수평적 사고에 대한 느낌만으로 그것을 올바르게 가르친다고 할 수는 없다. 단지 수평적 사고의 가능성을 인정하는 데 머무르지 말고, 그것의 기술을 발전시키고 효율적으로 활용할 수 있어야 한다.

이 책의 구성

각 장은 아래와 같이 두 부분으로 나뉘어져 있다.

1. 이론과 관련된 자료
2. 이론과 관련된 자료를 연습하는 부분

차례

의식의 작용방식

수평적 사고의 필요성은 의식이 작용하는 방식에서 대두된다. 의식이라고 불리는 정보 처리 시스템은 매우 효과적이지만 분명한 한계가 있다. 그러나 그 한계는 시스템의 장점과 구별할 수 없다. 왜냐하면 그것들 모두 시스템의 본질에서 직접 발생했기 때문이다. 손해 없이 이익만 챙기는 것은 불가능하다. 수평적 사고는 장점을 누리면서도 이런 손해를 최소화하려는 시도다.

코드 커뮤니케이션

커뮤니케이션은 정보를 전달하는 것이다. 누군가에게 무엇을 시킬 때 가장 확실한 방법은 지시사항을 자세하게 설명하는 것이다. 하지만 다소 시간이 걸릴 것이다. 그러나 만약 상대방에게 "가서 4번째 계획을 실행해."라고 간단하게 말한다면 일은 더욱 수월해질 것이다. 이 간단한 문장 하나로 몇 페이지나 되는 지시사항을 대체할 수 있기 때문이다. 군대에서는 복잡한 행동 패턴들을 이런 형식으로 암호화해서 사용한다. 전체적인 행동 패턴을 활성화하기 위해서 코드 번호를 말하기만 하면 된다. 그것은 컴퓨터도 마찬가지다. 예를 들어 자주 사용하는 프로그램은 특정 제목 아래 저장되어 있어서, 그 제목을 지정하기만하면 프로그램을 사용할 수 있다. 또한 책을 대출하기 위해 도서관에 갈 경우, 원하는 책의 제목, 저자, 주제, 전반적인 개요 등의 상세정보를 설명하는 대신 목록에서 청구 번호를 찾아 말할 수 있다.

코드를 사용한 커뮤니케이션은 미리 정해진 패턴이 만들어져 있을 경우에만 가능하다. 그 패턴은 매우 복잡하기 때문에 사전에 모두 암호화되어 있어야 하고, 코드 제목이 있어야 접근할 수 있다. 그렇게 해두면 필요한 정보를 모두 입력하지 않고 코드 제목만 입력하면 된다. 코드 제목은 패턴을 식별하고 호출하는 방아쇠 역할을 하는 단어다. 그 단어는 영화의 제목과 같이 내용을 불러내는 역할을 한다. 예를 들어 영화의 제목을 기억해내지 못할 경우 "줄리 앤드류스Julie Andrews가 오스트리아에서 여러 명의 아이들을 돌보는 가정교사로 나오는 영화를 기억하니?"라고 물을 수 있다.

언어 그 자체는 바로 방어쇠 역할을 하는 단어처럼 가장 명확한 코드 시스템이 된다. 코드 시스템은 매우 많은 장점을 가지고 있다. 많은 양의 정보를 매우 신속하고 쉽게 전달할 수 있고, 코드 번호로 상황만 확인된다면 자세히 관찰하지 않아도 적절하게 반응할 수 있게 해준다. 또한 상황이 완전히 진행되기 전에 그 상황에 적절하게 반응할 수 있다.

커뮤니케이션은 일반적으로 쌍방향으로 일어난다. 누군가는 메시지를 보내려고 하고, 누군가는 그 메시지를 이해하려고 노력한다. 예를 들어 배의 돛대에 의도적으로 배열해놓은 깃발이 있다고 하자. 만약 어떤 사람이 그 코드를 이해할 수 있다면 그것이 무엇을 의미하는지 말할 수 있을 것이다. 그리고 파티나 주유소를 장식하기 위한 깃발의 단순한 배열에서도 메시지를 판독해낼 수 있다. 그러나 커뮤니케이션은 일방향으로 일어날 수도 있다. 주위 환경과의 커뮤니케이션은 일방향 커뮤니케이션의 한 예라고 볼 수 있다. 아무도 그곳에 의도적인 메시지를 두지 않았다 하더라도 우리는 주위 환경으로부터 특정한 메시지를 얻을 수 있다.

어떤 집단에게 무작위로 배열된 선들을 보여주면, 그들은 곧바로 의미 있는 패턴을 찾기 시작한다. 그들은 선이 무작위로 배열된 것이 아니라 의도된 패턴이 숨어 있을 거라고 확신한다. 마찬가지로 전화벨이 일정한 간격 없이 울리는 것을 듣고도 특정한 방식으로 반응하기를 요구받은 교육생들은 벨이 울리는 방식에 의미 있는 패턴이 있다고 확신하게 된다.

　만일 누군가가 책의 목록을 만들어 두었다면, 그 목록의 번호만으로 책을 찾아낼 수 있다. 이처럼 코드나 미리 정해진 패턴을 사용해서 커뮤니케이션을 하기 위해서는 패턴의 목록을 구축해두어야 한다. 그러나 각 패턴마다 고유의 코드 번호가 필요한 것은 아니다. 패턴의 일정 부분이 패턴의 전체를 나타낼 수도 있기 때문이다. 만일 '존 스미스'라는 이름을 듣고 그가 누구인지 알 수 있다면 그 이름을 코드 제목으로 쓸 수 있다. 만일 파티에서 목소리를 듣고, 그가 누구인지 알 수 있다면, 그의 목소리가 패턴의 전체를 나타내는 패턴의 일부인 것이다. 아래의 두 그림은 패턴이 비슷하다. 패턴의 일부분은 스크린에 의해 가려져 있다. 하지만 보이는 부분만으로도 패턴을 어렵지 않게 추측할 수 있을 것이다.

패턴을 만드는 시스템으로서의 의식

　의식이란 패턴을 만드는 시스템(pattern-making system)이다. 의식의 정보 시스템은 패턴을 만들어내고, 패턴을 인식하는 활동을 한다. 그러한 활동은 뇌신경 세포의 기능적 배열에 의존한다.

주위 환경과 일방향으로 커뮤니케이션할 때 의식은 능숙하게 패턴을 만들어내고, 보관하고, 인식한다. 의식 속에 몇 가지 패턴들이 형성되면, 그것들은 경우에 따라 본능적인 행동으로 나타나기도 한다. 또한 의식은 기존의 패턴을 받아들일 수 있는 능력도 있다. 하지만 의식의 가장 큰 특징은 자신만의 패턴을 만들어내는 능력이다.

의식은 환경과 효과적으로 커뮤니케이션한다. 그때 패턴이 옳고 그른지는 문제가 되지 않는다. 일단 패턴이 만들어지고 나면 유용한 것을 골라내는 메커니즘(두려움, 배고픔, 갈증, 섹스 기타 등등)이 패턴 중에서 쓸모 있는 것만을 선택해서 남겨둔다. 하지만 패턴을 선택하기 위해서는 패턴이 먼저 형성되어야 한다. 이 메커니즘은 패턴을 선택하기만 할 뿐 그것을 만들거나 변경하지는 못한다.

스스로 구성하는 시스템

우리는 서류를 능동적으로 정리하는 비서, 책에 능동적으로 목록을 붙이는 사서, 정보를 능동적으로 분류하는 컴퓨터를 생각해볼 수 있다. 하지만 의식은 비서나 사서, 컴퓨터처럼 정보를 능동적으로 분류하지 않는다. 정보는 스스로 분류되어 패턴을 만든다. 의식은 아무 일도 하지 않고, 정보가 스스로 분류되어 패턴을 만들도록 특별한 환경을 제공할 뿐이다. 그것은 바로 기억의 표면(memory surface)이다.

기억은 발생한 모든 것으로, 항상 흔적을 남긴다. 흔적은 오랜 시간동안 지속될 수도 있고, 짧은 시간 동안만 지속될 수도 있다. 뇌에 들어온 정보는 기억의 표면을 구성하는 신경세포의 행동을 변화시켜 흔적을 남긴다.

쉽게 말하면, 기억의 표면은 지형과 같다. 지면 위로 물이 떨어지면 흔적이 남는다. 빗물이 작은 개울들을 만들고, 그 개울들은 시내를 만들어 마침내 강으로 합류된다. 그 과정에서 일단 물길이 형성되면 물길의 모양은 지속되려는 경향이 있다. 왜냐하면 빗물이 물길에 모이면서 물길의 깊이를 더욱 깊어지게 하기 때문이다. 그렇게 빗물은 지면을 침식시킨다. 그러나 빗물이 지면을 침식시키는 것은 지면이 빗물에 반응하는 것이기도 하다.

지면의 물리적 속성은 빗물이 흐르는 방식에 큰 영향을 끼친다. 지면의 성질이 강의 종류를 결정하고, 돌출된 바위가 강이 흐르는 방향을 결정한다. 예를 들어 접시 위에 올려놓은 젤리가 평평한 표면이 될 수 있겠다. 만일 뜨거운 물이 젤리의 표면 위에 떨어지면, 젤리가 약간 녹아내릴 것이다. 그리고 뜨거운 물을 계속 떨어뜨린다면 젤리의 표면 위에 홈이 파일 것이다. 뜨거운 물을 한 스푼 정도 더 떨어뜨린다면 물은 표면 위에 파인 홈으로 들어가 그 홈을 더 깊게 만들 것이다. 뜨거운 물을 한 스푼씩 잇따라 떨어뜨린다면(표면 위로 떨어진 한 스푼의 물이 식으면 바로 또 한 스푼을 떨어뜨린다), 결국 젤리의 표면은 들쑥날쑥하게 될 것이다.

결국 젤리는 뜨거운 물이 패턴을 스스로 구성할 수 있도록 기억의 표면을 제공한 것이다. 처음에는 물에 의해 외형이 형성되었지만, 한 번 외형이 형성되면 그 외형은 물의 흐름을 좌우할 것이다. 물이 흐르는 패턴은 한 스푼의 물이 어디로 떨어졌고, 얼마나 연속적으로 떨어졌는가에 따라 결정된다. 그것은 정보가 연속적으로 유입되고 도착하는 성질과 같다. 젤리는 정보가 스스로 패턴으로 구성될 수 있는 환경을 제공한 것이다.

제한된 주의 영역

스스로 구성하는 기억 시스템은 제한된 주의 영역(limited attention span)을 가진다는 특징이 있다. 그렇기 때문에 물은 한 번에 한 스푼씩만 부어야 한다. 제한된 주의 영역의 의미는 특정한 시간에 기억의 표면의 일부분만을 활성화시킬 수 있다는 것이다. 기억의 표면의 어떤 부분이 활성화될 것인지는 그 순간에 무엇이 제시되었고, 바로 직전에는 무엇이 제시되었는지, 기억의 표면의 상태는 어떠한지에 달려 있다(예: 과거에 기억의 표면에 무슨 일이 일어났는가).

제한된 주의 영역은 매우 중요하다. 왜냐하면 활성화된 영역은 응집된 단일 영역이 될 것이며, 이 응집된 단일 영역은 기억의 표면에서 가장 쉽게 활성화되는 부분에서 발견되기 때문이다(젤리의 예에서는 가장 깊은 구멍을 의미한다). 가장 쉽게 활성화된 영역이나 패턴은 가장 친숙하고, 자주 나타나며, 기억의 표면에 가장 많은 흔적을 남기는 영역이다. 그리고 한번 친숙한 패턴은 계속 사용되기 때문에 더욱 친숙해진다. 이런 방식으로 의식은 패턴을 미리 만들어놓고, 그것을 통해 코드 커뮤니케이션을 한다.

또한 제한된 주의 영역은 스스로 극대화(self-maximizing)한다. 그것은 스스로 과정의 선택, 거부, 결합, 분리가 모두 가능하다는 것을 의미한다. 그리고 그 과정은 의식에게 강한 계산 기능을 부여한다.

정보의 도착 순서

어떤 사람에게 2개의 얇은 플라스틱 조각을 주고 그 조각들을 설명하기 쉬운 모양으로 배열하라고 지시했다. 그 사람은 다음 페이지의 그림 처럼 2개의 조각을 주로 정사각형으로 배열했다. 그리고 다른 조각을 주고 그 전과 똑같이 지시하자 두번째 그림처럼 직사각형으로 배열했다. 2개의 조각을 더 주자 직사각형에 붙여 다시 정사각형으로 만들었다. 마지막으로 다른 조각을 주었다. 하지만 그 조각은 정사각형과 맞아 떨어지지 않았고, 그 사람은 더 이상 문제를 풀 수 없었다. 왜냐하면 새로운 조각이 현재의 패턴에 맞지 않았기 때문이다.

다시 말하면, 그 사람은 주어진 조각을 직사각형이나 정사각형으로 배열하려고 했다. 그런데 마지막에 주어진 조각으로는 도저히 그 형태들로 배열할 수 없었기 때문에 더 이상 문제를 풀 수 없었던 것이다.

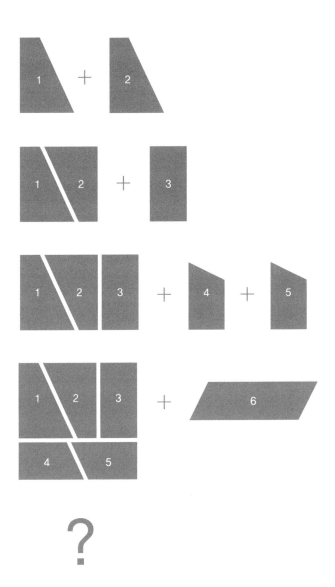

다음 페이지의 그림은 조각을 배열하는 다른 방식이다. 이 방식으로는 마지막 조각까지 모든 조각들을 제대로 끼워 맞출 수 있다. 하지만 이 방식으로 조각을 맞추는 사람은 거의 없다. 왜냐하면 평행사변형보다 정사각형이 더 명확하기 때문이다.

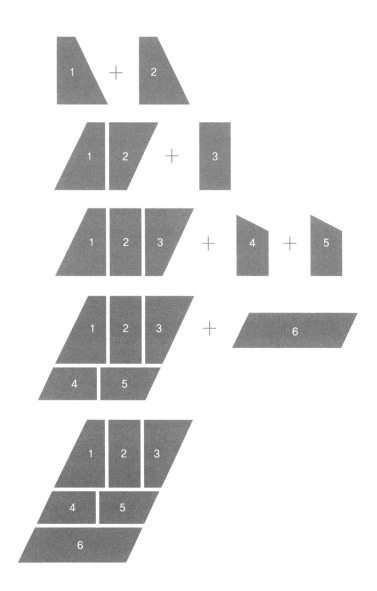

만약 조각들을 정사각형으로 배열하기 시작했다면, 어떤 단계에서는 다시 처음으로 돌아가 조각들을 평행사변형으로 재배열해야 할 것이다. 그러므로 아무리 각 단계에서 옳았다고 하더라도 다음 단계로 넘어가기 위해서는 상황을 재구성해야 한다.

플라스틱 조각들은 스스로 극대화하는 시스템에서 어떤 일이 일어나는지를 보여준다. 그 시스템에서 이용 가능한 정보는 언제나 최선의 방식으로 배열된다(생리학에서는 가장 안정적이라고 한다). 더 많은 정보가 유입되면서 정보는 현재의 배열에 더해진다. 그러나 정보가 몇몇의 단계에서 적절했다고 해서 계속 진행해 나갈 수 있는 것은 아니다. 패턴을 재구성하지 않고서는, 즉 유용하게 쓰던 기존의 패턴을 깨뜨리고 기존의 정보를 새로운 방법으로 배열하지 않고서는 더 이상 진행할 수 없는 때가 오기 때문이다.

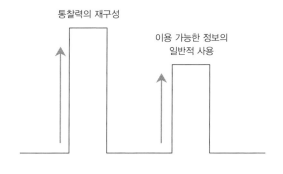

스스로 극대화하는 시스템은 매 순간마다 적절해야 한다. 이 시스템의 문제는 정보의 도착 순서가 배열되는 방식을 결정한다는 것이

다. 이런 이유로 정보의 배열은 항상 최상의 배열이 될 수 없다. 왜냐하면 최상의 배열은 정보의 도착 순서와 완전히 독립되어 있기 때문이다.

의식은 축적하는 기억 시스템으로, 그 안에서 개념과 아이디어의 배열은 정보를 최대한으로 이용하지 못하는 경향이 있다. 그것은 앞 페이지의 그림에서 볼 수 있듯이, 정보를 이용하는 일반적인 수준이 최고 수준보다 이론상 아래에 있기 때문이다. 따라서 정보를 최대한으로 이용하기 위해서는 통찰력의 재구성이 필요하다.

유머와 통찰력

플라스틱 조각처럼 이용 가능한 정보를 배열하는 방법은 다양하다. 그것은 다른 배열로 전환할 수 있다는 것이다. 일반적으로 다른 배열로 전환하는 것은 갑작스럽게 일어난다. 만약 그 전환이 일시적인 것이라면 유머를 발생시키고, 영구적인 것이라면 통찰력으로 승화될 것이다. 흥미로운 점은 통찰력 있는 해답에 대한 반응이 때때로 웃음을 유발한다는 것이다. 비록 그 해답 자체는 전혀 웃길 이유가 없는데도 말이다.

- 어떤 남자가 초고층 빌딩 위에서 뛰어내렸다. 그는 3층을 지나면서 창문에서 누군가 중얼거리는 것을 들었다. "아직까지는 괜

찮군."

- 어느 날 처칠은 저녁 만찬에서 그와 사이가 좋지 않았던 여성 의원 옆에 앉게 되었다. 그녀는 처칠에게 이렇게 말했다. "처칠 씨, 내가 만일 당신과 결혼한다면 당신 커피에 독을 타겠어요." 그러자 처칠이 이렇게 말했다. "의원님, 내가 만일 당신과 결혼한다면… 나는 그 커피를 마시겠어요."
- 어떤 경찰이 실을 잡아당기면서 시내 중심가를 걸어가고 있었다. "당신은 왜 그가 실을 잡아당기고 있었는지 아나요?", "그럼 당신이라면 실을 잡아당기지 않고 밀었겠어요?"

이런 각각의 상황에서는 정보를 다루는 방식에 따라 일종의 기대가 생기지만, 어느 순간 그 기대는 갑자기 좌절된다. 그리고 기대하지 않았던 방식으로 정보를 다루는 다른 방식을 보게 된다.

유머와 통찰력은 이러한 정보 처리 시스템의 특징이라고 할 수 있다. 그러나 그 두 가지를 의도적으로 이끌어내기란 어려운 일이다.

정보 처리 시스템의 단점

미리 정해진 패턴에 의해 정보를 처리하는 시스템(의식)의 장점에 대해서는 앞에서 언급했다. 그 시스템의 장점은 신속하게 인식하고, 반응한다는 것이다. 덕분에 우리는 우리가 찾고 있는 것을 빠르게 인식하고, 주위 환경을 효율적으로 탐구할 수 있다. 그런데 그 시스템은 장점만큼 단점 역시 명확하다. 정보를 처리하는 시스템의 단점들은 다음과 같다.

① 패턴이 주의를 제어하기 때문에 한번 만들어진 패턴은 더욱 확고해지는 경향이 있다.

② 패턴이 확립되면 바꾸기가 매우 어렵다.

③ 한 패턴의 부분에 배열된 정보는 완전히 다른 패턴의 부분으로 사용되는 것이 쉽지 않다.

④ 표준 패턴과 유사한 모든 패턴을 모두 표준 패턴으로 인식하려는 경향이 있다.

⑤ 패턴은 임의적인 분리에 의해 만들어질 수 있다. 연속하는 패턴은 별개의 단위로 나뉘어져 각각 성장한다. 그 단위들은 일단

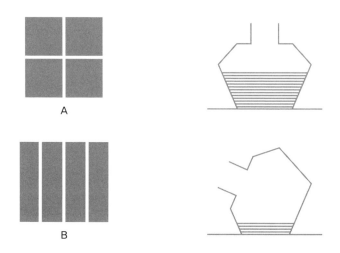

A

B

만들어지고 나면 스스로 영속성을 가지게 된다. 그리고 쓸모가 없어지거나 쓸모없는 영역에 포함되기 전까지 계속된다. 아래의 그림을 살펴보자. 만약 그림 A처럼 정사각형이 계속해서 4분의 1로 나누어진다면, 그림 B처럼 나누는 방법을 떠올리는 것은 어려운 것이다.

⑥ 시스템 안은 밀접한 연속 관계가 있기 때문에 어느 시점의 작은 차이가 나중에 큰 차이로 나타날 수 있다.

⑦ 정보의 도착순서는 정보의 배열에 매우 중요한 역할을 한다. 따라서 이용 가능한 정보를 가장 좋은 방법으로 배열하는 것은 거의 불가능하다.

⑧ 한 패턴에서 다른 패턴으로의 변화는 갑작스럽게 진행되는 경향이 있다. 그것은 안정적인 패턴에서 다른 안정적인 패턴으로 넘어갈 때 일어난다.

⑨ 두 가지의 패턴 중에서 하나를 선택할 때, 두 가지의 패턴이 모두 훌륭하다 해도 하나는 선택되고 다른 하나는 완전히 무시된다.

⑩ 여러 가지 패턴 사이에서 균형을 유지하기 보다는 '이것 아니면 저것'식으로 극단으로 치우치는(양극화) 경향이 현저하게 나타난다.

⑪ 한번 만들어진 패턴들은 계속 커져간다. 즉 개별적인 패턴들이 서로 엉켜서 연속적인 패턴으로 길어진다. 그리고 결국 지배적인 패턴으로 성장하여 스스로 패턴을 만들어낸다. 이 시스템 안에서는 그러한 연속적인 패턴을 끊을 수 없다.

⑫ 의식은 클리셰(cliche, 판에 박힌 또는 진부한 문구)를 생산하고 클리셰를 사용하는 시스템이다.

수평적 사고의 목적은 패턴을 재구성할 수 있고, 클리셰 패턴에서 벗어날 수 있으며, 정보를 새로운 방식으로 다루어 새로운 아이디어를 만들어낼 수 있는 수단을 공급해서 위의 12가지 단점을 극복하는 것이다. 수평적 사고를 하기 위해서는 이러한 타입의 시스템의 특성을 적극적으로 활용해야 한다. 예를 들어 임의적인 자극은 스스로 극대화하는 시스템에서만 작용을 할 것이다. 또한 혼란과 도발은 정보가 새로운 패턴을 만들어내기 위해 갑작스럽게 변화할 때만 쓸모가 있다.

요약

의식은 특수한 방식으로 정보를 다룬다. 그 방식은 매우 효과적이고 실질적인 큰 장점이 있다. 하지만 그 방식은 한계도 있다. 바로 의식은 패턴을 확립하는 데는 매우 능숙하지만 그 패턴을 재구성하고 향상시키는 일에는 능숙하지 않다는 것이다. 이런 근본적인 한계 때문에 수평적 사고가 필요하게 되었다.

수평적 사고와 수직적 사고의 차이

대부분의 사람들은 전통적인 수직적 사고만이 효율적인 사고라고 생각한다. 따라서 이제부터는 수평적 사고의 특징을 설명하고 수직적 사고와 현저하게 다른 몇 가지를 살펴보자. 단, 그전에 알아두어야 할 것은 우리가 수직적 사고에 너무 익숙해져 있기 때문에 차이점을 설명하는 것이 수직적 사고를 모욕하거나 부정을 위한 부정처럼 여겨질 수도 있다는 것이다. 하지만 스스로 극대화하는 기억 시스템의 작용과 관련해서 생각해보면, 수평적 사고가 적절할 뿐만 아니라 필요한 사고의 형태라는 것을 알게 될 것이다.

수직적 사고는 선택하는 것이며 수평적 사고는 창출하는 것이다.

수직적 사고는 정확성을 중시하는 반면 수평적 사고는 다양성을 중시한다. 그래서 수직적 사고는 다른 경로를 제외한 하나의 경로를 선택하지만 수평적 사고는 하나의 경로를 선택하지 않고 오히려 다른 경로를 포함시키려고 노력한다. 수직적 사고는 문제에 접근할 수 있는 최선의 방법을 택한다. 수평적 사고는 문제에 접근할 수 있는 다른 대안들을 가능한 한 많이 만들어내려고 노력한다. 물론 수직적 사고를 하면서 다른 방법들을 생각해볼 수 있지만 최선의 방법을 찾을 때까지만 그렇다. 반면에 수평적 사고는 최선의 방법을 찾은 후에도 다양한 방법을 계속해서 찾는다. 수직적 사고는 최선의 방법을 선택하려고 하고, 수평적 사고는 다른 접근방법을 만들어내려고 한다.

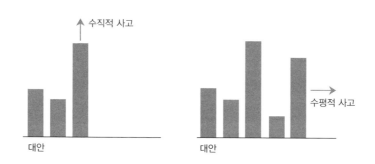

수직적 사고는 나아갈 방향이 있어야만 움직이고,
수평적 사고는 나아갈 방향을 만들기 위해서 움직인다.

수직적 사고는 문제 해결을 위해 분명하게 정의된 방향을 따라서

만 이동한다. 그리고 언제나 확실한 접근방식이나 기술만을 사용한다. 이에 반해 수평적 사고는 이동하기 위해서 이동한다.

반드시 무엇이 있는 방향으로 이동할 필요는 없다. 오히려 무엇으로부터 멀어지는 방향으로 이동할 수 있다. 중요한 것은 이동과 변화다. 수평적 사고는 어떤 방향으로 나아가기 위해 이동하는 것이 아니라 어떤 방향을 만들기 위해 이동한다. 수직적 사고는 특정한 효과를 내기 위해 실험을 계획하고, 수평적 사고는 다른 사람의 생각을 변화시킬 기회를 갖기 위해 실험을 계획한다. 수직적 사고는 반드시 유익한 방향으로 움직여야 하지만 수평적 사고는 어떤 목적이나 방향 없이 다닐 수 있고 실험, 모델, 견해, 생각들을 맘대로 다룰 수 있다.

수평적 사고의 이동과 변화는 그 자체로 끝나는 것이 아니라 패턴의 재구성을 유발하는 방법이다. 일단 이동과 변화가 일어나면 의식의 극대화하는 특성에 따라 어떤 유용한 일이 일어날 것을 감지한다. 수직적 사고를 하는 사람들은 "나는 내가 무엇을 찾고 있는지를 안다."라고 말하겠지만 수평적 사고를 하는 사람들은 "나는 무엇을 찾고 있지만, 그것을 찾을 때까지는 그것이 무엇인지 알 수 없다."라고 말한다.

수직적 사고는 분석적이고, 수평적 사고는 도발적이다.

어떤 교육생은 '트로이의 목마를 생각해낸 오딧세우스는 위선자였다'라고 결론을 내렸다. 이 의견에 대한 세 가지 태도를 생각해볼 수 있다.

①"네가 틀렸어. 오딧세우스는 위선자가 아니었어."
②"재미있네. 어떻게 그런 결론을 내릴 수 있었는지 말해줄래?"
③"좋아. 그럼 그 다음은? 그 다음 생각은 뭐니?"

우리는 수평적 사고의 도발적인 성질을 효과적으로 사용하기 위해 수직적 사고의 선택적인 성질 역시 활용할 수 있어야 한다.

수직적 사고는 연속적이지만, 수평적 사고는 건너뛸 수가 있다.

수직적 사고는 한 번에 한 단계씩 이동한다. 각 단계는 바로 전 단계와 견고하게 연결되어 있다. 일단 결론에 이르기만 하면, 결론의 완전함은 지나쳐온 각 단계의 완전함에 의해 증명된다.

수평적 사고는 연속적인 단계를 밟을 필요가 없다. 새로운 단계로 건너뛴 후에 그 차이를 메워도 된다. 아래 그림에서 수직적 사고의 과정을 살펴보면 A에서 B로, B에서 C로, C에서 D로 착실하게 진행한다. 하지만 수평적 사고는 G를 거쳐 D에 이른 후에 A로 돌아가도 상관없다.

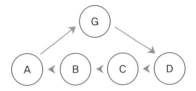

단계를 거치지 않고 해답으로 바로 건너뛰었다면 해답의 완전함은 지나쳐온 각 단계의 완전함에 의존할 수 없다. 그럼에도 불구하고 해답은 그 자체로 완전할 수 있다. 예를 들어 재판이 성공적으로 마무리되었다면 시행착오를 범했더라도 결국 성공인 것과 같다. 수평적 사고는 특정 단계에서 출발점을 향해 논리적이고 타당한 경로를 확립할 수도 있다. 그렇게 경로가 확립되면 어디에서 경로가 시작되는지는 문제가 되지 않는다. 산에 올라가는 가장 좋은 길을 찾기 위해서는 정상에 올라가 있어야 할 필요가 있는 것처럼 말이다.

> 수직적 사고는 모든 단계가 정확해야 하지만,
> 수평적 사고는 모든 단계가 반드시 정확할 필요는 없다.

수직적 사고의 근본적인 특징은 각 단계가 반드시 정확해야 한다는 것이다. 그것은 수직적 사고에서 절대적이다. 논리적 사고나 수학은 각 단계가 반드시 정확해야 한다는 특징을 간과하면 절대 문제를 해결할 수 없다. 하지만 수평적 사고에서는 각 단계가 반드시 정확할 필요는 없다. 다리를 놓는 경우를 생각해 보자. 다리를 놓을 때 각 부분은 모든 단계에서 다리를 스스로 지탱할 필요는 없다. 그러나 마지막 부분이 적절한 자리에 끼워졌을 때, 다리는 스스로 지탱할 수 있게 된다.

수직적 사고는 어떤 경로를 차단하기 위해 부정을 사용하지만,

수평적 사고는 부정이 없다.

궁극적으로 옳기 위해서는 일부러 틀려야 할 경우가 있다. 현재의 기준으로는 틀린 것이지만, 기준이 바뀌면 옳은 것이 되기 때문이다. 설령 기준이 바뀌지 않았다 하더라도 옳은 경로가 보이는 지점에 이르기 위해 틀린 영역을 지나는 것도 유익하다. 아래의 그림은 그 경우를 나타내고 있다. 물론 마지막 경로는 틀린 영역을 지나면 안되지만, 중간 경로에서 틀린 영역을 지나면 옳은 경로를 찾기가 수월할 수 있다.

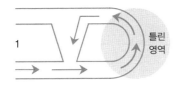 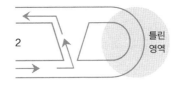

수직적 사고는 하나에만 집중하면서 관계없는 것은 제외시키지만,

수평적 사고는 뜻밖의 방해를 오히려 반긴다.

수직적 사고는 필요 없는 것을 제외하면서 선택한다. 즉 기준 안에 있는 것들만 다루고, 기준에서 벗어나는 것들은 제외시킨다. 하지만 수평적 사고는, 패턴이 그 자체로 재구성될 수 없고, 단순한 외부 영향의 결과로 구성된 것이라는 것을 알기 때문에 외부 영향을 반긴다. 외부 영향이 부적절할수록 확립된 패턴을 바꿀 수 있는 기회가 더욱 많아지기 때문이다. 관련된 것만을 찾는 것은 현재의 패턴을 영원히 지속시키겠다는 뜻이다.

수직적 사고는 범주, 구분, 라벨이 모두 고정되어 있지만,

수평적 사고는 그렇지 않다.

수직적 사고는 범주(category), 구분(classification), 라벨(label)이 일관성을 유지할 때만 유용하다. 만약 무언가에 라벨이 붙여지거나 무언가가 어떤 부류로 구분되면 항상 그 범위에 있어야 한다. 하지만 수평적 사고에서 라벨은 지금의 방식으로 바라볼 수도 있고, 얼마든지 다른 방식으로 바라볼 수도 있다. 범주나 구분은 확인하기 위해 고정된 것이 아니라 이동을 도와주는 길잡이다. 수평적 사고에서 라벨은 영구적으로 붙여지는 것이 아니라 편의를 위해 일시적으로 사용하는 것이다. 수직적 사고는, 수학에서 약속된 기호의 의미를 변경할 수 없는 것처럼 엄격한 정의에 크게 의존한다.

의미의 갑작스런 변화가 유머의 기본인 것처럼, 의미가 유동적이면 수평적 사고를 하기가 용이하다.

수직적 사고는 가장 가능성이 많은 경로를 따라가지만,
수평적 사고는 가장 가능성이 적은 경로를 탐험한다.

수평적 사고는 고의적으로 틀릴 수도 있다. 수평적 사고는 가장 가능성이 많은 경로를 찾는 것이 아니라 덜 분명한 경로를 찾기 위해 노력한다. 그러기 위해서는 가장 가능성이 없는 경로를 탐험하겠다는 특별한 의지가 있어야 한다. 왜냐하면 그러한 경로를 탐험하는 데는 종종 이유가 없고, 그 탐험이 가치 있거나 유익할 것이라는 아무런 암시도 없기 때문이다. 반면에 수직적 사고는 옳은 방향이라고 여겨지는 곳에 중점을 두고 그 경로만을 따라간다.

수직적 사고는 제한된 과정이고, 수평적 사고는 개연성 있는 과정이다.

수직적 사고는 해답을 얻는 것을 기대한다. 수학적 계산을 사용하면 해답은 보장되나, 수평적 사고에서는 해답이 아예 없을 수도 있다. 다만 패턴을 재구성하고, 통찰력 있는 해답을 얻을 수 있는 기회를 늘려줄 뿐이다. 수직적 사고는 최소한의 해답을 보장하지만 수평적 사고는 최대한의 해답을 얻을 수 있는 기회를 준다. 그렇지만 해답을 보장하지는 못한다.

가방 안에 몇 개의 검은 공과 1개의 흰 공이 들어 있다고 생각해보자. 가방 안에서 흰 공을 골라낼 확률은 매우 낮다. 가방 안에 흰 공을 몇 개 더 집어넣는다면, 흰 공을 골라낼 확률은 높아진다. 하지만 언제나 흰 공을 골라낼 거라고 확신할 순 없다. 수평적 사고는 통찰력의 재구성이 일어날 기회를 늘린다. 그리고 수평적 사고에 익숙해질수록 그 기회는 더욱 늘어난다. 수평적 사고는 가방 안에 흰 공을 집어넣는 것과 같은 명확한 과정이지만, 결과는 여전히 확률적이다. 그러나 새로운 아이디어나 기존의 아이디어를 통찰력 있게 재구성함으로써 많은 것을 얻을 수 있기 때문에 수평적 사고를 해볼만한 가치가 있다. 수평적 사고를 해서 잃을 것도 없다. 수직적 사고가 막다른 골목에 다다랐다면 수평적 사고의 성공 기회가 아무리 낮더라도 수평적 사고를 활용해보자.

요약

수평적 사고와 수직적 사고는 근본적으로 다르다. 그러므로 두 가지 사고의 과정은 확연히 구별된다. 이 사고들 중 어느 것이 더 효율적인가를 따지는 것은 중요하지 않다. 왜냐하면 두 가지 사고 모두 필요하기 때문이다. 다만 둘 다 효율적으로 사용하기 위해서 그 차이를 아는 것이 중요하다.

수직적 사고는 해답을 찾기 위해 정보를 정보 자체로 이용한다. 하지만 수평적 사고는 정보를 정보 자체로 이용하는 것이 아니라 패턴의 재구성을 유도하기 위해 도발적으로 이용한다.

수평적 사고에 대한 태도

수평적 사고는 수직적 사고와 매우 다르기 때문에 많은 사람들은
수평적 사고가 불편할 수 있다. 어쩌면 수평적 사고를 수직적 사고의
일부로 생각하거나 아예 없는 것으로 생각할 수도 있다. 이제 수평적
사고에 대한 일반적인 태도를 살펴보도록 하자.

많은 사람들은 통찰력 있는 해답의 유용성과 새로운 아이디어의 가치를
인정하긴 하지만, 그것들을 찾는 실제적인 방법을 모른다.
따라서 결과가 나타나기만을 기다리고,
그 결과가 나타난 후에 비로소 깨달을 뿐이다.

많은 사람들은 통찰력의 사용이나 클리셰 패턴의 정보 모두에 대해 부정적인 태도를 보인다. 통찰력은 수평적 사고의 결과로 생긴 자극이 패턴을 변화시킬 때 생긴다. 패턴 안의 정보는 패턴이 붕괴되고 나면 스스로 새로운 방식으로 재배열된다. 수평적 사고의 기능은 이 패턴 안의 정보를 자유롭게 하는 것이다. 통찰력과 혁신이 우연히 주어지는 것이라면 어떻게 몇몇 사람들이 다른 사람보다 많은 아이디어를 내는지 설명할 수 없다. 어떤 상황에서든지 아이디어를 만들어 내기 위한 과정을 생각해야 한다. 수평적 사고를 사용할 때 얼마나 효율적으로 새로운 아이디어를 만들어낼 수 있는지는 앞으로 따져볼 것이다.

수평적 사고를 통해 문제를 해결했을 때는 그럴 수 있었던

논리적인 경로가 있다. 따라서 수평적 사고라는 것은

결국 바람직한 논리적 사고에 대한 다른 표현일 뿐이다.

어떤 문제를 해결하는 데 수직적 사고를 사용했는지, 수평적 사고를 사용했는지는 알 수 없다. 수평적 사고는 결과가 아닌 과정에 대한 설명이므로, 수직적 사고를 사용해서 결론에 다다랐다 하더라도 수평적 사고를 사용하지 않았다고 말할 수는 없다.

만일 해답이 타당하다면 그것을 뒷받침하는 이유 역시 논리적으로 타당해야 하기 때문에 일단 해답을 찾으면 경로를 설명할 수 있다. 이미 해답이 주어진 어려운 문제를 풀게 해보면 쉽게 알 수 있다.

통찰력과 아이디어는 그것들을 찾은 후에야 분명해지는 특징이 있다. 실제로 통찰력과 아이디어를 찾는 과정을 살펴보면 논리가 제대로 사용되지 않았다는 것을 알 수 있다. 만일 논리가 제대로 사용되었다면 그것들을 더 빨리 찾을 수 있었을 것이다. 해답을 찾았다고 해서 반드시 논리적인 경로를 거친 것은 아니라는 사실은 증명할 수 없지만 거의 분명한 것으로 간주된다.

모든 효율적인 사고가 논리적 사고이기 때문에
수평적 사고 역시 논리적 사고의 일부분이다.

이것은 억지스러운 변명처럼 들릴 수도 있다. 하지만 수평적 사고의 본질에 대해서 제대로 이해하면 수평적 사고가 논리적 사고와 다른 것인지, 아니면 논리적 사고의 일부인지를 가리는 것은 문제가 되지 않는다. 만일 논리적 사고가 효율적인 사고를 의미한다면, 반드시 수평적 사고를 포함해야 한다. 하지만 논리적 사고가 '각 단계의 결과가 반드시 정확해야 한다'는 것을 의미한다면, 수평적 사고와는 분명히 구별된다.

이것은 의식이 정보를 처리하는 과정을 생각해보면 결코 억지스러운 변명이 아님을 알 수 있다. 의식이 정보를 처리하는 과정은 비논리적인 것이 결국엔 논리적인 것이 되고, 비합리적인 것이 합리적인 것이 되기 때문이다. 다시 한 번 강조하지만 이 이론은 수평적 사고가 '효율적인' 사고라는 점에서 논리적이라고 말하는 것이다.

실제로 논리적 사고에 수평적 사고를 포함하는 것은 그 구분을 흐리게 하고 쓸모없는 것으로 만드는 경향이 있지만, 불필요한 것은 아니다.

수평적 사고는 귀납적 논리와 유사하다.

귀납적 논리와 수평적 사고는 외부 영향을 받아 작동한다는 점에서 유사하다. 그러나 수평적 사고는 귀납적 논리와 달리 패턴의 재구성을 유도하기 위해서 외부의 반전, 왜곡, 의문, 상하 역전을 사용할 수 있다. 귀납적 논리는 필연적으로 합리적이어야 하지만 수평적 사고는 새로운 패턴을 만들기 위해 일부러 비합리적일 수도 있다. 그리고 귀납적 논리가 개념을 만드는 것과 관련되어 있다면, 수평적 사고는 의식이 패턴을 재구성할 수 있도록 자극과 도발을 사용하여 개념을 깨뜨리는 것과 더 많이 관련되어 있다.

수평적 사고는 특정한 사람들만 가지고 있는
독창적인 능력이 아니라 의도적인 사고방식이다.

어떤 사람이 수학을 잘하는 것처럼 어떤 사람은 수평적 사고를 더 잘할 수도 있다. 하지만 그 말이 수평적 사고는 배워서 사용할 수 없다는 것을 의미하지는 않는다. 수평적 사고가 더 많은 아이디어를 만들어 낼 수 있게 한다고 해서 신비롭게 생각할 필요는 없다. 수평적 사고는 정보를 처리하는 방식일 뿐이기 때문이다.

수평적 사고와 수직적 사고는 상호 보완적이다.

어떤 사람들은 수평적 사고가 수직적 사고의 합리성을 무시한다고 생각하면서 수평적 사고를 달갑지 않게 여긴다. 하지만 그것은 사실과 다르다. 수평적 사고와 수직적 사고는 서로 상반되는 관계가 아니라 상호 보완적인 관계다. 수평적 사고는 아이디어를 만들어내고 접근방식을 찾는 데 유용한 반면 수직적 사고는 아이디어와 접근방식을 발전시키는 데 유용하다. 수평적 사고는 선택할 수 있는 범위를 넓히면서 수직적 사고의 효율성을 높여주고, 수직적 사고는 만들어진 아이디어를 잘 활용함으로써 수평적 사고의 효율성을 배가시킨다.

대부분의 사람들은 주로 수직적 사고를 한다. 하지만 수평적 사고를 해야 할 때는 수직적 사고가 그다지 필요하지 않기 때문에, 수직적 사고를 고집하는 것은 바람직하지 않다. 따라서 수직적 사고와 수평적 사고를 적절하게 사용할 수 있는 기술이 필요하다.

쉽게 말해서 수평적 사고는 마치 자동차의 후진 기어와 같다. 우리는 항상 후진 기어를 사용해서 운전하지는 않는다. 하지만 운전자에게 후진 기어는 반드시 필요하기 때문에 어떻게 사용하는지 알고 있어야 한다.

수평적 사고의 기본적인 성질

제2장에서는 수직적 사고와 수평적 사고의 비교를 통해서 수평적 사고의 성질을 알아보았다. 이 장에서는 수평적 사고 그 자체를 살펴보면서 수평적 사고의 기본적인 성질을 알아보자.

수평적 사고는 패턴을 변화시킨다.

앞에서 말했듯이 패턴이란 기억의 표면 위에 배열된 정보로, 신경 활동의 결과가 반복적으로 일어나는 것이다. 패턴에 대해 이보다 더 확실하게 정의내릴 필요는 없다. 패턴의 사용은 개념, 아이디어, 생각, 이미지의 반복이다. 그리고 패턴은 다른 패턴들의 배열을 나타내기도 한다. 패턴의 크기는 제한이 없다. 그렇지만 패턴은 반복할 수 있어야 하고, 인지할 수 있어야 하며, 사용할 수 있어야 한다.

수평적 사고는 패턴을 변화시키는 것으로, 수직적 사고처럼 하나의 패턴을 골라서 발전시켜 나가는 것이 아니라 정보나 패턴을 다른 식으로 배열해서 패턴을 재구성하는 것이다. 패턴의 재구성은 패턴 안의 정보를 최대한 효율적으로 사용하기 위해서 반드시 필요하다.

스스로 극대화하는 시스템에서 정보의 배열은

항상 최선의 결과에 미치지 못한다.

정보의 재배열을 통해서 다른 패턴으로 바꾸는 것을 통찰력의 재구성이라고 하고, 이때 정보를 재배열하는 목적은 좀더 바람직하고 효율적인 패턴을 찾는 것이다.

사물을 바라보는 특정한 방식은 점진적으로 발전하기 때문에 과거에 유용했던 아이디어가 지금은 더 이상 유용하지 않을 수도 있다. 하지만 분명 현재의 아이디어는 기존의 아이디어에서 발전된 것이다. 패턴은 다른 2개의 패턴이 조합되는 특정한 방식으로 발전할 수 있다. 패턴은 그 자체로 유용하고 적절하기 때문에 그것을 계속 고집할 수도 있지만, 패턴의 재구성은 더 나은 무언가를 가져다줄 것이다.

다음 페이지의 도형은 하나의 패턴을 만들기 위해 2개의 조각을 같이 두었다. 그 후 이 패턴은 간단하게 다른 비슷한 패턴과 결합했다. 만일 다른 새로운 조각이 추가되지 않으면 패턴은 훨씬 더 좋은 패턴으로 재구성될 것이다. 어쩌면 2개의 조각들이 한 번에 주어졌다면 마지막 패턴이 만들어졌을 수도 있지만 조각의 도착 순서 때문에 다른 패턴으로 발전될 것이다.

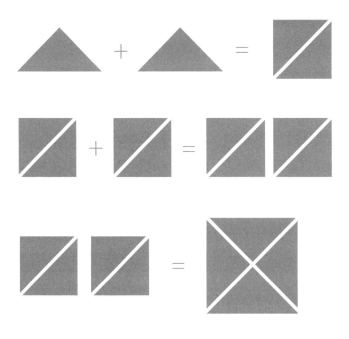

수평적 사고는 정보를 사용하는 방법과 태도 모두를 가리킨다.

수평적 사고의 태도는 사물을 바라보는 모든 방식이 유용하지만, 그것만 유일무이하거나 절대적이라고 여기지 않는다. 다시 말해서 패턴의 유용성을 인정하지만, 그것을 당연한 것으로 여기기보다는 정보를 배열하는 하나의 방식 정도로 여긴다. 그러한 태도는 현재 사용하고 있는 가장 편리한 패턴이 사용 가능한 유일한 패턴이라는 가정을 검토하는 것이다. 수평적 사고의 태도는 확고한 패턴을 받아들이는 것을 거부하고, 그것을 다른 방식으로 배열하려고 노력하는 것이다. 수평적 사고는 항상 대안을 만들어내고, 패턴을 재구성하려고 한다. 그것은 현재의 패턴이 잘못되었거나 적절하지 못하다고 말하는 것이 아니다. 수평적 사고는 절대 판단하거나 평가하지 않는다. 현재의 패턴에 만족하지만 대안적인 패턴을 만들려고 할 뿐이다.

또한 수평적 사고는 패턴을 재구성을 유도하기 위해 정보를 사용하는 특정한 방식으로, 그것을 의도적으로 사용할 수 있는 특별한 기술이 있다. 그 기술이나 기초가 되는 일반적인 원리에 대해서는 차차 이야기할 것이다. 수평적 사고는 효과를 내기 위해서 사용한다. 정보를 사용하는 이러한 방식은 앞을 향해 나아가는 것이지 뒤를 돌아보는 것이 아니다. 즉 정보 자체에 관심을 갖는 것이 아니라 정보를 사용함으로써 나타나는 효과에 관심을 갖는다. 수직적 사고에서는 특정한 구조나 경로를 만들기 위해 정보가 사용되고, 그 과정에서 정보는 구조나 경로의 일부분이 되기도 한다. 하지만 수평적 사고에서는 구조나 경로의 일부분이 되는 것이 아니라 구조를 변화시키기 위해서 정보가 사용된다.

수평적 사고는 고정적이 아니라 도발적이다. 패턴의 재구성을 유발하기 위해서는 도발적이어야 한다. 왜냐하면 수평적 사고는 발전의 경로를 그대로 따라서는 패턴의 재구성을 할 수 없기 때문이다. 따라서 수평적 사고는 일부러 엉뚱한 정보를 사용할 수도 있고 아이디어를 발전시키기 위해 옳고 그름에 대한 판단을 하지 않을 수도 있다.

수평적 사고는 정보를 다루는 의식의 활동과 직접적으로 관련되어 있다.

수평적 사고가 필요한 이유는 스스로 극대화하는 기억 시스템의 한계 때문이다. 그 시스템은 패턴을 만들고 유지하는 기능을 하지만 패턴을 바꾸거나 최신의 것으로 만들기 위한 적절한 메커니즘을 포함하고 있지는 않다. 반면 수평적 사고는 패턴을 재구성하거나 통찰력을 유발하기 위한 시도이다.

수평적 사고의 필요성은 정보를 다루는 의식의 활동에서 생기고, 수평적 사고의 효과는 수평적 사고의 태도에 의존한다. 수평적 사고는 정보를 도발적으로 사용한다. 그리고 정보를 자유롭게 사용하기 위해 낡은 패턴을 깨뜨린다. 터무니없어 보이는 정보들을 나열함으로써 새로운 패턴이 만들어지도록 자극한다. 이 모든 활동은 정보를 새로운 패턴으로 구축하는 스스로 극대화하는 기억 시스템 안에서만 유용한 효과를 낸다. 스스로 극대화하는 기억 시스템의 작용이 없으면 수평적 사고는 완전히 분열시키기만 할 뿐 전혀 쓸모없는 것이 된다.

수평적 사고의 활용

일단 수평적 사고의 특징을 완전히 이해하면 어떤 상황에서 수평적 사고를 사용해야 할지 고민할 필요가 없을 것이다.

이 책은 수직적 사고와 수평적 사고 사이의 혼란을 피하고, 수직적 사고의 기술을 손상시키지 않으면서 수평적 사고의 기술을 익히기 위해 그 둘을 구분했다. 하지만 수평적 사고에 완전히 익숙해지고 나면 수직적 사고와 수평적 사고를 따로 구분할 필요가 없다. 수직적 사고와 수평적 사고가 혼합되어 수직적 사고를 한 후 수평적 사고를 하는 모습이 자연스럽게 나타날 수 있다. 그러나 어떤 상황에서는 의도적으로 수직적 사고를 사용해야 할 필요도 있다.

새로운 아이디어

어떤 사람들은 새로운 아이디어가 떠오르면 기뻐하는 반면, 어떤 사람들은 새로운 아이디어의 필요성을 전혀 느끼지 못한다. 어떤 사람들은 새로운 아이디어는 노력해서 얻을 수 있는 것이 아니라고 생각하기 때문에 그것을 얻으려는 노력을 아예 하지 않는다. 새로운 아이디어는 항상 유용한 것이지만 특별히 더 필요한 경우가 있다. 그리고 새로운 아이디어가 지속적으로 요구되는 직업(예: 연구, 디자인, 건축, 엔지니어링, 광고 등)도 있다.

새로운 아이디어를 의도적으로 만들어내는 것은 항상 어렵다. 쉽게 얻어지는 아이디어가 아니라면 수직적 사고는 새로운 아이디어를 만들어내는 데 큰 도움이 되지 않는다. 가만히 앉아 기회나 영감을 기다리거나 창조적인 능력을 달라고 기도할 수도 있지만 결과를 장담할 순 없다. 그에 비해 수평적 사고는 의도적으로 새로운 아이디어를 만들어내는 방법이다.

많은 사람들은 새로운 아이디어를 새로운 기계장치 등의 발명품 정도로 생각한다. 그것은 아마도 새로운 아이디어를 확인할 수 있는 가장 분명한 형태일 것이다. 하지만 새로운 아이디어는 일을 처리하는 새로운 방식, 사물을 소개하는 새로운 방식, 아이디어에 대한 새로운 아이디어 등을 말한다. 광고에서 엔지니어링까지, 미술에서 수학까지, 요리에서 스포츠까지, 새로운 아이디어는 언제나 요구되며, 그 요구는 일반적인 것이 아니라 특수한 것이다. 실제로 우리는 새로운 아이디어를 만들어낼 수 있다.

문제 해결

새로운 아이디어를 만들어낼 필요가 없어도 문제는 생기기 마련이다. 그때는 문제를 해결하려고 노력하는 것 외에는 선택의 여지가 없다. 문제는 반드시 정해진 형식에 따라 풀어야 하거나 연필과 종이가 있어야만 풀 수 있는 것도 아니다. 문제는 단순히 '가지고 있는 것'과 '가지고 싶은 것'의 차이고, 그 문제를 해결하기 위해서는 무언가를 피하거나, 얻거나, 제거하는 것, 원하는 게 무엇인지를 아는 것이 중요하다. 문제의 형태는 크게 세 가지가 있다.

- 첫째, 문제 해결을 위해 더 많은 정보나 뛰어난 기술이 필요한 문제
- 둘째, 새로운 정보가 아닌 사용 가능한 정보의 재배열이 필요한 문제. 그것을 바로 통찰력의 재구성이라고 한다.
- 셋째, 문제가 없는 것이 문제가 되는 문제. 현재의 정보의 배열이 적절해서 보다 나은 정보의 배열을 시도할 필요성을 느끼지 못하는 상태다. 그런 상태에서는 보다 나은 정보의 배열이 존재한다는 사실조차 모르기 때문에 더 나은 정보의 배열을 위해 노력하지 않는다. 그 상태를 벗어나기 위해서는 현재의 정보의 배

열에 문제가 있다는 사실을 깨달아야 한다. 즉 이때 문제의 본질은 바로 문제가 존재한다는 사실을 깨닫는 것이다.

첫째는 수직적 사고를 통해서, 둘째와 셋째는 수평적 사고를 통해서 해결할 수 있다.

지각적 선택의 처리

논리적 사고나 수학 모두 정보처리 과정의 두번째 단계다. 정보는 첫번째 단계에서 지각적 선택에 의해 패키지로 묶여 두번째 단계에서 효율적으로 다루어진다. 지각적 선택은 패턴을 만드는 의식의 작용으로, 어떤 정보를 패키지로 묶을 것인지 결정한다. 그런데 가끔 지각적 선택에 의해 만들어진 패키지를 받아들이는 대신 스스로 패키지를 만들려고 할 때가 있다. 그때는 수평적 사고를 사용해야 한다.

정기적인 재평가

정기적인 재평가는 당연하게 여기던 것을 다시 한 번 살펴보고, 모든 가정을 검토하는 것이다. 그러나 평가할 필요가 있어서 재평가를 하는 것은 아니다. 오히려 평가할 필요가 전혀 없을 수도 있다. 재평가는 단지 오랫동안 평가를 받지 않았기 때문에 실시하는 것이다. 정기적인 재평가는 사물을 새로운 방식으로 바라보기 위한 의도적인 시도다.

예리한 구분과 양극화의 방지

수평적 사고는 의식이 정보를 구분하고 양극화하려고 하기 때문에 생길 수 있는 문제들을 방지한다. 우리는 의식이 만든 패턴의 유용성을 알지만, 그 패턴이 고착화되는 것을 막기 위해 수평적 사고를 사용해야 한다.

06

기술

지금까지는 수평적 사고의 특징과 사용법에 대해 다루었다. 그것으로 수평적 사고에 대해 어느 정도 알 수 있었을 것이다. 하지만 벌써 수평적 사고에 대한 대부분의 내용을 잊어버리고 수평적 사고에 대한 막연한 느낌만을 가지고 있을지도 모르겠다. 그렇다고 걱정할 필요는 없다. 왜냐하면 생각은 실체가 없어서 수평적 사고의 특징을 정확하게 알았다 하더라도 더 실제적인 것으로 구체화되지 않으면 곧 그 내용을 잊어버리기 때문이다.

수평적 사고의 목적을 이해하는 것만으로는 별로 도움이 되지 않는다. 그것을 실제적으로 사용할 수 있는 기술을 발전시켜야 한다. 그리고 그것은 충분한 연습을 통해서 가능하다. 다음 장부터 배울 기술들을 통해 수평적 사고를 연습할 수 있을 것이다. 어떤 기술은 다른 기술보다 더 수평적이라고 여겨질 수 있고, 어떤 기술은 항상 사용하는 것처럼 여겨질 수도 있다.

각각의 기술들은 수평적 사고를 사용하기 위한 기본적인 원리들을 근간에 두고 있다. 그러나 그 원리들을 특별히 강조하거나 드러낼 필요는 없다.

정형화된 기술들을 사용하는 목적은 수평적 사고를 연습하고, 수평적 사고의 습관을 점진적으로 기를 수 있도록 하기 위해서다. 그 기술들은 정형화된 경로를 정확하게 배우고 금세 의도적으로 적용하는 것을 요구하는 것은 아니지만 나중에는 그럴 수 있어야 한다. 그리고 더 나아가 그 기술에 의존하지 않고서도 수평적 사고를 무리 없이 사용할 수 있어야 한다.

각 장은 두 부분으로 나누어져 있다. 첫번째 부분은 기술의 목적과 특징에 대해 다루고, 두번째 부분은 기술을 실제적으로 사용할 수 있는 방법을 다룬다. 제시한 자료들은 교육자들이 수집할 수 있는 자료의 종류를 의미할 뿐이다.

대안의 생성

수평적 사고는 사용 가능한 정보를 재구성하고 재배열함으로써 다른 방식들을 찾아내는 것과 관련되어 있으며, 사물을 바라보는 특정한 방식도 여러 가지 방식들 중의 하나일 뿐이라고 생각한다. 이때 '수평적'이란 말은 특정한 패턴을 발전시키기 위해 앞으로만 나가는 것이 아니라, 대안적인 패턴을 만들어내기 위해 옆으로도 움직일 수 있다는 것을 의미한다.

많은 사람들은 본래의 탐색이란 대안적인 방식을 찾는 것이고, 자신들은 항상 그렇게 하고 있다고 생각한다. 하지만 수평적 탐색은 본래의 탐색과 거리가 멀다. 본래의 탐색은 최선의 접근방식을 찾는 것이지만, 수평적 탐색은 가능한 한 많은 대안을 찾는 것이다.

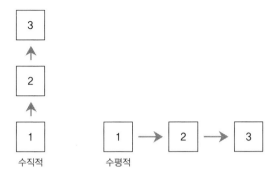

본래의 탐색은 가능성이 높은 접근방식이 나타나면 탐색을 멈춰버린다. 하지만 수평적 탐색은 가능성이 높은 접근방식을 찾은 후에도 계속해서 다른 대안을 찾는다. 물론 나중에 가능성이 높은 접근방식으로 돌아올 수 있다. 그리고 본래의 탐색은 오직 논리적인 대안만을 고려하지만 수평적 탐색의 경우 모든 대안이 다 논리적일 필요는 없다. 한편 본래의 탐색은 주로 사실보다는 가능성이 높은 접근방식을 찾으려는 의도를 중시한다. 하지만 수평적 탐색은 과정을 중시한다.

이 두 가지 탐색들의 가장 큰 차이는 대안을 찾는 목적이다. 본래의 탐색의 목적은 최고의 대안을 찾는 것이고, 수평적 탐색의 목적은 확고한 패턴을 느슨하게 만들고, 새로운 패턴을 만들어내기 위한 것이다. 수평적 탐색은 대안을 찾는 과정에서 얼토당토않는 패턴을 찾아낼 수 있고, 그 후 원래의 가장 분명한 대안으로 돌아갈 수도 있다.

찾은 대안은,
- 유용한 출발점을 증명할 수도 있다.
- 다른 노력 없이 문제를 풀 수도 있다.

• 정보를 재배열하는 것으로 문제를 간접적으로 풀 수 있다.

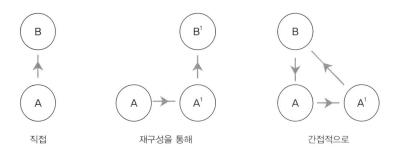

특정 상황에서는 대안을 찾기 위한 탐색이 시간 낭비로 여겨질 수 있지만, 가장 분명한 접근방식을 무턱대고 받아들이는 대신 대안을 찾아보는 습관을 기르는 데 도움이 된다. 대안을 찾기 위한 탐색이 가장 분명한 접근방식을 선택하는 것을 금지하는 것은 아니다. 단지 가장 분명한 접근방식의 사용을 연기하고, 그것을 대안의 목록에 추가한다. 그렇다고 그 접근방식의 가치가 떨어지는 것은 아니다. 오히려 그것의 가치를 더한다. 왜냐하면 그것이 다른 접근방식들 중에서 가장 분명한 것이기 때문이다.

할당량

대안을 찾기 위해서 할당량을 정할 수 있다. 할당량이란 상황을 바라보는 대안적인 방식의 수를 정해놓는 것이다. 할당량을 정하는 것의 장점은 할당량을 채울 때까지 대안을 계속해서 찾아낸다는 것이다. 설령 유력한 대안이 조기에 발견되더라도 그 대안에 머무르지 않는다. 할당량을 정하는 것의 또다른 장점은 단순히 대안이 나타나기를 기다리지 않고, 대안을 찾거나 만들어내려고 계속 노력한다는 것이다. 만들어낸 대안이 인위적이고 터무니없는 것이더라도 할당량을 채우기 위해 계속 노력할 것이다. 할당량의 수로는 3개, 4개, 5개가 적당하다. 물론 할당량을 정한다고 해서 그것보다 더 많은 대안을 찾지 말라는 것은 아니다. 다만 만들어야하는 최소한의 대안의 수를 정하는 것이다.

연습

기하학적인 형태

시각적인 형태는 자료가 명확하게 제시된다는 장점이 있다. 교육생들은 자료를 보고 그들이 원하는 대로 만들 수 있지만, 자료의 상태는 변형되지 않고 그대로 유지된다. 그것은 개인의 음색, 어조, 강조하는 정도에 따라 독특한 맛을 내는 말로 된 자료와는 대조적이다. 기하학적인 형태는 간단한 단어로 묘사할 수 있는 기본적인 패턴이라는 장점이 있다. 그것은 곧 기하학적인 형태가 어떻게 보이는지 묘사하는 데 어려움이 없다는 것을 뜻한다.

교육자는 대안을 만들어내는 것이 무엇인지를 설명하기 위해 기하학적인 형태를 가지고 시작한다. 교육자는 아래와 같이 해볼 수 있다.

형태

A
직사각형 위에
놓여있는 삼각형

B
위의 두 모서리
부분이 떨어져 나간
정사각형

C
한쪽 모서리가 없는
직사각형 두 쪽

D
주택의 형체

① 칠판에 형태를 그려서 전체 교육생들이 볼 수 있게 하거나 종이에 형태를 그려서 전체 교육생들에게 나누어준다.

② 교육생들에게 그 형태를 여러 가지 다른 방식으로 묘사하도록 한다.

③ 교육자는 반의 규모나 사용 가능한 시간을 고려해서 교육생들이 작성한 것을 모으거나 모으지 않을 수 있다.

④-a (작성한 대안을 모으지 않을 경우)

교육자는 교육생들이 자발적으로 묘사하도록 한다. 만약 자발적인 교육생이 없으면 아무나 지목하여 발표하게 한다. 발표가 끝나면 다른 대안도 물어봐서 목록에 적는다.

④-b (작성한 대안을 모을 경우)

교육자는 모은 대안들 중에서 1~2개를 골라 교육생들에게 읽어주고, 또 다른 대안을 묻는다. 만일 충분한 시간이 있다면, 교육자는 모은 대안들을 참고하여 다양한 묘사에 대한 막대그래프를 그린다. 그리고 그것을 다음 수업시간에 보여준다.

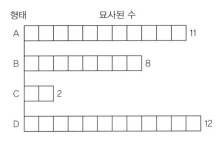

⑤ 교육자는 교육생들의 다양한 묘사를 평가하지 말고, 대안을 생성할 수 있게 격려하고 고무해줘야 한다. 만일 어떤 묘사가 터무니없는 것이라도 그것을 비판하면 안된다. 그 대신 그 묘사에 대해 좀더 이해하기 쉽게 설명해달라고 부탁하는 것이 좋다. 다른 교육생들이 그 묘사를 납득하지 못하면, 그것을 대안 목록의 맨 밑에 기입해 둔다. 하지만 절대 목록에서 제외시켜서는 안된다.

⑥ 만일 교육생들이 대안을 만들어내는 데 어려움을 느낀다면, 교육자 자신이 준비해놓은 몇 가지 묘사를 말해주는 것이 좋다.

자료

1. 당신은 아래의 형태를 어떻게 묘사할 수 있는가?

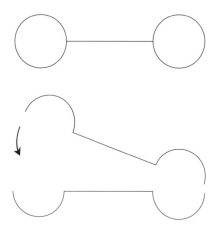

대안

두 원이 선으로 이어져 있다.

선의 양쪽 끝에 원이 붙어있다.

두 원에 붙어있던 각각의 꼬리가 일직선으로 연결되었다.

두 홈통이 위 아래로 서로 맞닿아 있다.

해설

'두 원이 선으로 이어져 있다'는 결국 '선의 양쪽 끝에 원이 붙어 있다'와 같다고 항의할 수 있다. 하지만 첫번째 묘사는 원을 먼저 주목하였고, 두번째 묘사는 선을 먼저 주목하였기 때문에 이 두 가지 묘사는 결코 같지 않다. 이렇게 의식 안에서 일어나는 일은 주의를 끄는 순서가 매우 중요하다. 그러므로 주목하는 순서의 차이가 바로 두 가지 묘사의 차이가 되는 것이다.

어떤 묘사는 제시된 형태 자체만으로도 설명할 수 있는 정적인 것일 수도 있다. 반면에 어떤 묘사는 도형을 추가해야 더 쉽게 설명할 수 있는 역동적인 것도 있다.

2. 당신은 아래의 형태를 어떻게 묘사할 수 있는가?

대안

알파벳 L자 모양

목수의 각도기

거꾸로 된 교수대

액자의 반쪽

서로 맞대어 있는 2개의 직사각형

큰 직사각형에서 작은 직사각형을 뺀 모양

'목수의 각도기'와 같이 실제 사물에 비교할 때는 문제가 생긴다. 바로 묘사 범위를 제한하지 않았기 때문이다. 예를 들어 제시된 형태를 하늘에서 내려다 본 빌딩으로 묘사할 수도 있다. 따라서 우리가 하는 일이 제시된 형태를 묘사하기 위한 여러 대안을 물어보는 것이지, 제시된 형태를 보고 생각나는 것을 물어보는 것이 아니라는 것을 확실히 해둘 필요가 있다. 이때 묘사라면 다른 사람이 그 설명을 듣고 실제로 형태를 그릴 수 있어야 한다. 따라서 하늘에서 내려다 본 빌딩은 빌딩이 L자 모양이라는 구체적인 설명이 없는 한 전혀 소용이 없다. 그렇다고 너무 정확하게 설명할 필요는 없다. 예를 들어 '서로 맞대어 있는 2개의 직사각형'은 형태의 위치에 대한 설명을 포함해야 하지만 너무 정확하게 설명하면 강조점이 잘못될 수 있다.

어떤 묘사는 특정한 과정을 가리킬 수도 있다. '서로 맞대어 있는 2개의 직사각형' 혹은 '큰 직사각형에 작은 직사각형을 뺀 모양'은 실제로 다른 모양을 생각해낸 다음, 그 모양을 빼거나 수정한다. 그것은 매우 유효한 묘사 방법이다. 묘사의 기본 형태는 작은 단위부터 쌓는 경우, 다른 형태와 비교하는 경우, 더하거나 빼는 것으로 다른 도형을 수정하는 경우 등이 있다.

형태가 무엇을 의미하는지 설명하기 위해서는 도형을 추가해야 할 때도 있다. 만일 교육생의 묘사가 무엇을 의미하는지 모를 경우 그 교육생에게 그 묘사에 대해 설명해달라고 부탁하는 것이 좋다.

3. 당신은 아래의 형태를 어떻게 묘사할 수 있는가?

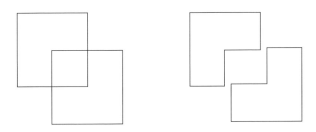

대안

겹쳐진 2개의 정사각형

3개의 정사각형

L모양의 2개의 도형이 맞대어져 가운데 정사각형을 만든 모양

직사각형이 계단식으로 두 쪽으로 나누어진 모양

해설

'겹쳐진 2개의 정사각형'이라는 묘사가 매우 명확하게 보이기 때문에 다르게 묘사하는 것이 틀리게 보일 수 있다. 이는 하나의 명확한 패턴이 다른 패턴에 얼마나 큰 영향을 끼치는가를 잘 보여준다. '겹쳐진 2개의 정사각형'과 '3개의 정사각형'의 경우, 전자가 후자를 포함하고 있기 때문에 두 묘사를 같은 것으로 여길 수 있다. 하지만 때로는 사물을 바라보는 방식의 작은 변화가 큰 차이를 만들 수 있기 때문에 어떤 묘사가 다른 묘사와 다를 바가 없다고 말해서는 안 된다.

한편 너무 포괄적이고 정교해서 모든 가능성을 포함하려는 묘사가 있을 수 있다. 예를 들어 '두 정사각형의 모서리가 서로 겹쳐져서, 겹쳐진 부분의 면적이 원래 크기의 반 정도 되는 정사각형을 만든다.'와 같은 묘사다. 이런 포괄적인 묘사는 도형을 거의 재현해내다시피 하므로, 그 도형에 관한 모든 종류의 묘사를 포함해야 한다. 이때 포함된 묘사들은 개별적으로도 옳은 것이어야 한다. 포괄적인 묘사는 다른 묘사를 포함하기 때문에 논리적으로는 장황해질 수 있지만 새로운 패턴을 사용할 수 있게 한다. 예를 들어 3개의 정사각형이라는 아이디어는 '겹쳐진 정사각형'이라는 묘사에 함축적으로 포함되어 있고, 개별적으로도 유용하다.

4. 상반되는 패턴은 어떻게 만들어지는가?

대안

- 4개의 큰 정사각형들로 둘러싸인 작은 정사각형
- 모서리에 작은 정사각형이 붙어 있는 큰 정사각형
- 계단 형태의 패턴을 만들기 위해 큰 정사각형의 열이 옆으로 밀린 모양
- 작은 정사각형의 모서리를 늘이고 늘인 변 위에 다른 작은 정사각형을 그린 것
- 선을 3등분하고 각 세번째 부분에 수직으로 선을 그린 것
- 하나의 큰 정사각형과 작은 정사각형으로 만들어진 기본 단위
- 격자 패턴에서 작은 정사각형들을 특정한 방식으로 디자인하고

윤곽을 그린 다음, 선들을 제거하고 그 제거한 부분을 큰 정사각
형들로 채운 모습

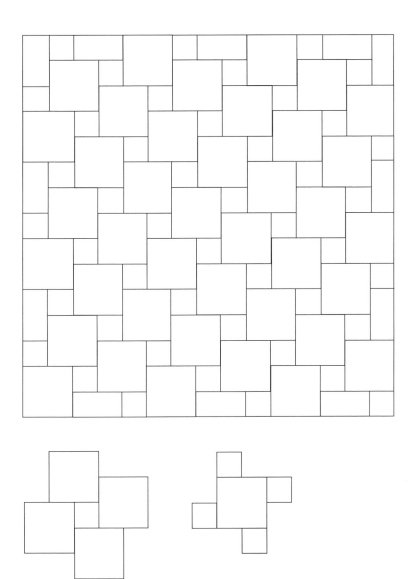

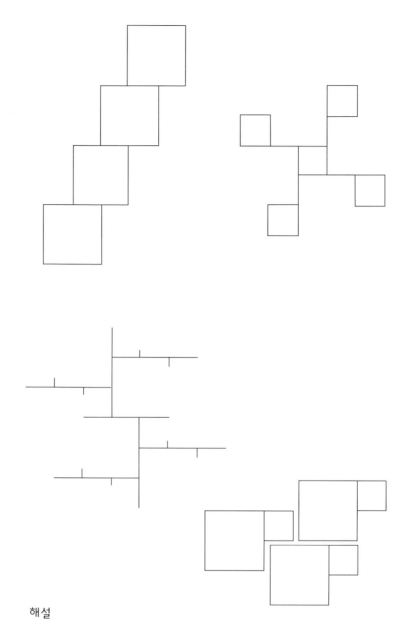

해설

위에 나열된 묘사들 보다 더 많은 묘사들이 존재한다. 묘사는 패턴
이 어떻게 보이는지를 명확하게 나타낼 수 있어야 한다. 중요한 것은

패턴을 묘사하는 다양한 방식들이다. 예를 들어 큰 정사각형만을 사용해서, 작은 정사각형만을 사용해서, 큰 정사각형과 작은 정사각형 모두를 사용해서, 선만을 사용해서, 공간만을 사용해서, 격자 패턴만을 사용하는 방식 등이다.

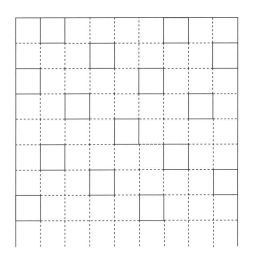

활동

지금까지 제시된 예는 주어진 패턴을 다양한 방법으로 묘사하는 것이었다. 이제 사물을 바라보는 방식에서 사물을 처리하는 방식으로 옮겨 보자. 그것은 상당히 어렵다. 왜냐하면 묘사는 이미 존재하는 것에서 선택하면 됐지만, 무엇을 한다는 것은 아무 것도 없는 것에서 부터 시작해야 하기 때문이다.

5. 어떻게 하면 정사각형을 같은 크기의 4조각으로 나눌 수 있을까?

이 경우에는 교육생들이 대안을 직접 그려보게 하는 것이 좋다. 만약 결과를 분석하고 싶다면 수업이 끝날 무렵에 작성한 대안을 모아도 된다. 다양한 대안을 교육생들이 확인할 수 있도록 모으지 않아도 된다.

대안

- 4개의 직사각형
- 4개의 작은 정사각형
- 대각선
- 정사각형을 16개의 작은 정사각형으로 나눈 다음, 다음 장에 나오는 것처럼 만(卍)자 모양이나 L자 모양으로 합친 모양
- 다음 페이지에 제시된 것과 같은 모양

해설

많은 교육생들이 처음에는 직사각형이나 대각선, 4개의 정사각형에 열중한다. 그 후 정사각형을 16개의 작은 정사각형으로 나누고, 그것들을 다른 방식으로 조합하는 방법을 사용한다. 다음 원리는 정사각형의 변 위에 있는 한 점에서 반대편 대응하는 점으로 선을 긋고, 정사각형의 중심점을 기준으로 위와 아래의 모양을 똑같이 하면서 정사각형을 반으로 나눈다. 그리고 이와 같이 선을 직각으로 한 번 더 그어주면 정사각형을 4등분 할 수 있다. 이렇게 선을 그어서 만들 수 있는 모양은 무한하다. 어떤 교육생들은 이 원리를 모르는데도

이 원리를 변형해 정사각형을 4등분하기도 한다. 즉 정사각형을 반으로 나눈 다음, 각각의 반을 다시 반으로 나누는 것이다. 그렇게 하기 위해서는 정사각형 중심점을 지나고 중심점의 양 쪽 모양이 같으면 된다. 이 원리를 이용하면 새로운 모양들을 만들어낼 수 있다.

이것은 기하학이나 디자인을 연습하는 것이 아니라 정사각형을 4등분 할 수 있는 모든 가능한 방법들을 탐색하는 것으로, 더 이상 방법이 없다고 생각할 때도 다른 방법이 있다는 것을 보여주기 위한 것이다. 그러므로 교육자는 더 이상 방법이 나오지 않을 때까지 기다린 후에 제시된 대안들을 한 번에 하나씩 보여준다(물론 교육생들이 나중에 제시될 방법들을 생각해 낼 수도 있다).

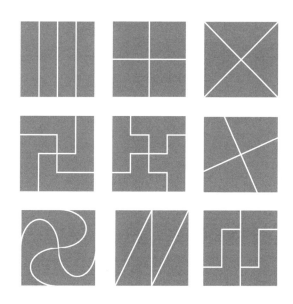

6. 정사각형의 판지를 어떻게 잘라야 같은 넓이의 L 모양을 만들어낼

수 있을까? 대신 정사각형의 판지를 두 번 이상 자를 수 없다(실제 정사각형 모양의 판지를 사용해도 되고 그림을 사용해도 된다).

대안

- 2개의 직사각형으로 나누기(아래의 그림 참고)

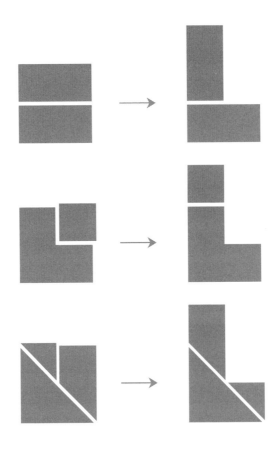

- 작은 정사각형을 잘라내기
- 대각선으로 나누기

이 경우에는 '두 번 이상 자를 수 없다'는 조건을 준다. 이 조건은 쉽게 찾아낸 대안들에 만족하지 않고 더 어려운 대안들을 찾아내도록 자극하기 위함이다. 대부분 세로나 가로로 선을 그려서 직각을 만들어내는 방법에 익숙하기 때문에 대각선으로 그리는 방법은 쉽게 찾아내지 못한다. 어쩌면 정사각형을 대각선으로 자르고 어떤 모양을 만들어낼 것인지를 살펴보는 일이 대안으로 가장 적절할 것이다. 이런 연습을 통해서 간단하고 분석적인 방법보다 자극적인 방법들을 사용하기 시작하게 된다.

기하학적이지 않은 모양

기하학적인 그림을 사용해서 대안을 찾아내는 일에 익숙해졌다면 (그리고 그런 대안이 있을 수 있다는 것을 인정하는 데 익숙해졌다면), 좀더 복잡한 상황으로 옮겨가도 된다. 이제 대안을 찾기 위해 기본 패턴을 골라내는 것보다 패턴을 같이 배열하는 것이 중요하다.

7. 병을 어떻게 묘사할 수 있을까? 1리터의 우유병에 500밀리리터의 물이 차 있다. 이 병을 어떻게 묘사하겠는가?

대안

반이 비어있는 병

반이 차 있는 우유병

물이 1/2리터 들어있는 1리터의 우유병

해설

우유병을 이용한 예는 매우 평범한 것이다. 하지만 이 예를 통해 사물을 바라보는 방식은 완전히 다른 두 가지로 존재할 수 있고, 하나의 방식이 선택되면 다른 방식은 대부분 무시된다는 것을 알 수 있다. 흥미로운 것은 우유병에 우유가 반 정도 있으면 주로 '반이 비었다'고 표현하지만, 우유병에 물이 반 정도 있으면 '반이 차 있다'고 표현한다는 사실이다. 그것은 우유의 경우 꽉 찬 병에서 줄어들지만, 물의 경우 빈 병에서 채워지기 때문일 것이다. 사물을 바라보는 방식은 과거의 인식에 따라 크게 달라지기 때문이다.

사진

사진은 신문이나 잡지에서 가장 쉽게 얻을 수 있다. 만일 그림을 잘 그리는 교육자라면 칠판에 직접 그림을 그리는 것도 가능하다. 물론 신문 자료보다는 만족스럽지 못할 것이다. 사진은 두 가지 방법으로 사용할 수 있다.

- 사진 속에서 일어나고 있는 일을 묘사한다.
- 사진 속에서 일어났을 법한 세 가지 일을 묘사한다.

첫번째 방법을 사용할 때 교육자는 무슨 일이 일어나고 있는지 해석하기 모호한 사진을 교육생들에게 보여주고 해석하도록 한다. 그리고 수업이 끝날 즈음에 그 해석을 제출하게 한다. 다양한 해석이 나올 것이다. 그것은 사진을 바라보는 방식이 다양하다는 것을 의미한다. 교육자는 어떤 해석이 좋고 나쁜지 판단해서는 안 되며, 사진 속에서 무슨 일이 일어나고 있는지 말해서도 안 된다.

두번째 방법을 사용할 때 교육자는 교육생들에게 세 가지 해석을 만들어내도록 한다. 만일 교육생들이 너무나 뻔한 해석에 얽매이거나 더 이상 해석하고 싶어 하지 않는다면, 가능성이 높은 해석 순서대로 목록을 만들거나 요구되는 것이 무엇인지를 보여주기 위해 특이한 해석을 할 수 있다.

예 1

얕은 물을 무리지어 건너가는 사람들이 보이는 사진이다. 그들의 복장으로 보아 배를 탈 것 같지는 않다. 배경은 해변처럼 보인다. 이러한 사진에 대해 다음과 같은 해석들이 나왔다.

- 조수에 발이 묶인 사람들
- 침수된 강을 건너는 사람들

- 섬이나 모래톱을 향해 건너가는 사람들

- 범람한 곳을 건너는 사람들

- 해안에 닿지 못하는 나룻배를 타러 나가는 사람들

- 조난한 배에서 육지로 오는 사람들

해설

사실 이 사진은 해변의 열악한 시설에 항의하는 사람들을 찍은 것
이다. 누가 그것을 맞혔는지의 여부는 중요하지 않다. 논리적으로 추
론하는 연습을 하기 위한 것이 아니기 때문이다. 여기서 중요한 것은
사진에서 일어났을 법한 일에 대한 다양한 해석이 있다는 사실을 아
는 것과 교육생들이 자신만의 해석을 하는 것이다.

예 2

공원 벤치에 앉아 있는 소년

대안

- 비활동적이거나 게으른 소년

- 공원 벤치의 빈 공간

- 소년이 앉은 자리만 물기가 없는 벤치

해설

이 사진에 대한 묘사는 다른 예와는 많이 다르다. 친구를 기다리고

있는 소년, 지쳐서 쉬고 있는 소년, 학교를 무단 결석한 소년, 일광욕을 하는 소년처럼 무엇이 일어나고 있는지에 대해서는 별로 말하지 않았다. 공원 벤치의 소년, 공원 벤치의 빈 공간처럼 사진의 의미보다는 장면 자체에 대한 묘사가 두드러졌다. 그리고 '소년이 앉은 자리만 물기가 없는 벤치'처럼 사진을 색다른 방식으로 보려고 시도했다. 이 경우 지나친 것이라고 생각할 수 있지만, 제한이 없기 때문에 문제될 것은 없다. 무슨 일이 일어나고 있는가? 무슨 일이 일어났는가? 무슨 일이 일어날 것인가? 무엇이 보이는가?' 등으로 다양하게 묘사할 수 있다. 교육자는 대안을 요구하면서 묘사를 제한하지 말아야 한다. 하지만 나중에는 묘사의 수준을 정한 다음 그에 따라 대안을 만들게 할 수도 있다.

사진의 변형

사진을 사용할 때의 문제점은 너무 뻔한 해석들이 나온다는 것이다. 이 경우 사진을 바라보는 다른 방식을 찾기가 어려워질 뿐만 아니라 다른 방식을 찾는다고 해도 엉뚱하거나 인위적인 것으로 보일 수 있다. 그러한 문제를 보완하기 위해 교육자는 사진의 한 부분을 가릴 수도 있다. 사진의 일부분만으로는 무슨 일이 일어나고 있는지 해석하기 더 어렵기 때문이다. 따라서 교육생들은 너무 뻔한 해석이 아닌 대안이 될 법한 것들을 좀더 많이 만들어낼 수 있다. 그리고 사진의 가려진 부분이 드러났을 때 명확한 대답이 무엇인지 생각해볼

동기를 더할 수 있다.

예 3

사진의 반을 가린다. 나머지 부분은 한 남자가 빌딩의 측면에 붙어 있는 선반의 가장자리에서 균형을 잡으려고 하는 모습이다.

대안

- 자살하겠다고 협박하는 남자
- 선반에 있는 고양이를 구출하려고 하는 남자
- 화재가 난 빌딩에서 탈출하려고 하는 남자
- 영화 스턴트맨
- 방문이 잠겨 있어서, 창문을 통해 자신의 방으로 들어가려는 남자

해설

사진의 나머지 부분은 어떤 학생이, 남자가 손들고 있는 포스터를 붙이고 있는 사진이다. 사진의 일부분만 보여주면 것은 대안을 쉽게 만들 수 있다. 하지만 그것을 통해 궁극적으로 바라는 것은, 해석이 명확하기 때문에 대안적 구성을 찾기 어려운 사진을 재구성하는 것이다. 즉 명확한 해석이 주로 이루어지는 상황에서 재구성을 연습하는 것이다. 이것은 쉬운 사진의 일부를 사용하는 것부터 점차 배워나갈 수 있다. 사진의 일부분만 보여주는 것의 또 다른 장점은 보이지 않는 부분도 해석할 수 있다는 것으로, 관찰하고 있는 실제 상황뿐만

아니라 그 상황 밖에서 일어나는 일도 고려할 수 있다는 것이다.

문서 자료(이야기)

이야기란 글로 써진 모든 것으로, 신문이나 잡지에서 얻을 수 있다. 이야기는 다음과 같은 방법으로 활용할 수 있다.

- 관련된 여러 사람들의 다른 관점 만들어내기
- 자료를 바꾸는 것이 아니라 이야기의 중점을 바꾸는 것으로 또는 다른 방식으로 바라보는 것으로 선호하는 묘사를 선호하지 않는 묘사로 바꾸기
- 저자가 정보를 통해 의도한 의미 말고 다른 의미 찾기

예 4

동물원에서 탈출한 독수리를 포획하는 어려움을 다룬 신문기사. 사육사가 높은 가지 위에 있는 독수리를 다시 새장에 집어넣기 위해 애를 먹고 있다.

대안

- 사육사의 관점: 독수리를 지금 당장 새장에 넣지 않으면 멀리 날아가서 길을 잃거나 총에 맞을 수 있다. 새를 쫓아서 나무에 오르는 것은 매우 힘들고, 조금은 바보가 된 느낌이다. 독수리가

탈출한 것에 대해 누군가가 비난을 받아야 한다.

- 신문기자의 관점: 새가 나뭇가지에 오래 앉아있을수록 기사는 더 흥미로워진다. 괜찮은 사진을 찍기 위해 새에 더 가까이 다가 갈 수는 없을까? 새를 잡는 방법처럼 독자들의 관심을 끌 수 있는 흥밋거리를 찾아내야 한다.

- 독수리의 관점: 도대체 무슨 난리가 난 거야? 새장에 다시 갇히면 안 된다는 이상한 느낌이 든다. 배고픔을 느낀다. 어디로 날아가야 할지 확실하지 않다.

- 구경꾼의 관점: 독수리가 멀리 날아가서 자유로워졌으면 좋겠다. 독수리 한 마리를 잡기 위해 애쓰는 것이 재미있다. 독수리는 새장에 갇혀있는 것보다 자유롭게 날아다니는 것이 좋아 보인다. 만일 아무도 독수리를 잡지 못하고 있을 때, 누군가 독수리를 잡는다면 영웅이 될텐데.

해설

다른 사람들과 관련된 이야기라면, 그 사람들의 관점을 만들어내기는 쉽다. 전체 교육생들에게 다른 관점을 만들도록 시키거나 몇몇 교육생들을 지정하여 다른 관점을 만들도록 시킬 수 있다. 이 연습은 다른 사람들이 무엇을 생각하는지 생각해보기 위한 것이 아니라 동일한 상황이 어떻게 다른 방식으로 구성되는지를 보여주기 위한 것이다.

예 5

글을 읽거나 쓰지 못하는 사람들이 논밭에서 일하면서 어렵게 살아가는 원시적인 공동체의 불편한 삶을 묘사한 이야기

대안

편안함은 자신에게 익숙해진 것이다. 만일 단순한 것들을 얻어 내고 그것들을 이용할 수 있다면, 복잡한 것들을 기대하고 그것들을 얻지 못했을 때 불만을 느끼는 것보다는 나을지도 모른다. 만약 그들이 글을 읽고 쓸 수 있다면 그것을 통해 세상의 다른 곳에서 일어나고 있는 끔찍한 일을 알게 되기 때문에 오히려 더 불행해질 수도 있다.

대부분의 사람들은 열심히 일한다. 어쩌면 논밭에서 열심히 일하는 것이 나을지도 모른다. 왜냐하면 자신이 기르는 농작물이 커가는 것을 지켜볼 수 있고, 자신이 기른 농작물을 먹을 수 있기 때문이다.

해설

대안적 관점이 반드시 그 관점을 처음 가진 사람 고유의 것일 필요는 없다. 실제로 어떤 사람은 다른 사람과 똑같은 관점을 가지고 있을 수도 있다. 이 예의 목적은 사물을 다른 방식으로 바라볼 수 있다는 것을 보여주는 것이지, 하나의 관점이 다른 관점보다 낫다는 것을 증명하기 위한 것이 아니다. 사실 논쟁의 여지는 없다(예: '단순한 공동체가 좋아 보일지는 몰라도 누군가 아프게 되면 어쩔 수 없이 그냥 죽음을 맞이해야 한다'). 그러나 실제로는 이런 논쟁을 피하기가 어려울뿐더러 다

른 사람과 다른 관점을 제시하기도 어렵다. 하지만 다른 관점을 제시할 수 있다는 것은 그러한 관점을 재구성할 수 있는 기회를 더 많이 가진다는 점에서 큰 장점이다.

예 6

이야기는 남자들이 여성화되어 가고 있는 모습을 지적하면서 머리를 길게 기르고 색상이 풍부한 옷을 입은 젊은 남자들을 예로 들고 있다. 그리고 이제 더 이상 남자와 여자를 구별할 수 없다고 주장한다.

대안

머리를 길게 기르는 것은 관습에 도전하는 용기를 나타낸다. 얼마 전까지 남자들은 머리를 길게 길렀다. 그러나 그들은 더욱 남자다웠다. 색상이 풍부한 옷 역시 여자 같은 것이 아니라 화려한 것이었다. 그들은 개성을 찾는 용기를 보였다.

이 경우 왜 남자와 여자는 비슷하게 보이면 안 될까?

이런 식이라면 적어도 여자들은 동일한 권리를 가져야한다.

해설

이런 종류의 재구성에서는 별도의 정보가 필요없다. 이 예의 목적은 자료의 다른 측면을 보이기 위한 것이 아니다. 단지 하나의 관점으로 해석될 수 있는 자료가 완전히 다른 방식으로 해석될 수 있다는 것을 보여주는 것이다.

문제

문제는 일상의 소재나 신문 기사로 만들 수 있다. 신문 기사는 시끄러운 일들, 잘못된 일들, 불평 등으로 가득 차 있다. 그것들은 실제로 문제로 다루어지지 않았을 수도 있다. 그러나 문제될 것은 없다. 간단히 고쳐서 사용하면 된다. 문제의 제목 정도만 말하는 것도 괜찮다. 즉 정형적인 문제로 말할 필요가 없다. 발전 가능성이 있는 상황이나 있을 법한 어려운 상황이라면 문제로 사용할 수 있다. 대안 만드는 연습을 하기 위해 두 가지 방식으로 문제 자료를 사용할 수 있다.

① 문제를 진술하는 대안적인 방식을 만든다.
② 문제에 접근하는 대안적인 방식을 만든다.

여기서 강조하는 것은 문제를 실제로 푸는 것이 아니라 문제의 상황을 바라보는 다른 방식을 찾는 것이다. 물론 해결책을 찾을 수도 있지만 그것이 연습의 필수 사항은 아니다.

예

사람이 많은 곳에서 부모를 잃는 아이들

1. 문제를 진술하는 대안적인 방식을 어떻게 만들 수 있을까?

- 아이들이 부모에게서 떨어지는 것을 방지
- 부모를 잃은 아이들을 찾거나 집으로 되돌려 보내는 것
- 부모가 아이들을 사람이 많은 곳으로 데리고 갈 필요가 없게 하는 것(유아 보호소 등)

해설

문제에 대한 몇 가지 대안적 진술은 해답을 제시한다. 문제는 일반적으로 제시될수록, 해답이 제시될 확률이 낮아진다. 만일 매우 일반적인 단어들을 사용하여 문제를 말하면, 문제를 다른 방식으로 다시 말하는 것이 어렵다. 그래서 우리는 항상 대안을 만들기 위해 보다 구체적인 수준으로 옮겨갈 수 있다. 예를 들어 '사람이 많은 곳에서 길을 잃은 아이들의 문제'는 '사람이 많은 곳에서 부주의한 부모들의 문제'나 '사람이 많은 곳에서 산만한 아이들의 문제'로 바꿔 말할 수 있다. 하지만 '잃어버린 아이를 그들의 부모에게 돌려보내 주는 문제'처럼 보다 구체적인 수준으로 사용할 수도 있다.

2. 문제에 접근하는 대안적인 방식을 어떻게 만들 수 있을까?

대안

- 아이들을 그들의 부모에게 더욱 확실히 붙여 놓기
- 아이들의 신원 확인을 확실하게 하기(주소가 저장된 디스크)

- 사람이 많은 곳에 아이들을 데려갈 필요 없게 만들기(유아 보호소 등)
- 부모와 아이들이 떨어졌을 때 만날 장소 정하기
- 길을 잃은 아이들의 이름 표시하기

해설

이 경우 많은 접근방식들은 사실상 해결책처럼 보일 수 있다. 하지만 다른 상황에서는 접근방식들이 문제를 다루는 방식만을 나타낼 수도 있다. 예를 들어 길을 잃은 아이들의 문제에서, '얼마나 많은 사람들이 그들의 아이들을 사람이 많은 곳으로 데리고 가는지에 대한 통계 데이터를 수집하라. 왜냐하면 그들은 아이들을 데리고 가고 싶어 하거나 아이들을 돌봐줄 사람이 없기 때문이다'와 같은 접근방식을 얻을 수 있다.

문제의 형태

문제의 형태는 관련된 교육생들의 나이에 따라 다르다. 아래의 문제들은 젊은층과 노년층으로 나뉜다.

① 젊은층
제시간에 학교에 도착하기
더 큰 아이스크림 만들기

나무에 낀 공 빼내기

버스비 낸 후 잔돈 처리하는 방법

더 좋은 우산

② 노년층

교통 혼잡

싼 집 구하기

세계의 식량 문제

좀더 나은 텐트 설계

요약

이 장에서는 대안을 만드는 연습을 했다. 대안을 만드는 것은 그 자체에 의미가 있는 것이지 사물을 바라보는 최고의 접근방식을 찾기 위한 것이 아니다. 대안을 찾는 과정에서 최고의 접근방식이 명확하게 드러날 수 있지만, 그것이 실제로 찾으려는 것은 아니다. 만일 최고의 접근방식을 찾는 것이 목적이라면, 가장 최고의 접근방식으로 보이는 것을 찾으면 거기서 멈추고 더 이상 대안을 찾으려고 하지 않을 것이다. 하지만 그것이 목적이 아니라면 대안을 찾는 것을 멈추는 대신 대안을 찾는 것 자체를 위해서 계속 대안을 찾을 것이다. 이 과정은 사물을 바라보는 고정된 방식들을 깨뜨리고, 대안을 찾기 위한 접근방식이 항상 존재한다는 것을 알려준다. 그리고 패턴을 재구성하는 방식을 배울 수 있도록 하는 것이다.

대안을 찾기 위해서는 인위적으로 할당하는 방법을 사용하는 것이 사물을 바라보는 다른 방식을 찾으려는 막연한 의도에 의존하는 것보다 낫다. 막연한 의도는 문제가 쉬울 때 효과적이지만 문제가 어려울 때는 그렇지 않다. 할당할 때는 충족되어야 하는 개수를 반드시 정해줘야 한다.

08

가정의 검토

제7장에서는 사물을 바라보는 다양한 방법에 대해 살펴보았다. A, B, C, D를 다양한 방법으로 배열해서 다른 패턴을 찾는 유형의 문제였다. 이번 장에서는 A, B, C, D 자체에 대해 살펴보고자 한다. A, B, C, D 하나하나가 표준 패턴으로 받아들여지는 것이다.

'클리셰cliche'란 판에 박힌 문구라는 뜻으로, 무언가를 바라보고 묘사하는 판에 박힌 방식이다. 클리셰는 아이디어의 배열뿐만 아니라 아이디어 자체를 가리킨다. 우리는 흔히 기본 아이디어가 논리적으로 옳을 때, 다른 패턴을 만들기 위해선 그것들을 같이 배열하는 것으로부터 시작해야 한다고 생각한다. 그러나 기본 아이디어는 스스로 패턴을 재구성할 수 있다. 수평적 사고의 목적은 모든 가정을 검토하고, 어떤 패턴이든지 재구성하는 것이다. 가정에 동의했다 해서 그것이 타당하다고 말할 순 없다. 대부분의 가정은 그 타당성에 대한 평가를 반복하지 않은 채 유지되어 왔을 뿐이다.

아래의 그림은 3개의 형태를 보여주고 있다. 이것들을 하나의 형태로 배열해야 한다면, 묘사하기 쉬울까? 그런 배열을 찾아내는 것은 어렵다. 하지만 만일 3개의 형태를 같이 배열하는 대신 큰 정사각형을 둘로 나눌 수 있다면 간단한 형태로 배열하기 훨씬 쉬워진다. 그러한 유추는 '어떤 문제는 주어진 형태들을 다르게 배열하는 것만으로는 풀 수 없고, 주어진 도형을 재검토하는 것으로만 풀 수 있다'는 것을 설명해준다.

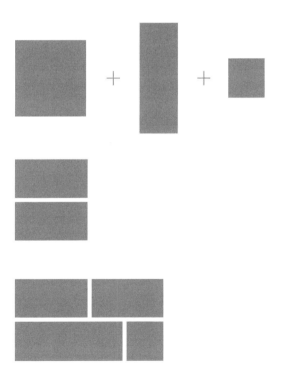

만일 실제로 위의 그림이 문제로 정해지고 해답이 앞에서 제시된 것이라면, 바로 '속임수야!'라고 강력하게 항의할 것이다. 그들은 형태 자체를 변형시켜서는 안 된다고 스스로 가정했기 때문이다. 그러한 항의는 언제나 확실하게 가정된 경계나 한계를 사용했다는 것을 나타낸다.

우리는 문제를 풀 때 항상 분명한 경계를 가정한다. 그런 경계는 문제를 풀 때 고려해야하는 범위를 줄여주기 때문에 문제를 훨씬 쉽게 풀 수 있게 한다. 만일 어떤 사람이 런던의 집주소만 덜렁 가르쳐 주면 그 집을 찾기 힘들 것이다. 그런데 그 집이 템스 강 북쪽에 있다고 가르쳐 주면 좀더 쉽게 찾을 수 있다. 만일 그 집이 피커딜리 서커스Piccadilly Circus에서 걸어갈 수 있는 곳에 있다고 가르쳐주면 더욱 쉽게 찾을 수 있다. 우리는 문제를 풀 때 스스로 한계를 정해 놓는다. 만일 그 한계를 넘는 사람이 있다면, 바로 '속임수야!'라고 항의할 것이다. 하지만 그 한계는 주로 자기 스스로 만들어낸 것이다. 게다가 그 한계는 편리하다는 것 말고는 아무런 유익도 없다. 만일 그 경계나 한계가 바르지 않다면 문제를 해결할 수가 없다. 그것은 마치 템스 강 남쪽에서 북쪽을 바라보며 집을 찾으려는 것과 같다.

모든 것을 재검토할 수는 없기 때문에, 문제가 되는 상황이든 그렇지 않은 상황이든 대부분의 것을 당연하게 여겨야 한다. 어느 토요일 늦은 아침에 길을 가고 있는데, 카네이션 큰 다발을 겨우 2실링(약 250원)에 파는 것 같았다. 늦은 아침이었기 때문에 남은 꽃들을 처분하기 위해서라고 가정하고 돈을 지불했다. 그런데 꽃 장사는 큰 다발에서 4송이로 된 작은 다발을 꺼내주었다. 작은 다발이 원래 파는 다발이었던 것이다. 작은 다발이 큰 다발일 거라는 가정은 다만 나의 욕심이었다.

새로운 주택 단지가 완성되어 기념행사에 갔었다. 그런데 주택이 조금 낮아보였다. 천정이나 문 모두 마찬가지였다. 도대체 무슨 일이 일어났는지 아무도 알지 못했다. 한참 지나서야 누군가 일하는 사람들이 자로 사용하는 막대의 양 끝을 1인치씩 잘라냈다는 사실이 밝혀졌다. 일하는 사람들은 그 막대를 자로 사용했기 때문에 당연히 정확할 것이라고 생각하면서 사용했던 것이다.

병 안에 배 하나가 통째로 들어있는 스위스산 배 브랜디가 있다. 배가 어떻게 병 안으로 들어갈 수 있었을까? 대부분은 병 속에 배를 넣은 다음 병의 목 부분을 붙였을 것이라고 추측했다. 다른 사람들은 병 속에 배를 넣은 다음 병의 밑 부분을 붙였을 것이라고 추측했다. 사람들은 배가 완전히 자란 것이기 때문에 그 상태로 병 속에 넣었을 것이라고 가정한다. 하지만 사실은 작은 봉오리가 맺은 가지를 병의 목 부분을 통해 병 속으로 집어넣어 두면 배가 그 속에서 자라게 된다.

가설을 검토하는 것은 경계와 한계의 필요성을 검토하는 것이며, 개별적인 개념들의 타당성을 검토하는 것이다. 일반적으로 수평적 사고에서 가정을 검토하는 것은 그것이 잘못되었다고 공격하기 위한 것이 아닐뿐더러 좀더 나은 대안을 찾기 위한 것도 아니다. 다만 패턴을 재구성하기 위한 것이다.

연습 부분

1. 논증 문제

문제 1

정원사는 4그루의 나무를 심되 각 나무 사이의 거리를 같게 해서 심으라는 지시를 받았다. 나무를 어떻게 배열할까?

우선 떠오르는 장면은 종이 위에 4개의 점을 나란히 배열하고 각 점을 다른 점들로부터 일정하게 배열하는 것이다. 하지만 그렇게 나무를 배열하는 것은 불가능하고, 문제를 해결할 수도 없다.

이 문제의 가정은 나무를 평평한 땅에 심는 것이다. 만일 이 가정을 바꾸면 나무를 심을 수 있다. 우선 나무 1그루를 언덕의 꼭대기에 심고, 다른 3그루를 언덕의 주위에 심는 것이다. 그렇게 하면 4그루의 나무를 각 나무 사이의 거리를 같게 해서 심을 수 있다. 피라미드 모양을 생각하면 된다. 그밖에 나무 1그루를 움푹 파인 구멍의 가운데에 심고 나머지 3그루를 구멍의 주위에 심어도 문제를 해결할 수 있다.

문제 2

이 문제는 아주 고전적인 문제지만 이 장의 핵심을 분명하게 말해준다. 다음 페이지의 그림을 보면, 9개의 점들이 배열되어 있다. 연필을 종이에서 떼지 않고 4개의 직선만 그어 점들을 모두 연결할 수 있을까?

처음에는 쉬워 보여 몇 차례 시도해 보겠지만, 나중에는 4개보다 더 많은 직선이 있어야 한다고 생각하며 포기할 것이다.

이 문제의 가정은 직선들이 모든 점들을 반드시 연결해야 하고, 가장자리에 있는 점의 경계선 밖으로 나가면 안 된다는 것이다. 만일 그 가정을 깨뜨리고 경계선을 넘어 직선을 긋는다면 문제를 쉽게 풀 수 있다.

 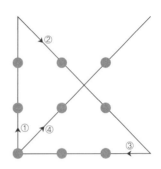

문제 3

고층 빌딩에 있는 사무실에서 일을 하는 남자가 있다. 그는 매일 아침 1층에서 엘리베이터를 타고 10층에서 내려 15층까지 계단으로 걸어 올라간다. 저녁에는 15층에서 승강기를 타서 1층에서 내린다. 도대체 이 남자는 왜 그럴까?

다음과 같이 다양하게 추측할 수 있을 것이다.

- 그는 운동을 하려고 한다.
- 그는 10층에서 15층까지 걸어 올라가면서 다른 사람과 이야기하고 싶어 한다.
- 그는 걸어 올라가면서 경치를 감상하고 싶어 한다.
- 그는 승강기에 탄 다른 사람들이 자신이 10층에서 일하는 사람이라고 생각하기를 바란다(10층이 더 좋은 직장일 것이다).

사실 그는 키가 작아서 10층 위의 버튼을 누를 수가 없다. 이 문제를 풀기 위해 자연스럽게 만들어내는 가정은, 그의 행동이 이상한 것이지 신체 조건에 문제가 있는 것은 아니라는 것이다.

이러한 종류의 다른 문제도 만들어낼 수 있다. 이유를 알기 전까지는 이상하게 보이는 행동들의 사례를 찾을 수도 있다. 이러한 문제들의 목적은 가정을 당연하게 받아들이는 것이 문제를 어렵게 만들거나 풀 수 없게 만들 수도 있다는 것을 아는 것이다.

2. 블럭 문제

문제 4

4개의 상자를 준비해라. 성냥갑, 책, 과자상자 모두 가능하다. 상자들을 아래의 방식으로 배열해 보자. 각각의 방식들은 상자들이 어떻게 접촉하고 있어야 하는지를 보여준다. 상자의 평평한 부분의 일부가 맞닿아 있어야 2개의 상자가 접촉했다고 인정한다. 모서리나 가장 자리는 인정하지 않는다. 그 방식은 다음과 같다.

① 각각의 상자가 다른 2개의 상자와 서로 접촉하도록 배열하라.
② 하나의 상자는 다른 상자와 접촉해 있고, 다른 상자가 다른 2개의 상자와 접촉해 있고, 또 다른 상자가 다른 3개의 상자와 접촉할 수 있도록 배열하라.
③ 각각의 상자가 다른 3개의 상자와 서로 접촉하도록 배열하라.
④ 각각의 상자가 서로 접촉해 있도록 배열하라.

해결

① 이 문제를 풀 수 있는 몇 가지 방법이 있다. 그중 한 가지는 각 상자가 2개의 상자와 접촉해 있는 '원형' 배열로 하나는 앞에 그리고 다른 하나는 뒤에 놓으면 된다.
② 이 문제를 푸는 데 다소 어려움을 겪는 사람도 있다. 왜냐하면 문제를 제시된 순서대로 풀어야 한다는 가정을 세우기 때문이다. 예를 들어 하나의 상자가 다른 2개의 상자와 접촉해야 하고, 다른 상자가 2개의 상자와 접촉해야 하고, 또 다른 상자가 다른 3개의 상자와 접촉하도록 해야 한다는 것이다. 그러나 만일 하나의 상자가 3개의 상자와 접촉하도록 만들어 문제를 끝에서부터 풀어나가기 시작하면 문제를 쉽게 해결할 수 있을 것이다.
③ 어떤 사람은 모든 상자가 같은 평면 위에 배열되어야 한다고 가

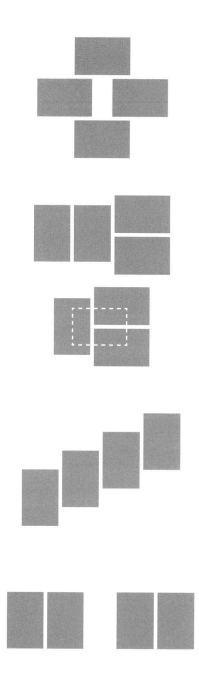

정하기 때문에 상당히 어려워한다(바닥 위에 상자들을 펼쳐놓아라). 그 가정을 깨뜨리고 상자를 다른 상자들의 위에 올려놓자마자 문제가 요구하는 배열을 할 수 있을 것이다.

④ 매우 어려워하는 사람도 있다. 그들이 주로 하는 실수는 상자를 한 줄로 배열하는 것이다. 그렇게 하면 마지막 양끝에 있는 상자는 다른 하나의 상자와 접촉하지만 가운데 있는 상자들은 다른 2개의 상자들과 접촉하게 된다. 몇몇 사람들은 실제로 문제를 풀 수 없다고 하지만 실제로 문제를 풀 수 있는 배열은 매우 간단하다.

해설

대부분의 사람들은 상자들을 이리저리 움직여 보면서 배열을 찾으려고 한다. 만일 상자들을 직접 접촉해보지 않으면 별다른 결과를 얻을 수 없을 것이다. 사람들은 상자들이 어떤 특정한 형태로 서로 접촉해야 한다는 가정을 만들지만, 그것이 문제를 더 풀기 어렵게 만든다.

'왜'라고 묻는 기술

이 기술은 가정을 검토할 수 있는 기회를 제공하기 위해서 사용한다. '왜'라고 묻는 것은 아이들이 '왜'라고 묻는 버릇과 비슷하지만, 아이들은 해답을 모를 때 묻는 것에 반해 이 기술에서는 해답을 알지만 묻는다는 것이 다르다. '왜'라는 물었을 때는 주로 낯선 것을 낯익은 용어로 쉽게 설명하거나 스스로 답을 얻을 수 있게 다시 한 번 질문하는 것이지만, 규정된 것은 아무것도 없다.

그러나 '왜'라고 묻는 과정은 생각보다 어렵다. 우리에겐 이미 익숙한 설명을 다시 사용하려는 경향이 있기 때문이다. 사람들은 질문에 대해 이미 했던 설명을 다시 하거나 질문을 받았을 때 더 이상 질문할 수 없도록 '왜냐하면'이라고 말하려는 경향이 있다. 이 연습의 목적은 '왜냐하면'이라고 말하는 것을 피하는 것이다.

교육자가 무슨 말을 하면 교육생들은 "왜요?"라고 묻는다. 그러면 교육자는 대답한다. 만일 그 과정이 단순한 반복이라면 아무 필요가 없다. 하지만 실제로 그럴 일은 없다. '왜'라고 묻는 것은 상대가 앞서 했던 설명의 일부와 관련되기 때문에 어느 한 부분에 초점을 맞출 수가 있다.

예

교육생 왜 칠판은 검은색이죠?

교육자 왜냐하면 칠판이 검은색이 아니면 칠판(blackboard)이라고 부를 수 없기 때문입니다.

교육생 칠판이 어떻게 불려지는가가 왜 문제가 되죠?

교육자 문제가 되는 것은 아닙니다.

교육생 왜요?

교육자 왜냐하면 칠판은 무엇인가를 쓰거나 그리기 위해서 있는 것이기 때문입니다.

교육생 왜요?

교육자 왜냐하면 교육생 전체에게 무언가를 보여주려면 칠판에
쓰는 것이 편리하기 때문입니다.

위의 질문에 대해 다른 방식을 취할 수도 있다.

교육생 왜 칠판은 검은색이죠?

교육자 그래야 흰색 분필로 쓰는 것이 잘 보이기 때문입니다.

교육생 왜 분필은 흰색이에요? 또는 왜 흰색 분필을 쓰는 거죠?
또는 왜 검은색 분필은 쓰지 않죠?

각 '왜'라고 묻는 것은 주제의 일부와 관련되어 질문이 발전해 나
갈 방향을 결정한다. 물론 교육자 역시 질문에 대답하는 것을 통해서
그 방향을 유도할 수 있다.

교육자는 가능한 한 대답을 길게 한다. 하지만 어느 때는 '저도 잘
모르겠네요. 당신은 어떻게 생각하세요?'라고 물어볼 수도 있다. 만
일 교육생이 그 물음에 대답할 수 있다면, 서로의 역할을 바꾸어서
교육자가 질문을 하고 교육생이 대답할 수 있다. 아래와 같은 질문은
다루기 적당한 것들이다.

• 왜 바퀴는 둥근가?

- 왜 의자 다리는 4개인가?

- 왜 대부분의 방들은 정사각형이나 직사각형 모양인가?

- 왜 여자들은 남자들과 다른 옷을 입는가?

- 왜 우리는 학교 또는 직장에 다니는가?

- 왜 사람 다리는 2개인가?

'왜'라고 묻는 것의 목적은 정보를 유도하는 것이다. 사람들은 설명이 충분히 이해돼서 만족하기를 바라지만, '왜'라고 묻는 것은 그 바람과는 반대다. '왜'라고 묻는 의도는 설명을 해서 오히려 불편하게 만드는 것으로, 설명이 충분히 이해돼서 만족하는 것을 거부한다. 그리고 사물을 다른 방식으로 보고, 패턴을 재구성할 기회를 늘리는 것이다.

교육자는 대답할 때 설명을 정당화하지 않아도 되지만 여러 가지 대안을 제시할 수 있어야 한다. 예를 들어 "왜 칠판은 검은색이죠?"라는 물음에 "칠판이 꼭 검은색일 필요는 없습니다. 분필로 쓴 글씨가 보이기만 한다면, 칠판이 초록색이나 파란색이어도 상관없지요."라고 대답할 수 있다. '모든 것은 유일하고 필연적인 이유가 있다'는 생각은 피해야 한다. 예를 들어 '칠판은 검은색이다. 왜냐하면 검은색은 흰색 글씨를 잘 보이게 하기 때문이다.'혹은 '칠판은 검은색이다. 왜냐하면 칠판이 검은색이 아니라면 흰색 글씨를 볼 수 없기 때문이다.' 등이다.

실제로 일어났던 일을 이유로 들더라도 교육자는 그 이유가 타당하다는 인상을 줘서는 안 된다. 칠판이 검은색인 이유가 흰색 분필이 먼저 발견되었기 때문이라고 가정해보자. 역사적으로 그 가정은 사실이지만, 실제로는 충분한 설명이 되지 못 한다. 왜냐하면 사람들이 검은색 칠판을 사용하기 시작한 이유만을 설명해줄 뿐 검은색 칠판이 왜 편리하고, 왜 계속 사용하고 있는지 설명해주지 못하기 때문이다. 이렇게 말할 수도 있다. "칠판이 검은색인 이유는 흰색 분필로 글씨를 썼을 때 잘 보이게 할 판이 필요했기 때문입니다. 칠판이 지금도 검은색인 이유는 검은색을 사용했던 것이 만족스러웠기 때문이겠지요."

요약

우리는 어떤 상황이나 문제를 다룰 때 무의식중에 많은 것들을 당연하게 생각한다. 그리고 살아가기 위해 항상 가정들을 만든다. 하지만 그것들은 클리셰 패턴들이다. 정보를 더 효율적으로 사용하기 위해서는 패턴을 재구성해야 한다. 특히 복잡한 패턴을 재구성하기 위해서는 모든 가정을 깨뜨려야 한다.

이 장에서 말하고자 했던 것은 아무것도 당연하게 받아들이지 말라는 것이 아니라 가정을 자유롭게 사용하자는 것이다. 그러기 위해서는 먼저 가정에 얽매이지 말아야 한다.

09

혁신

우리는 제7장과 제8장에서 수평적 사고의 근본적인 측면을 살펴보았다.

- 대안의 생성
- 가정의 검토

위의 것들은 수직적 사고와 별로 다른 것 같지 않지만, 그 목적은 분명히 다르다. 수평적 사고는 패턴을 만드는 것이 아니라 재구성하는 것이기 때문이다.

대안을 생성하고 가정을 검토하는 것의 목적은 상황을 묘사하거나 분석하는 것이다. 그것은 이미 존재하는 것을 재검토하기 때문에 백워드 사고(backward thinking)라고 부른다. 반면에 포워드 사고(forward thinking)는 사고를 진전시키고, 기존의 것을 분석하기보다는 새로운 것을 만드는 것이다.

백워드 사고와 포워드 사고를 구분하는 기준은 임의적이다. 사실 두 사고의 경계선은 없다고 할 수 있다. 왜냐하면 사고를 진전시키기 위해서는 이미 존재하는 것을 재검토해야 하기 때문이다. 두 사고는 모두 정보의 변형이나 발전, 효과를 유도한다. 그러나 실제로 백워드 사고는 주로 효과를 설명하고, 포워드 사고는 주로 효과를 유도한다. 따라서 혁신하기 위해서는 백워드 사고보다 포워드 사고에 더욱 주목할 필요가 있다. 그것은 판단을 지금 할 것인가 연기할 것인가의 문제다.

판단의 연기

사고를 하는 목적은 정확하기 위한 것이 아니라 효율적이기 위한 것이다. 효율적이라는 것은 결국 정확한 것을 포함하지만, 그 둘 사이에는 매우 중요한 차이가 있다. 정확하다는 것은 항상 정확하다는 것이고, 효율적인 것은 마지막에 정확하다는 것이다.

수직적 사고는 항상 정확해야 한다. 모든 단계에서 판단하여 정확하지 않으면 한 단계도 나아갈 수 없다. 수직적 사고는 불필요한 것을 제외시키면서 선택한다. 판단은 제외시키는 방법이고, no나 not 등을 사용하는 부정은 제외시키는 도구이다.

수평적 사고는 마지막에 반드시 정확해야 하지만 그 과정에서 잘못되는 것과 확실한 재구성을 유발하기 위해 고의적으로 확실하지 않은 정보의 배열을 사용하는 것을 허용한다. 또한 정보의 적당한 위치를 찾기 위해 적당하지 않은 위치로 이동하기도 한다.

수평적 사고는 정보의 배열 그 자체보다는 정보의 배열을 유도하는 정보에 관심을 갖는다. 따라서 각 배열을 판단하고 확실한 배열만을 받아들이는 대신 판단을 연기한다. 그것은 판단을 하지 않는 것이 아니라 단지 연기하는 것이다. 또한 수평적 사고의 과정은 증명하는 것이 아니라 변화시킨다. 따라서 특정한 패턴이 확실한지보다 그 패턴이 새로운 패턴을 만들어내는 데 유용한지를 따진다.

지금까지 설명한 수평적 사고의 과정은 별 어려움 없이 이해할 수 있었을 것이다. 하지만 판단을 연기하는 과정은 수직적 사고와 근본적으로 다르기 때문에 이해하기 힘들 수도 있다.

교육은 항상 정확한 것을 요구한다. 우리는 교육을 통해서 정확한 사실을 배우고, 그 사실을 통해서 정확하게 추론하는 방법을 배운다. 그리고 정확하지 않은 것에 민감하게 반응한다. 또한 모든 단계에서 'no'라벨로 판단하는 것을 배운다. '아니요', '이건 그렇지 않아요', '그렇게 될 수 없어요', '당신이 틀렸어요', '그것은 그렇게 되지 않아요', '그것은 절대 성공할 수 없어요', '그럴 이유가 없어요.'라고 말하는 방법을 배운다. 그것은 수직적 사고의 본질적인 것들이며, 상당히 유익하다. 그러나 수직적 사고만으로 충분하다고 가정하는 태도는 위험하다. 수직적 사고만으로는 절대 충분하지 않다. 항상 정확해야 하는 것은 창의성과 진보를 어렵게 만들기 때문이다.

항상 정확해야 하는 것은 새로운 아이디어를 만드는 데 가장 큰 장애물로 여겨진다. 항상 정확해야 하기 때문에 아이디어를 가질 수 없는 것보다는 잘못된 아이디어가 포함되었을 수 있는 풍부한 아이디어를 갖는 것이 낫다.

통찰력의 재구성을 유도하기 위해 정보의 배열을 도발적으로 사용할 필요는 스스로를 극대화하는 기억 시스템인 의식의 작용에 의해 부각된다. 실제로 그 필요는 판단을 연기하는 것으로 충족될 수 있다. 사고의 생성 단계에서 판단을 연기하면 선택 단계에서 적용할 수 있다. 이러한 시스템의 특징은 어떤 단계에서 잘못된 아이디어도 나중에 옳은 아이디어가 될 수 있다는 것이다. 리 드 포레스트Lee de Forest는 전기적 자극이 가스버너의 작용을 변화시켰다는 잘못된 생각을 계속 진전시켜서 열이온관을 발명해냈다. 마르코니Marconi는 땅의 굴곡을 따라 전파가 움직인다는 잘못된 생각을 계속 진전시켜서 대서양을 가로질러 전파를 보내는 데 성공했다.

항상 정확해야 하는 것에는 다음과 같은 위험이 있다.

• 잘못된 전제에서 시작되었을 수도 있다.
• 지금은 정확하지 않지만 나중에 정확하게 될 수 있는 아이디어가 너무 이른 단계에서 버려진다.
• 정확한 것만으로 충분하다는 가정이 더 좋은 배열의 가능성을 차단한다.

- 실수하는 것을 두려워하게 만든다.

판단의 연기

앞으로는 정보의 재배열을 자극하기 위해 일부로 잘못된 정보가 포함된 수평적 사고의 과정을 다룰 것이다. 여기서 고려할 것은 단순히 즉시 판단하기보다는 판단을 연기하는 것이다. 실제로 판단은 다음의 단계 중 어디에서나 할 수 있다.

- 정보가 문제와 관련되었는지를 판단하는 것으로, 그것은 어떤 아이디어가 발전되기 전에 행해진다.
- 아이디어의 타당성을 판단하는 것으로, 그것은 아이디어를 발전시키기보다는 소멸시킨다.
- 다른 사람에게 아이디어를 내보이기 전에 그것이 정확한지 스스로 판단한다.
- 다른 사람의 아이디어를 판단해서 그것을 받아들이지 않거나 비난한다.

여기에서 판단, 평가, 비판은 비슷한 과정들이다. 판단을 연기한다는 것은 비난을 연기한다는 의미가 아니다. 그것은 결과의 좋고 나쁨과 상관없다. 판단을 연기함에 따라 다음과 같은 효과를 얻을 수 있다.

- 아이디어를 오래 유지하고 더 많은 아이디어를 만들어낼 수 있다.
- 어떤 사람이 스스로 판단해서 거절한 아이디어라도 다른 사람들에게는 매우 유용할 수 있다.
- 다른 사람들의 아이디어를 판단하는 대신 효과를 자극하기 위해 받아들일 수 있다.
- 현재의 기준에 따라 잘못되었다고 판단된 아이디어가 거꾸로 기준이 잘못되었다는 것을 증명할 수 있다.

아래의 그림에서 A는 문제의 출발점이다. 문제에 접근하기 위해서 아이디어가 K를 향해 이동하지만 근거가 빈약하기 때문에 거절당한다. 그 대신 C를 향해 이동한다. 그러나 C에서는 더 이상 이동할 곳이 없다.

만일 K가 A를 거절하지 않았다면 K에서 G로 이동하고, 다시 G에서 해답인 B로 이동할 수 있었을 것이다. 일단 B에 이르고 나면 A에서 P를 거쳐 B에 이르는 정확한 경로를 볼 수 있을 것이다.

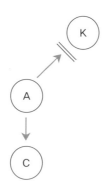

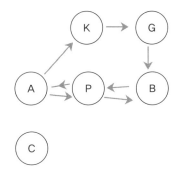

실제적인 적용

판단을 연기하는 원리에 대해서 설명했다. 그것들은 실제로 적용하지 않으면 아무 소용도 없을 것이다. 그것들을 적용하면 다음과 같이 행동하게 된다.

- 아이디어를 평가하고 판단하는 것을 서두르지 않는다. 그것을 가장 중요한 것으로 여기지 않고, 진전시키는 것을 더 선호한다.
- 어떤 아이디어는 판단하려고 하지 않아도 잘못되었다는 것이 명백하게 드러난다. 그럴 경우 그 아이디어가 왜 틀렸고, 어떻게 유용하게 사용할 수 있을지를 생각한다.
- 어떤 아이디어가 결국 폐기될 것을 알더라도 그것에서 유용한 것을 찾아내기 위해 판단을 연기한다.

구멍 난 양동이를 생각해 보자. 그것으로는 많은 물을 나를 수 없다. 우리는 그 양동이를 쓰지 않고 버릴 수 있다. 또는 얼마만큼의 물을 얼마나 멀리 나를 수 있을지 확인해볼 수 있다. 구멍이 났음에도 불구하고 그 양동이는 어떤 효과를 유발하는 데 매우 큰 도움이 될 것이다.

디자인

디자인은 상당한 혁신이 필요하다. 그것은 지금까지 이야기해온 수평적 사고의 이론을 실행하기 매우 편리한 형식이다. 디자인 과정 자체에 대해서는 나중에 자세하게 다루기로 하고, 이 장에서는 수평적 사고를 연습하기 위해 그것을 사용할 것이다.

연습

디자인은 시각적이며, 흑백이나 컬러로 나타내야 한다. 그림의 어떤 형태를 설명하거나 그림이 어떻게 작용하는지를 알리기 위해서 설명을 덧붙일 수 있다. 시각적 형태의 장점은 많다.

① 일을 하는 방식에 대해 모호하게 말하기보다는 분명한 약속이
   있어야 한다.
② 디자인은 누구나 쉽게 알 수 있게 표현해야 한다.
③ 복잡한 구조는 시각적으로 표현하는 것이 말로 표현하는 것보
   다 훨씬 쉽다. 디자인을 묘사할 수 있는 능력에 따라 그것을 제
   한하는 것은 안타까운 일이다.

디자인은 교육시간에 연습할 수도 있고 과제로 내줄 수도 있다. 교
육생들이 각자 다른 주제로 디자인하게 하는 것보다는 같은 주제로
디자인하게 하는 것이 좋다. 왜냐하면 어떤 해설을 하더라도 모두에
게 적용될 수 있고, 서로 비교할 수 있고, 분석할 수 있기 때문이다.

일단 디자인 과제가 주어진 후에는 추가로 정보를 더해서는 안 된
다. 과제를 더 구체화시키려고 해도 안 된다. '네가 최고라고 생각하
는 것을 해라', 이것이 모든 질문의 대답이다.

결과의 해설

디자인이 너무 많아서 한 번에 다 볼 수 없다면 미리 복사해서 나
눠주거나 프로젝트를 사용할 수 있다. 벽에 거는 것도 좋은 방법이다.
디자인을 모두 보여주지 않고도 토론을 할 수 있지만 그때에도 중요

한 특징들은 칠판에 다시 그리게 한다. 결과를 해설할 때 교육자는 다음을 주의해야한다.

① 판단하지 말라.
② 어떤 방법이 다른 방법들보다 훨씬 낫다고 생각해서 선택하지 말라.
③ 특정한 기능을 수행하는 방법이 다양하다는 것을 강조해라. 다른 제안을 나열하고, 자신의 아이디어에 다른 사람의 것을 추가해라.
④ 특정한 디자인의 기초가 된 기능을 살펴봐라. 디자인을 수행한 실제 방식에서 의도를 분리해라.
⑤ 기능을 목적으로 그려진 부분과 단지 단지 그림을 완성하기 위해서 그려진 부분의 특징을 살펴봐라.
⑥ 일부에 대해서 질문하되, 비판하기 위해 하지 말고 분명하지 않은 부분의 이면에 특별한 이유가 있는지 알아보기 위해 해라.
⑦ 텔레비전이나 영화, 만화에서 봤을법한 디자인을 그대로 모방하지 않도록 주의를 줘라.

제안

디자인 실습은 기존의 것을 향상시키거나 혁신할 수 있다. 물리적 대상을 표현한 디자인이 가장 쉽다. 그리기 쉽기 때문이다. 디자인은 구체적이기만 하면 충분한데, 예를 들어 새 교실이나 새로운 형태의 신발을 디자인하는 것은 아주 적절하다. 그리고 조직적인 디자인을 시도해라. 그것은 집을 매우 빨리 짓는 방법처럼 일하는 방식을 요구할 수 있다.

- 디자인

  사과 따는 기계

  감자 껍질 깎는 기계

  울퉁불퉁한 길을 달릴 수 있는 차

  물이 쏟아지지 않는 컵

  터널을 뚫는 기계

- 재(再)디자인

  인체

  새로운 우유병

  의자

  학교

  새로운 형태의 옷

  더 좋은 우산

- 조직적인 디자인

  집을 빨리 짓는 방법

슈퍼마켓에서 계산대를 배치하는 방법

쓰레기 수거 지역을 편성하는 방법

쇼핑을 최단시간에 끝낼 수 있는 방법

복잡한 도로에 배수시설을 설치하는 방법

다양성

디자인 교육의 목적은 일을 하는 방식이 다양하다는 것을 보여주기 위한 것이므로, 개개인의 디자인 자체를 따지기보다는 그것을 서로 비교해보는 것이 더 중요하다. 다양성을 보여주기 위해 디자인 전체를 비교해볼 수도 있지만, 각 디자인에서 특정한 기능 하나만을 분리해서 교육생들이 그 문제를 어떻게 해결했는지 비교하는 것이 더 효과적이다. 예를 들어 '사과 따는 기계'의 디자인에서 사과에 접근하는 기능만을 비교할 수 있다. 사과에 접근하기 위해서 멀리 뻗을 수 있는 팔을 사용할 것이고, 어떤 교육생들은 기중기를 이용해서 기계를 들어올릴 것이다. 또는 사과가 땅에 떨어지게 하거나 아예 사과나무를 깊은 도랑에 심을 수도 있다. 교육자는 각 기능에 대한 다양한 방식을 나열하고 더 많은 제안을 요구한다. 교육자가 직접 의견을 낼 수도 있고, 이전의 실습을 참고해서 의견을 낼 수도 있다. 사과 따는 기계의 특정한 기능에는 다음과 같은 것들이 포함될 수 있다.

• 사과에 접근하기

- 사과 찾기
- 사과 따기
- 사과를 바닥에 내려놓기
- 사과 분류하기
- 사과를 상자에 담기
- 옆에 있는 나무로 이동하기

　교육생들은 디자인에 모든 기능들을 의도적으로 표현하려고 하진 않았을 것이다. 하지만 대부분의 기능들은 무의식적으로 표현되었을 것이다. 그럼에도 불구하고 디자인을 의식적으로 분석할 수 있고, 다양한 방식이 존재한다는 것을 보여줄 수 있다. 특정한 기능을 수행하는 디자인의 경우, 대부분 규정이 없다. 따라서 그 기능을 나타내지 못했다고 비판하지 말고, 그 기능을 추가하도록해라.

평가

　디자인의 누락된 부분, 기술적인 오류, 잘못된 크기 등 많은 결점을 지적하고 싶은 유혹을 떨쳐야 한다. 만일 어떤 디자인에 누락된 부분이 있으면 그 부분이 포함된 다른 디자인을 언급해줘라.

　10~13세 교육생들이 디자인을 할 때 가장 흔하게 저지르는 실수는 디자인 과제에 주의를 기울이지 않고 텔레비전이나 과학만화에서 보았던 기구들을 그대로 따라 그리려고 한다는 것이다. 그래서 사과

따는 기계가 총, 로켓, 레이더, 제트기 등으로 디자인 된다. 승무원의 수, 속도, 사정거리, 동력을 포함해서 제작비용이 얼마나 들고, 기간은 얼마나 걸리고, 만드는 데 드는 자재들은 얼마나 되는지 등 세부사항에 대해서도 언급한다. 그러나 그것을 비판하면 안 된다. 대신 다른 디자인이 특정한 기능을 나타내는 데 얼마나 경제적이고 효율적인지 강조해라.

디자인한 기계도 비판하지 않는 것이 중요하다. 사과 따는 기계를 디자인한 사람 중에는 사과마다 금속 조각을 넣고 각 나무 밑에 강력한 자석을 묻어 사과를 끌어당기게 한 사람도 있다. 그 경우에 다음과 같이 비판하기 쉽다.

① 사과마다 금속 조각을 넣는 일은 사과를 일일이 따는 것만큼 번거로운 일이다.
② 사과를 끌어당기려면 자석이 아주 강력해야 할 것이다.
③ 사과는 땅에 떨어지면서 깨질 것이다.
④ 나무 밑에 묻은 자석은 그 나무 한 그루에서만 사용할 수 있을 것이다.

각 비판은 모두 타당하고, 더 많은 비판을 할 수도 있을 것이다. 하지만 그것보다 다음과 같이 말하는 것이 낫다. "이 디자인은 사과를 따기 위해 위로 올라가는 대신 사과가 땅으로 떨어지게 했구나. 사과가 어디에 달려 있는지 찾은 후에 하나씩 따서 모으지 않고 한 번에 따서 한 곳으로 모을 수 있겠구나." 두 가지 모두 타당한 지적이다. 기능을 수행하는 실제 방법이 분명히 비효율적이라도, 비판하기보다는 그대로 두는 것이 낫다. 그렇게 디자인한 사람이 자석에 대해 더 많이 알게 되면 자석을 사용하는 것이 별로 좋지 않은 방법이라는 것을 알게 될 것이다. 하지만 디자인을 한 순간에는 자석을 먼 거리에 있는 것을 끌 수 있는 유일한 방법으로 알고 있었을 수도 있다.

어떤 사람은 울퉁불퉁한 길을 달릴 수 있는 차를 디자인했다. 그 차는 '부드러운 물질'이 앞에 저장되어 있어 차가 지나기 전에 그 물질을 펼쳐 길을 평평하게 만들도록 되어 있다. 그러면 차는 그 위로 다닌다. 차 뒤에는 부드러운 물질을 빨아들이는 부분이 있고, 심지어 그 물질을 잘 펴주는 부분까지 있다. 이 아이디어는 다음 페이지에서와 같이 비판받기 쉽다.

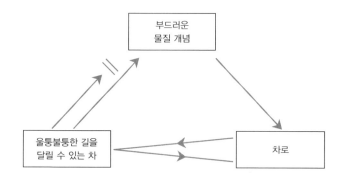

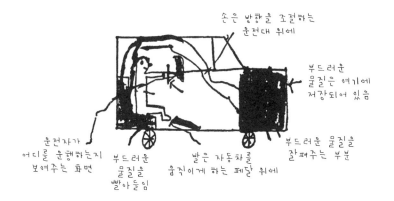

울퉁불퉁한 길을 여행할 수 있는 기계

손은 방향을 조절하는
운전대 위에

부드러운
물질은 여기에
저장되어 있음

운전자가
어디를 운행하는지
보여주는 화면

부드러운
물질을
빨아들임

발은 자동차를
움직이게 하는 페달 위에

부드러운 물질을
잘 펴주는 부분

① '부드러운 물질'이 큰 웅덩이를 채울 수 있을까? 그러려면 많은 양이 필요할 것이다.

② 바닥에 펼쳐진 물질은 다시 빨아들일 수 없을 것이기 때문에 얼마 못 가 바닥날 것이다.

③ 그 차는 굉장히 천천히 달려야 할 것이다.

이렇게 비판하기 쉽지만 그보다 울퉁불퉁한 길을 달리기 위해 특수한 바퀴를 설치하거나 다른 장치들을 고안한 것이 아니라 길 자체를 바꾸려고 시도했다는 점을 칭찬할 수 있다. 길을 바꾸려는 아이디어로부터 궤도차량의 아이디어도 나올 수 있었다. 실제로 군용차량 중에는 길을 고를 수 있는 장치를 부착해서 다른 차들이 가기 전에 미리 길을 평평하게 만들어주거나 차 뒤에 유리 섬유 매트를 연결해서 다른 차들이 그 위로 지날 수 있게 해주는 차량이 있다.

우습게 보이는 아이디어라도 경우에 따라 유용하게 사용될 수 있다. 앞 그림의 부드러운 물질이라는 아이디어는 해답이 될 수 없지만, 그것이 바로 궤도차량을 개발할 수 있는 아이디어로 이어질 수 있다는 점을 기억하자. 만약 부드러운 물질이라는 아이디어를 무시했다면 궤도차량이라는 아이디어에 착안하기는 훨씬 어려웠을 것이다. 따라서 '이 아이디어는 안 될 듯하니 그냥 버리자'라고 말할 게 아니라 '이 아이디어는 안 될 듯하지만 그래도 다른 방식으로 발전시킬 수는 없을까?'라고 물어야 한다.

다른 사람에게 어떻게 보이는지는 중요하지 않다. 어느 누구도 어리석은 사람이 되기 위해서 어리석은 짓을 하는 것은 아니기 때문이다. 디자인한 사람은 충분한 이유를 가지고 그렇게 그린 것이다. 수평적 사고를 촉진하려고 노력할 때 다른 사람에게 어떻게 보이는지는 중요하지 않다. 디자인한 이유가 무엇이든, 비록 그것이 우스운 것이라 할지라도 더 나은 아이디어를 이끌어 낼 수 있는 가장 유용한 자극이 될 수 있다.

가정

디자인 과정에서 '특정한 기능을 가진 완전한 장치'를 사용하는 경향이 있다. 그것은 특별한 기능을 수행하기 위해 다른 곳에서 완전하게 사용되고 있는 장치를 빌려온다는 것이다. 예를 들어 사람의 손가락이 5개이기 때문에 사과를 따는 기계적인 팔 역시 5개의 손가락을 가지고 있는 것과 같다. 그런 단위에 얽매이지 않고 실제로 요구되는 것이 무엇인지를 구분하기 위해서는 '사과를 따는 데 왜 손가락이 5개나 필요한가?'와 같은 질문을 할 줄 알아야 한다. 그리고 디자인의 기본으로 여겨지는 가정에 대해서도 '왜 우리는 나무에서 사과를 따야만 하는가?', '왜 나무는 그런 모양이어야 하는가?', '왜 사과를 따면서 팔을 들었다 내렸다 해야 하는가?'와 같은 질문을 할 줄 알아야 한다.

너무나 당연한 것으로 여겨지는 가정이라도, 그것에 대해 질문해 보는 것으로 새로운 아이디어를 얻을 수 있다. 예를 들어 사과를 따는 대신 나무를 흔들어서 사과를 떨어뜨릴 수도 있다.

'왜'라고 묻는 기술은 디자인 실습의 모든 부분에 적용될 수 있다. 먼저 교육자는 디자인에 대해 이야기를 나눈 후에 그 기술을 적용해야 한다. 그러면 교육생들은 자신의 디자인이나 다른 사람의 디자인에 그 기술을 적용할 수 있을 것이다. '왜'라고 묻는 기술의 목적은 어떤 것을 정당화하려는 것이 아니라 유일하다고 생각되는 특정한 방식에 질문을 하면 어떤 일이 일어나는지 알아보기 위한 것이다.

요약

디자인은 수평적 사고의 아이디어를 발전시킬 수 있는 편리한 형식이다. 이 과정에서 강조할 것은 사물을 바라보고 일을 하는 다른 방법, 진부한 개념으로부터의 탈피, 가정에 질문하는 것 등이다. 교육 생들이 자신감을 가지고 유동적이고 다양한 시도를 할 수 있도록 비 판적인 평가를 잠시 연기한다. 디자인이 효과를 나타내려면 그 목적 을 분명히 이해해야 한다. 그것은 단순히 디자인을 연습하는 것이 아 니라 수평적 사고를 연습하는 것이다.

주제 아이디어와 결정적 요소

기하학적인 형태는 보이는 것이 무엇인지 알기 때문에 막연하지 않고 아주 명확하다. 그러나 우리가 겪는 대부분의 상황은 막연하다. 우리는 그 상황에 대해서 막연하게 알 뿐 그 이상 알지 못한다. 기하학적인 형태는 조각들을 나누고 합치는 여러 가지 방법을 생각하기 쉽게 되어 있다. 하지만 상황에 대해 막연하게만 알고 있다면 여러 가지 대안을 찾기란 매우 어렵다.

모든 사람들은 그들이 무엇을 말하고, 읽고, 쓰는지에 대해서 안다고 확신하지만, 누군가 주제가 되는 아이디어가 뭐냐고 물으면 쉽게 대답하지 못한다. 막연하게 알고 있는 것을 명확하게 말하기는 어렵기 때문이다. 그들의 말은 너무 길고 복잡하거나 너무 많은 내용이 빠질 것이다.

만일 막연하게 알고 있는 것을 명확한 패턴으로 바꿀 수 없다면, 패턴이나 상황을 바라보는 다양한 방식을 만들어내기가 너무 어렵다. 분명한 상황에서 주제 아이디어를 찾아내는 것은 아이디어를 고정시키기 위해서가 아니라 다양한 아이디어를 만들어내기 위해서다.

우리가 상황을 보는 방식이 어떻든 간에 주제 아이디어를 찾아내지 못한다면 그것에 의해 압도당할 것이다. 주제 아이디어를 찾아내려는 주요 목적 중의 하나는 그것으로부터 벗어나기 위한 것이다. 수평적 사고의 목적은 경직된 패턴을 느슨하게 하고, 대안적인 패턴을 만들어내는 것이다. 그리고 그 두 가지는 주제 아이디어를 찾아내면 훨씬 쉽게 해결할 수 있다.

아무리 대안적인 아이디어를 만들어내더라도 주제 아이디어를 찾아내지 못하면 모호한 아이디어에 불과하다. 아래 그림은 대안적인 관점을 만들어냈지만 그것이 주제 아이디어의 틀 안에 갇혀 있을 때 어떻게 느낄 수 있는가를 보여준다. 우리는 틀에 대해 알 수 있을 때 비로소 기존의 틀 밖에서 대안적인 관점을 만들어낼 수 있다.

주제 아이디어는 상황 자체에 의존하는 것이 아니라 상황을 바라

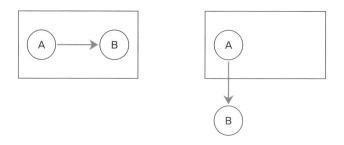

보는 방식에 의존한다. 어떤 사람들은 주제 아이디어를 다른 사람보다 잘 찾아내는 것처럼 보이고, 어떤 사람들은 상황을 한 문장으로 구체화하는 데 능숙한 것처럼 보인다. 왜냐하면 그들이 세부적인 것으로부터 주요한 아이디어를 구분할 수 있고, 사물을 바라보는 단순한 관점을 가지고 있기 때문일 것이다. 주제 아이디어를 찾아내기 위해서는 의식적으로 노력하고 연습해야 한다.

다른 주제 아이디어

교육생들에게 신문 기사에서 주제 아이디어를 찾으라고 하면 여러 가지 의견이 나온다. 공원에 대한 기사와 관련해서는 다음과 같은 의견들이 나올 수 있다.

- 공원의 아름다움
- 도시 환경과 대비되는 공원의 가치
- 더 많은 공원을 개발해야 할 필요성
- 공원의 개발이나 보존의 어려움
- 휴식과 즐거움을 주는 공원
- 도시 성장에 따른 위험

내용은 모두 다르지만 관련 있는 아이디어들이다. 그 중에는 다른 아이디어에 비해 주제에 더 가까워 보이는 아이디어가 있지만, 특정한 아이디어를 낸 사람에게는 그것이 가장 주제에 가까운 아이디어가 되는 것이다. 중요한 것은 주제 아이디어를 찾아내는 것이 아니라 그것을 찾는 습관을 들이는 것이다. 그리고 상황을 분석하는 것이 아니라 상황을 바라보는 다른 관점을 만들어내는 것이다. 또한 주제 아이디어를 이용하는 것이 아니라 그것을 피하기 위해 확인하는 것이다.

제11장의 디자인 상황은 주제 아이디어를 조직하는 데 유용하다. 주제 아이디어는 사람마다 다르다. 아이들이 사과 따는 기계를 디자인하려고 할 때의 주제 아이디어는 '사과에 접근하는 것'이다. 그들은 한 번에 한 개의 사과를 따는 것과 사과에 접근하는 어려움을 표현한다. 그러나 같은 디자인을 산업 기술자들에게 하게 했을 때, 그들의 주제 아이디어는 '상업적 효율성'으로, 사과에 상처를 내지 않으면서 작업 속도나 비용을 고려하는 폭넓은 개념이다. 그들에게 사과에 접근하는 문제는 한 번에 많은 수의 사과를 따고, 사과가 긁히거나 깨지지 않게 땅으로 가져오고, 나무 사이를 쉽게 오가면서 일할 수 있는 저렴한 기계를 만드는 문제만큼 중요하진 않다. 요약하면 산업 기술자에게 주제 아이디어는 '손으로 일을 하는 것보다 나은 장점'인 반면에 아이들에게는 '사과에 접근하는 것'이다.

주제 아이디어의 서열

주제 아이디어를 찾기 시작하자마자 그것이 포괄하는 정도가 다르다는 것을 알게 된다. 모든 주제를 다 포함할 수도 있고, 한 부분만을 포함할 수도 있다. 예를 들어 범죄에 대한 기사에서는 다음과 같은 주제 아이디어를 찾을 수 있다.

- 범죄
- 사람들의 행동
- 폭력
- 사회 구조와 범죄
- 범죄 추세
- 우리가 할 수 있는 일

'범죄'와 '사람들의 행동'이 '폭력'이나 '우리가 할 수 있는 일'에 비해 훨씬 더 포괄적인 개념인 것은 확실하다. 하지만 그것들 역시 주제 아이디어로 적합하다. 그럼에도 불구하고 그것들은 더 명확한 것에서 더 일반적인 것에 이르는 서열이 있다. 주제 아이디어를 찾을 때 가장 일반적이고 가장 포괄적인 것을 찾는 것은 중요하지 않다. 왜냐하면 그것은 범위가 너무 넓기 때문에 그 밖으로 이동할 수 없기 때문이다. 그리고 자신이 찾은 주제 아이디어가 모든 상황을 포함하기 때문에 의심할 여지가 없다고 정당화시키는 것도 중요하지 않다.

그보다는 자신이 생각하기에 그 문제의 주제처럼 여겨지는 아이디어를 찾는 것이 중요하다. 예를 들어 범죄에 대한 기사에서는 '처벌이라는 가치에 대한 불확실성'이나 '범죄자의 권리 보호'가 주제 아이디어로 여겨질 수 있다.

결정적 요소

주제 아이디어는 상황을 바라보는 방법으로, 주제를 조직하는 것이다. 그것은 분명 존재하지만 규정하지 못하고, 사람들은 그것으로부터 벗어나기 위해 그것을 규정하려고 노력한다. 반면 결정적 요소는 상황을 어떻게 바라보는지와 상관없이 반드시 포함되어야 한다. 그것은 상황이 더 발전할 수 없도록 만드는 한계점이다. 그리고 주제 아이디어와 마찬가지로 상황을 고정시켜 관점을 이동할 수 없게 만들고, 의식적으로 인식하지 않아도 큰 영향력을 발휘한다.

주제 아이디어와 결정적 요소의 차이는 아래 그림에서 확실하게 나타난다. 주제 아이디어는 상황을 조직하지만, 결정적 요소는 상황을 고정시킨다. 결정적 요소는 약간의 이동을 허용하지만 여전히 제한되어 있다.

결정적 요소를 분리하는 목적은 그것을 검토하기 위해서다. 결정적 요소는 가정이라고 할 수 있다. 일단 결정적 요소가 분리되면 그 필요성을 검토한다. 만일 그 요소가 중요하지 않은 것으로 드러나면

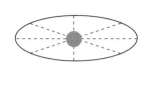
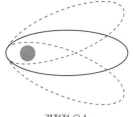

주제 아이디어   결정적 요소

상황을 고정시키는 효과는 사라지고, 다른 방법으로 상황을 구성할 수 있게 된다. 사과 따는 기계를 디자인할 때의 결정적 요소는 '사과가 손상돼서는 안 된다'나 '잘 익은 사과만 따야 한다' 등이 될 수 있다. 이처럼 결정적 요소를 포함해야 하는 필요성 때문에 문제를 바라보는 방식이 제한되는 것이다. 나무를 흔들어서 사과를 따는 방법이 좋은 아이디어가 될 수 없는 것도 그와 같은 이유다.

결정적 요소는 단 한 개뿐일 수도 있고, 여러 개가 있을 수도 있다. 아예 없을 수도 있다. 사람마다 각기 다른 결정적 요소를 선택할 것이다. 주제 아이디어를 찾으면 자신이 문제를 보는 관점의 결정적 요소가 무엇인지를 확인한다. 그것이 정말로 중요한지, 다른 사람들도 그렇게 생각하는지의 여부는 중요하지 않다. 왜냐하면 결정적 요소가 무엇인지 확인하는 것은 단지 그 필요성을 검토하기 위한 것이기 때문이다.

주제 아이디어를 찾으면서 사람들은 '왜 우리는 항상 같은 방식으로 문제를 바라보아야 하는가?', '문제는 무엇인가?', '왜 기존의 접근 방식을 유지하는가?' 등을 알고 싶어 한다.

주제 아이디어나 결정적 요소를 찾는 것은 수평적 사고를 더 효율적으로 사용하기 위한 단계일 뿐 수평적 사고의 과정이라고 할 수 없다. 만일 패턴을 알지 못하면 패턴을 재구성할 수 없고, 고정된 부분을 찾지 못하면 패턴을 느슨하게 할 수도 없기 때문에 결정적 요소를 찾는 것이 의미 있는 것이다.

연습

1. 신문기사에서 주제 아이디어와 결정적 요소 찾기

교육자는 결과를 다 모은 후 교육생들의 여러 대답을 목록으로 작성한다. 특별한 선택을 한 교육생에게는 그것을 선택한 이유를 설명하게 한다. 그것은 그 교육생의 선택을 정당화하거나 다른 선택에 비해 좋지 않다는 것을 지적하려는 것이 아니라 그 선택의 관점을 알기 위한 것이다. 따라서 교육자는 교육생들의 선택을 무시하거나 순위를 매겨서는 안 된다.

만약 주제 아이디어와 결정적 요소를 파악하지 못한 교육생이 있다면, 교육자는 자신이 생각하는 주제 아이디어와 결정적 요소를 그 교육생에게 말해주는 등의 방법으로 그 교육생이 그것들을 파악할 수 있도록 도와주는 데 최선을 다해야 한다.

주제 아이디어를 선택하게 한 후 그것들을 다른 사람이 볼 수 있도록 칠판에 적게 하는 것은 좋은 방법이 아니다. 왜냐하면 그럴듯해 보이는 아이디어가 다른 제안을 제한할 수 있기 때문이다. 교육생들이 각자의 관점에서 주제 아이디어와 결정적 요소를 찾아보게 한 후 다른 사람들의 다양한 대답을 보여주는 것이 낫다.

2. 라디오나 녹음기

교육자가 기사 등을 읽어주는 대신 라디오의 특별 프로그램이나 라디오에서 녹음한 내용을 들려줄 수도 있다. 이렇게 하면 내용을 반복해서 들려줄 수 있다.

3. 자료 나누어주기

교육생들에게 자료를 읽어주는 대신에 자료를 나눠주고 스스로 공부하게 할 수도 있다. 그것은 교육생들이 충분한 시간을 가지고 볼 수 있다는 것과 자료를 읽어주는 방식에 따라 해석이 좌우되지 않는다는 것, 자료의 특정 관점을 보충해주는 부분은 재검토할 수 있다는 것이 다른 방법과 다르다.

4. 토론

두 명의 교육생을 앞으로 나오게 해서 하나의 주제에 대해 토론하도록 한다. 교육자는 어떤 주제에 대해 반대 의견을 가진 교육생들을 선택할 수도 있고, 교육생들이 어떤 의견을 가졌건 간에 반대 입장에서 토론하게 할 수도 있다. 나머지 교육생들은 그 토론의 주제 아이디어와 결정적 요소를 적도록 한다. 교육생들은 그것들의 타당성을 확인하기 위해서 토론하는 교육생들에게 질문할 수도 있다.

5. 디자인 과제

디자인 실습을 하는 과정이나 다른 사람들의 디자인에 대해 이야기하는 과정에서 교육생들은 주제 아이디어와 결정적 요소를 찾아내려고 할 수 있다. 교육생들은 그 시도를 통해서 결정적 요소가 정말로 중요한지, 디자인에 결정적 요소를 포함하지 않는다면 어떤 일이 일어나는지를 살펴볼 수 있다. 주제 아이디어도 같은 방법으로 해볼 수 있다.

위와 같은 연습을 수평적 사고의 과정과 결합하는 것은 쉽다. 하지만 그렇게 하지 않는 것이 좋다. 왜냐하면 대안을 만들어내는 과정과 주제 아이디어를 파악하는 과정이 섞이면 대안과 어울리는 주제 아이디어를 선택하는 경향이 있기 때문이다. 결국 주제 아이디어와 결정적 요소를 선택하는 목적은 그것들을 피하기 위해서다. 그러나 지금은 주제 아이디어와 결정적 요소를 찾아낼 수 있는 기술을 연습하는 것으로 충분하다.

13

분류

수평적 사고의 목적은 상황을 다른 방식으로 바라보고, 패턴을 재구성하며, 대안을 만들어내기 위한 것이다. 가끔은 단순히 대안을 만들어내기 위한 의도만으로도 충분한다. 그 의도를 갖게 되면 상황을 바라보는 분명한 방식만을 고집하는 것이 아니라 다양한 방식들을 찾아보고 고려할 수 있기 때문이다. 그러나 항상 대안을 만들어내기 위한 의도만으로 충분한 것은 아니다. 그것만으로는 대안을 만들어내지 못하기 때문이다. 따라서 대안을 만들어내는 실제적인 방법이나 대안을 찾는 것의 유용성, 그리고 그 대안을 발전시킬 수 방법의 개발이 필요하다.

의식은 만들어진 패턴을 더 확장시키려는 경향이 있다. 패턴은 스스로 확장되기도 하고, 2개의 패턴이 합쳐져서 더 큰 패턴을 만들기도 한다. 그러한 경향은 특히 언어를 사용할 때 분명히 나타난다. 개별적인 특징을 설명하는 단어는 새로운 상황을 설명하기 위해서 합쳐지고, 새로운 라벨을 획득하게 된다. 그 후 새로운 표준 패턴이 만들어지는데, 그것은 그것을 구성하는 단어들의 특징과는 상관없이 그 자체만으로 사용될 수 있다.

2개의 패턴이 확고하게 합쳐진 패턴일수록 재구성하기가 더 어렵다. 그래서 작은 패턴들을 대신하는 1개의 표준 패턴으로 상황을 새롭게 바라보는 것이 더더욱 힘든 것이다. 이때 재구성을 쉽게 하기 위해서는 작은 패턴들로 나누어야 한다. 만일 아이들에게 이미 다 만들어진 인형의 집을 주면 그것을 사용하는 것 외에는 다른 선택이 없지만, 인형의 집을 만들 수 있는 블록을 주면 집을 만들기 위해 방법으로 다양한 집을 만들 수 있을 것이다.

다음 페이지의 그림들은 'L자형'으로 묘사할 수 있는 기하학적 형태이다. 문제는 그 형태를 크기, 모양, 면적이 같은 4개의 조각으로 나누는 것이다. 처음에는 왼쪽에 보이는 모습으로 나누려고 할 것이다. 하지만 그것은 크기가 다르기 때문에 적절하지 못하다.

해답은 오른쪽의 도형들로, 4개의 작은 L자형 조각으로 이루어진 것이다. 문제를 해결할 수 있는 쉬운 방법은 원래의 형태를 3개의 정사각형으로 나눈 뒤에 각각의 정사각형을 다시 4개로 나눠서 총 12개의 조각으로 만드는 것이다. 그리고 12개의 조각을 3개씩 나누면 해답과 같이 된다. 원래의 형태를 문제의 요구대로 4조각으로 나눠지는 것이다.

제7장에서 나온 문제들 중 하나는 정사각형을 크기, 모양, 면적이 같은 4조각으로 나누는 것이었다. 그때 어떤 사람들은 정사각형을 문제의 요구대로 나누는 일반적인 방식에서 더 나아가 16개의 작은 조각으로 나눈 후 새로운 방식으로 조합했다.

언어는 다양한 방식으로 움직일 수도 있고, 다시 모을 수도 있는

분리된 단위다. 그러나 상황을 바라보는 방식은, 그것을 이루는 단위들의 배열이 일시적이 아니라 영구적이다. 그렇기 때문에 배열을 깨뜨리려는 의도적인 노력이 필요하다.

만일 어떤 상황을 나눈 후 분류하면, 그것을 새로운 방식으로 조합해서 상황을 재구성할 수 있다.

참인 분할, 거짓인 분할

여기서 다루는 것은 상황을 구성단위로 나누어 분석하는 것처럼 보일 수도 있지만 절대 그렇지 않다. 상황의 참인 구성단위를 찾으려는 것이 아니라 구성단위를 만들어내려는 것이다. 참인 분할은 원래의 패턴을 만들기 위해 재조립하려는 것만큼이나 좋지 않다. 왜냐하면 그것은 처음에 패턴이 만들어진 방법이기 때문이다. 하지만 패턴을 인위적으로 분할할 경우에는 구성단위를 새로운 방법으로 조합할 수 있는 기회가 더 많다. 수평적 사고가 그렇듯이, 사물을 바라보는 새로운 방식으로 이끌 수 있는 자극적인 정보의 배열을 찾는 것일 뿐 옳은 방식을 찾으려는 것은 아니다. 사과 따는 기계를 디자인할 때의 문제는 다음과 같이 분류될 수 있다.

- 접근하기
- 발견하기

- 따기
- 땅으로 운반하기
- 사과 손상시키지 않기

위와 같은 분류들을 재조합할 때, 접근하기 – 발견하기 – 따기의 세 과정을 대신해서 나무를 흔들 수도 있다. 그러나 사과를 손상시키지 않고 땅으로 옮기는 것은 빠뜨리게 된다. 반면에 접근하기 – 사과 손상시키지 않기 – 땅으로 운반하기의 세 과정을 대신해서 천으로 만든 단을 위로 올릴 수도 있다. 다른 방법으로 문제를 분류할 수도 있다.

- 사과를 따는 데 있어 나무의 기여
- 사과의 기여
- 기계의 기여

특정한 형태의 분류는 사과 따는 것을 쉽게 만들도록 나무를 기르는 아이디어로까지 이끌 수 있다.

온전한 분할과 중복

분류가 전체의 상황을 다 포함하지 않아도 문제될 것은 없다. 왜냐하면 분류의 목적이 세부적인 분석을 하는 것이기보다는 단일체로 굳어진 견고한 패턴을 깨는 것이기 때문이다. 다만 원래 패턴의 재구성을 자극할 수 있도록 정보를 새롭게 하는 것이면 충분하다.

또한 분류된 항목들 중 일부가 중복되어도 상관없다. 어떻게 하면 겹치지 않게 분류할 수 있을지 고민하며 앉아있는 것보다는 중복 여부에 관계없이 분류하는 것이 훨씬 낫다. 예를 들어 문제가 버스 운송과 관련된 것이라면, 다음과 같이 분류할 수 있다.

- 노선의 선택
- 배차 간격
- 편리성
- 버스를 이용하는 승객 수
- 다른 시간에 버스를 이용하는 승객 수
- 버스의 크기
- 버스를 이용하는 승객 수에 따른 비용의 문제
- 대체수단
- 버스를 타야만 하는 사람들의 수와 버스를 탈 것 같은 승객의 수

이런 분류는 명백하지 않고 상당부분 중복된다. 예를 들어 편리성이라는 것은 버스의 노선, 배차 간격, 크기의 문제일 수 있다. 그리고 버스를 이용하는 승객 수에 따른 비용의 문제 역시 버스를 이용하는 승객 수, 버스의 크기, 다른 분류들까지도 포함한다.

두 단위 분할

분류가 어려울 경우에는 인위적으로 2개의 부분으로 나눌 수 있다. 그리고 각각의 부분은 다시 2개의 부분으로 나눈다. 그것을 반복해서 원하는 개수가 나올 때까지 분류한다.

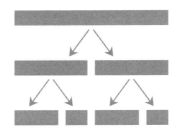

이 기술은 상당히 인위적이고, 몇몇 중요한 특징들을 간과할 수 있다. 하지만 여러 가지로 분류하지 않고 두 가지로만 분류하기 때문에 훨씬 쉽다. 이 기술은 2개의 분류를 얼마나 동등하게 나누는지와 상관없이 2개의 분류로 나누기만 하면 된다. 구분이 자연스러울 필요도 없다. 분류는 그 자체로 유용하기 때문이다. 사과 따는 문제에 적용해 보면 아래와 같이 두 단위로 나눌 수 있다.

두 단위로 나누는 방법은 기술이라고 할 수는 없지만 상황을 분류하는 데 도움이 된다.

연습

1. 분류

교육생들에게 주제를 주고 분류하게 한다. 주제는 디자인 실습이나 문제일 수 있고, 특정한 주제일 수도 있다. 적당한 주제를 열거해보면 다음과 같다.

- 항구에서 짐 내리는 것
- 식당에서 사먹는 음식
- 고기를 잡는 것과 파는 것
- 축구 경기의 조 편성하는 것
- 다리를 건설하는 것
- 신문

분류한 목록을 모은다. 만일 시간이 있다면 가장 많이 나온 분류가 무엇인지 분석해본다. 만일 시간이 없다면 분류한 목록을 전체 앞에서 읽어주고 독창적인 분류를 설명한다. 이렇게 하는 주된 목적은 접근 방식이 다양하다는 것을 보여주기 위한 것이다.

2. 재조립

위에서 얻어진 분류 목록으로부터 2개나 3개의 분류를 모아 소분류 할 수 있다. 소분류를 교육생들에게 나누어 주고 그것들을 다시 조립하게 하는 것으로 상황을 바라보는 새로운 방식을 만들어낼 수 있다.

3. 분류 골라내기

교육생들을 그룹으로 만들고 주제를 제시한다. 한 교육생이 1개의 분류를 차례대로 고른다. 그리고 그것을 발표하면 다음 교육생이 그 분류에 자신의 분류를 덧붙여서 발표한다. 교육생들이 더 이상 발표하지 않을 때까지 계속 한다. 교육생들이 제시한 분류가 중복되더라도 상관없다. 만일 어떤 교육생이 발표한 내용이 다른 사람의 것과 비슷하다면 교육자는 그 교육생을 시켜 다른 사람의 것과 어떻게 다른지 설명하도록 한다. 발표한 사람이 다른 사람의 것과 다르다고 생각하는 한 그 설명이 타당한지 여부는 중요하지 않다.

4. 백워드 작업

다른 것도 마찬가지지만 이것 역시 게임과 비슷하다. 앞에서 개인이나 그룹이 만들었던 분류 목록을 다른 사람이나 그룹에게 보여주고 주제가 무엇이었는지 생각해보도록 한다. 주제를 분명히 언급하는 부분은 삭제하거나 빈칸으로 처리한다.

다른 방식도 가능하다. 우선 교육생들에게 5가지 주제를 제시하고 그 중 한 가지만 골라 분류하도록 한다. 그리고 분류를 읽어주고 5가지 주제 중에서 어떤 것에 해당하는지 맞추게 한다.

5. 두 단위 분할법

이 방법은 교육생들에게 주제를 제시한 후 두 단위로 분할하게 한다. 그리고 그 결과를 비교한다. 교육생들이 맨 처음에 한 분류를 쉽게 비교할 수 있다. 이를 통해서 다양한 접근 방식을 살펴볼 수 있다.

6. 두 단위 분할법의 연속

주제를 주고, 한 교육생에게 그 주제를 두 단위로 나누게 한다. 그리고 다른 교육생이 그 단위 중 하나를 계속 나누게 한다. 그것을 반복한다. 위에 제시된 다른 방식들과 다른 점은 자발적으로 하는 것이 아니라 발표한 교육생이 다음 발표할 교육생을 지정한다는 것이다. 이것의 의도는 2개의 단위 중에서 하나를 택해서 계속 두 단위로 나눌 수 있다는 것을 보여주는 것이다.

요약

분류는 분석하는 것과 비슷해 보이지만, 강조하는 것이 엄연히 다르다. 분류의 목적은 분석처럼 상황을 완전히 참인 구성 요소로 나누는 것이 아니라, 원래의 상황을 재구성할 수 있도록 자극하는 요소를 제공하는 것이다. 즉 설명하기 위한 것이 아니라 재구성하기 위한 것이다. 분류는 완전하거나 자연스러울 필요가 없다. 분류의 타당성 여부가 중요한 것이 아니라 분류가 가져올 결과가 중요하기 때문이다. 다시 말하지만 분류의 목적은 고정된 패턴으로부터 벗어나서 상황을 여러 가지로 나누기 위한 것이다.

반전법

분류는 상황을 바라보는 방식을 만들어내는 유용한 방법이지만 한계가 있다. 선택된 분류 자체가 고정된 패턴이며, 그것들이 대부분 표준 패턴이라는 것이다. 분류의 선택은 보통 가장 자연스러운 기준을 따르는 수직적인 선택이다. 그 결과 상황을 바라보는 표준화된 관점을 만들기 위해 분류들이 다시 합쳐진다. 비록 분류는 상황을 다른 방식으로 볼 수 있게 하기도 하지만 실제로는 만들어낼 수 있는 대안의 다양성을 제한한다. 다음 페이지의 간단한 정사각형 형태를 보자. 만일 이 정사각형을 몇 개의 조각으로 나눠야 한다면 많은 조각의 모양 중 하나를 고를 것이고, 그 모양은 재조립할 때 만들 수 있는 형태를 결정할 것이다.

반전법은 본질적으로 분류보다 더 수평적이기 때문에 상황을 더 특이하게 재구성하는 경향이 있다.

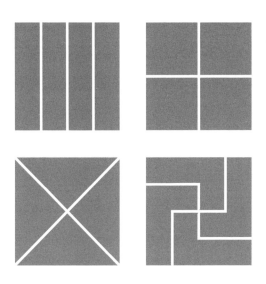

만일 누군가에게 자유롭게 생각할 수 있는 문제를 제시한다면, 그는 문제를 풀기 시작하면서부터 어려워할 것이다. 그 문제를 풀어야 하는 사람은 '어디로 가야 하는 것일까, 무엇을 해야 할까?'라고 말할 것이다. 필자가 사람들에게 신체의 특징을 다시 디자인해 보라고 했을 때 이러한 반응들이 분명히 나타났다. 한 가지 분명한 접근방식은 신체의 특징을 출발점으로 해서 간단히 변형하는 것이다. 팔의 개수를 늘리거나 팔을 더 길게 하는 것 등이다.

가만히 앉아서 영감이 떠오르기만을 기다릴 생각이 아니라면, 무엇을 시작할 때 자신이 할 수 있는 것에서부터 시작해라. 그것이 가장 효과적이다. 수영 선수들은 방향을 바꿀 때 속도를 빠르게 하기 위해 발로 벽을 힘껏 찬다. 마찬가지로 반전법도 반대 방향으로 움직이기 위해서는 고정된 패턴을 거부해야 한다.

어느 방향이든 일단 그것이 결정되면 그 반대 방향도 결정된다. 만일 우리가 런던에서 뉴욕으로 향한다면 뉴욕에 가까워지는 만큼 런던에서는 멀어지는 것과 같다. 마찬가지로 어떤 행동이든 그 반대 행동이 있다. 만일 우리가 욕조에 물을 채웠다면, 그 반대는 욕조를 비우는 것이다. 일어나고 있는 일의 반대 과정을 알기 위해서는 시간을 거꾸로 거슬러 올라가 보면 된다. 그것은 영화 필름을 거꾸로 돌리는 것과 비슷하다. 두 단체 간의 상황이 일방적인 관계라면 관계의 방향을 바꿔보는 것으로 상황을 역전할 수도 있다. 만일 국민이 정부에 복종하기로 했다면, 그 반대는 정부가 국민에게 복종하는 것이다.

반전법은 상황을 있는 그대로 받아들인 후에 그 상황을 돌려보고, 뒤집어보고, 앞뒤를 바꿔보고, 거꾸로 세워보는 것이다. 그리고 무슨 일이 일어나는지를 관찰한다. 그것은 정보의 재배열을 자극하는 것이다. 우리는 물을 아래로 떨어지게 하는 대신 위로 오르게 할 수 있고, 자동차를 운전하는 대신 자동차가 우리를 데려다주게도 할 수 있다.

반전의 다른 형태

상황을 반전시킬 수 있는 방법은 여러 가지가 있다. 정확한 반전만 찾아야 하는 게 아니기 때문에 어떤 방법이라도 가능하다. 예를

들어 '경찰이 교통 정리를 한다'라는 상황은 다음과 같이 반전시킬
수 있다.

- 교통이 경찰을 통제한다.
- 경찰이 교통을 혼잡하게 만든다.

어떤 반전이 더 나은가? 모두 다 괜찮다. 증명되기 전까지는 어떤
배열이 더 유용한지 말할 수 없다. 더 논리적이거나 비논리적인 것을
선택하는 문제는 중요하지 않다. 단지 대안을 찾고, 변화를 주고, 정
보의 배열을 자극하기만 하면 된다.

> 수평적 사고를 하는 것은 해답을 찾는 것이 아니라,
> 정보를 다르게 배열하는 것을 통해 상황을 바라보는
> 다른 방식을 자극하는 것이다.

반전 절차의 목적

흔히 반전 절차는 상황을 바라보는 방식을 완전히 틀리게 하거나
우습게 만든다. 그렇다면 그 절차의 목적은 무엇일까?

- 상황을 표준화된 방식으로 바라봐야 한다는 생각에서 벗어나는 것이다. 일단 그 생각에서 벗어나기만 하면 좋은 방향으로 움직이는 것이 쉬워진다.
- 상황을 바라보는 본래의 방식을 혼란시키는 것으로 정보를 자유롭게 하고 새로운 방식을 사용할 수 있게 한다.
- 틀리는 것에 대한 두려움을 극복하고 완전히 옳다고 여겨지지 않은단계를 거치게 한다.
- 주요 목표는 자극하는 것이다. 반전을 통해서 새로운 곳으로 이동할 수 있고, 어떤 일이 일어나는지 살펴볼 수 있다.
- 가끔 반대로 접근하는 것은 그 자체로 유용하다.

경찰이 교통 정리를 하는 상황에서 가장 먼저 일어날 수 있는 반전은 '교통이 경찰을 통제한다'고 가정하는 것이다. 그 가정은 교통이 복잡해지면 더 많은 경찰이 필요하고, 교통 상황에 따라 경찰의 재배치가 필요하다는 생각에 이르게 한다. 그리고 교통이 경찰을 통제한다는 것을 알 수 있다. 왜냐하면 경찰의 행동이 교통 상황에 의해 좌지우지되기 때문이다. 경찰은 교통 상황에 얼마나 빨리 대응할 수 있는가? 경찰은 교통 상황에 얼마나 민감한가? 경찰은 교통 상황에 대한 정보를 얼마나 적절한 시간에 얻을 수 있는가? 교통이 그것을 통제하는 경찰을 통제하고 있는데, 왜 우리는 교통이 스스로 통제되도록 하지 못하는가?

두번째 반전은 경찰이 교통을 혼잡하게 한다고 가정하는 것이다.

그것은 자연스러운 소통, 신호등의 사용, 경찰의 배치 중 어느 방법이 가장 효과적일지 생각해보게 한다. 만일 경찰의 배치가 신호등의 사용보다 더 효과적이라면 무엇 때문인가? 그것을 신호등에 적용할 수 있는가? 일정한 패턴을 따라 작동하는 신호등으로 교통을 통제하는 것이 경찰을 배치해서 통제하는 것보다 쉬울까?

양떼가 양 옆이 비탈진 시골의 좁은 길을 따라 천천히 이동하고 있다. 그때 급하게 서두르는 운전자가 양치기에게 양떼를 한쪽으로 몰아 차가 지나갈 수 있게 해달라고 부탁했다. 그러나 양치기는 양들이 다칠 것을 염려해서 그 부탁을 거절했다. 대신 상황을 뒤집어 생각했다. 그는 운전자에게 가만히 서 있으면 자신이 양들을 자동차의 뒤쪽으로 몰겠다고 했다.

새가 물을 찾아 헤매고 있던 중에 목이 긴 물병을 발견했다. 그러나 그 안에는 물이 조금밖에 없어서 먹을 수가 없었다. 새는 물이 올라오게 하는 방법에 대해 생각했고, 물병 속에 조약돌을 집어넣어 물을 먹을 수 있었다.

한 부자가 있었다. 그는 그의 딸이 청혼해오는 사람들 중에 가장 부자인 사람과 결혼하기를 바랐다. 하지만 그의 딸은 가난한 학생을 사랑하고 있었다. 그래서 그녀는 아버지에게 가서 "저 역시 청혼해오는 사람들 중에 가장 부자인 사람과 결혼하고 싶어요. 하지만 누가 가장 부자인지 어떻게 알 수 있죠?"라고 물었다. 만일 그들이 얼마나 부자인지 확인하기 위해 값진 선물을 요구한다면 다른 사람에게 돈을 빌려 선물을 살 수 있기 때문에 아무 소용이 없을 것이다. 대신 그녀는 청혼해오는 사람들 모두에게 돈을 주자고 아버지에게 제안했다. 그러면 그 돈이 그들의 생활에 변화를 가져올 것이고, 그 변화를 확인하는 것으로 누가 부자인지를 알 수 있을 것이기 때문이다. 이에 부자는 딸의 슬기로움을 칭찬했고, 청혼해오는 사람들 모두에게 돈을 주었다. 그래서 가난한 교육생은 그 돈을 받아서 그녀와 달아나는 것으로 사랑을 이루었다.

이 이야기들은 모두 간단한 반전이 얼마나 유용한가를 보여주고 있다. 반전은 자주 시도되면 그 자체로는 특별히 유용하지 않을 수 있다. 하지만 반전이 이끄는 상황은 매우 유용하다. 상황을 항상 뒤집어서 생각한 후에 어떤 일이 일어나는지 보는 습관을 가져야 한다. 아무 일도 일어나지 않았다고 해서 손해볼 것은 없다. 그러나 그것을 통해 상황을 바라보는 고정된 방식에서 벗어나면 반드시 얻는 것이 있을 것이다.

연습

1. 반전

다양한 상황을 제시하고 가능한 한 많은 반전을 해보도록 한다. 그리고 결과를 모아 반전 목록을 작성한다. 그 중에서 좀더 분명한 형태와 탁월한 형태를 언급한다. 상황 대신 주제를 제시하는 것으로 반전을 연습할 수도 있다. 이때 가능한 주제는 다음과 같다.

- 학생을 지도하는 교사
- 거리 청소부
- 우유를 배달하는 배달부
- 휴일 보내기
- 노동자들의 파업
- 고객을 돕는 직원

해설

반전이 아주 우스꽝스럽고 터무니없는 것처럼 보일 때도 있지만, 그것은 중요하지 않다. 반전을 연습하는 것처럼 우스꽝스럽고 터무니없는 것을 연습하는 것 역시 유용하다. 위의 예에서 중요한 것은 진술을 반전시키는 것이 아니라 주제의 일부를 반전시키는 것이다. 예를 들어 '휴일 보내기'는 '다가오는 휴일'로 반전시킬 수 있다. 반면에 휴일을 '환경의 변화'로 생각할 수도 있고, 그것을 반전시켜 '환경의 완전한 불변'으로 생각할 수도 있다.

2. 반전이 이끄는 것

상황을 설정하고 그것을 반전시켜 결과를 살펴본다. 상황과 그 상황의 반전을 제시하고, 상황의 반전을 보고 떠오르는 생각을 자발적으로 발표하게 한다. 예를 들어 '휴가를 가더라도 환경이 변하지 않을 수 있다'는 아이디어는 '결정, 스트레스, 적응하는 것으로부터의 자유'라는 아이디어를 이끌어낼 수 있다.

처음에는 반전된 상황으로부터 아이디어를 발전시키는 것이 쉽지 않다. 그러나 일단 아이디어를 이해하고, 교육생들이 발표에 열의를 보이면 개별적으로 시켜볼 수도 있다. 교육생들은 아이디어의 결과보다는 아이디어가 전개된 과정을 추적하는 것이 필요하다. 그런 이유에서 아이디어의 발전 과정을 기록해둬야 한다.

브레인 스토밍

지금까지는 수평적 사고의 일반적인 원리를 제시하고, 그것을 연습하고, 적용할 수 있는 특별한 기술들을 다루었다. 브레인스토밍은 수평적 사고를 사용하기 위한 설정이라고 할 수 있다. 브레인스토밍은 특별한 기술이 아니라 수평적 사고의 원리들을 적용하고, 수평적 사고의 기술을 사용하도록 장려하는 특별한 환경이다.

브레인스토밍은 그룹 활동으로, 교육자와 교육생이 서로 영향을 주고받는다. 따라서 교육자가 따로 중재할 필요는 없다. 브레인스토밍의 주된 특징은 다음과 같다.

• 상호 자극

- 판단의 연기
- 설정의 형식화

상호 자극

분류법과 반전법은 아이디어를 얻기 위해 정보를 이동시키는 방법들이다. 정보를 이동시키면 새로운 배열을 찾을 수 있고, 새로운 배열은 특정한 효과를 낼 수 있는 자극이 된다. 브레인스토밍을 할 때는 다른 사람들의 아이디어에 자극을 받아 아이디어를 낼 수 있다. 설령 아이디어를 잘못 이해하더라도 그것은 여전히 유용한 자극이 될 수 있다. 어떤 사람에게는 매우 사소하고 당연하게 여겨지는 아이디어가 다른 사람의 의식 속에 있는 다른 아이디어와 합쳐져서 아주 독창적인 아이디어가 만들어지는 경우가 종종 있다. 브레인스토밍은 다른 사람들과 아이디어를 주고받으면서 서로 자극하기 때문에 상황을 바라보는 특정한 방식에 얽매일 위험이 적다.

브레인스토밍을 하는 동안 나온 아이디어는 녹음하거나 적어두면, 나중에 상황이 바뀌어도 새로운 자극을 위해서 사용할 수 있다.

판단의 연기

판단을 연기하는 것이 왜 유익한지에 대해서는 제10장에서 배웠다. 브레인스토밍은 말도 안 되거나 웃음거리가 될 수 있는 아이디어까지도 발표할 수 있는 공식적인 기회로, 어떤 제약도 없다. 자유롭게 발표하기 위해서는 아이디어를 평가하지 말아야 한다. 아래의 말들은 평가할 때 사용되는 것들이니 사용하지 않도록 주의해야 한다.

"그건 불가능합니다. 왜냐하면…"
"그런데 지금 하려는 것이 대체 무엇입니까…"
"그건 …로 잘 알려진 것입니다."
"그것은 이미 시도해보았고, 안 좋은 결과를 얻었습니다."
"어떻게 그런 생각을…"
"당신은 지금 아주 중요한 요점을 비켜가고 있습니다."
"그건 말도 안 되는 생각입니다."
"그건 비용이 너무 많이 들 것 같습니다."
"아무도 받아들이지 않을 것입니다."

이런 말들을 사용한다면 브레인스토밍은 아무 소용이 없다. 다른 사람의 아이디어는 물론 자신의 의견도 평가해서는 안 된다. 진행자는 참가자들이 평가를 못하도록 해야 한다. 그리고 브레인스토밍을 시작하면서 판단하지 말도록 확실히 당부하고, 브레인스토밍을 하는 내내 신경 써야 한다.

또한 아이디어의 참신성에 대해 평가하는 것 역시 좋지 않다. 브레인스토밍의 목적은 효과적인 아이디어를 만들어내는 것으로, 보통은 새로운 아이디어를 만들어내는 것을 의미한다. 하지만 새로운 아이디어를 만들어내는 것뿐만 아니라 오랫동안 잊혀졌던 아이디어를 다시 찾아내서 효과적으로 사용하는 것도 포함한다. 참신성을 평가하는 말들은 다음과 같다.

"그것은 새로운 것이 아니에요."
"얼마 전에 그것을 읽었어요."
"그건 국내에서 이미 시도되었어요."
"그건 몇 년 전에 썼던 방법이에요."
"저도 그 생각을 해보긴 했어요."
"그 아이디어의 어떤 점이 가장 독창적이지요?"

진행자는 이런 말들을 하지 못하게 하기 위해 "아이디어가 얼마나 새로운 것인지 신경 쓰지 마십시오. 지금은 아이디어를 받아들이고, 그것이 참신한지에 대해서는 나중에 따지도록 합시다."라고 말해야 한다.

설정의 형식화

　수평적 사고는 의식의 태도이고, 사고의 한 형태이다. 그리고 그
것은 특별한 기술이 아니다. 형식적인 설정은 더더욱 아니다. 그러나
브레인스토밍의 가치는 아이디어의 설정을 형식화하는 데 있다. 아
이디어의 설정이 형식화될수록 비형식화가 될 기회가 늘어난다. 대
부분의 사람들은 수직적 사고에 길들여져 있기 때문에 수평적 사고
가 어렵다고 생각한다. 그리고 수평적 사고의 생산적인 가치를 받아
들일 수 있지만 다른 사람에게 엉뚱해 보이거나 잘못되었다고 여겨
지는 것은 좋아하지 않는다. 브레인스토밍이 특별할수록 참가자들은
수평적 사고를 못하도록 막는 요소로부터 자유로워진다. 브레인스토
밍 할 때에는 보편적으로 생각하기보다는 '어떤 것도 가능하다'고 생
각하는 것이 좋다.

　우리는 형식적인 설정 안에서 패턴을 재구성하기 위해 지금까지
배웠던 다른 기술들을 사용할 수 있다. 상황을 새로운 방식으로 조합
하거나 반전시킬 수 있다. 그렇게 하는 것에 대해 다른 사람에게 사
과하거나 설명할 필요도 없다. 브레인스토밍의 형식은 다른 사람들
의 비판에 아랑곳하지 않고 자신의 생각을 마음대로 제시할 수 있는
자격증과 같다.

브레인스토밍의 형식

크기

정해진 인원수는 없다. 보통 12명이 편하지만 많게는 15명, 적게는 6명만 되어도 상관없다. 그런데 보통 6명보다 적으면 논쟁이 일어나고, 15명보다 많으면 각자의 의견을 말할 시간이 부족할 수 있다. 만일 사람이 많을 경우에는 조를 나누어서 진행하고 나중에 기록한 내용으로 비교할 수 있다.

진행자

진행자의 역할은 아무런 지시나 통제 없이 모임을 인도하는 것이다. 진행자에게는 다음과 같은 의무가 따른다.

① 진행자는 사람들이 서로의 의견을 평가하거나 비판하려는 것을 막아야 한다.
② 진행자는 사람들이 의견을 한 번에 다 말하지 못하도록 해야 한다. 말할 기회를 잃은 사람에게도 말할 수 있는 기회를 주어야 한다. 사람들에게 말해보라고 권할 필요는 없다. 사람들이 말하고 싶을 때 말하도록 하면 된다. 그리고 순서대로 아이디어를 말하라고 해서도 안 된다. 하지만 침묵이 오래 지속된다면 사람들에게 말해보라고 권할 수 있다.

③ 진행자는 기록자가 아이디어를 제대로 기록하고 있는지 확인해야 한다. 필요하다면 참가자가 제시한 아이디어를 다시 한 번 반복해주거나 요약해줄 수도 있다. 물론 요약해줄 때에는 아이디어를 제시한 사람의 동의를 얻어야 한다. 진행자는 이미 목록에 있는 아이디어를 다시 기록하지 않게 할 수도 있다. 그러나 그것이 목록에 있는지 불확실하거나 그것을 내놓은 사람이 다르다고 주장할 때에는 반드시 기록하도록 한다.

④ 진행자는 회의의 공백을 메우기 위해 아이디어를 직접 말하기도 해야 한다. 아니면 기록자에게 지금까지 기록된 아이디어의 목록을 말하도록 요구한다.

⑤ 진행자는 문제를 바라보는 다른 방식을 제안할 수 있고, 그것을 만들기 위해 수평적 사고의 기술을 사용할 수도 있다. 예를 들어 "이것을 한번 거꾸로 생각해보세요"라고 말할 수 있다. 물론 누구라도 똑같은 제안을 할 수 있다.

⑥ 진행자는 주제를 분명히 밝히고, 아이디어가 주제에서 벗어나지 않도록 해야 한다. 왜냐하면 주제에서 벗어나 상상의 날개를 펼치면 완전히 다른 문제로 귀결될 수 있기 때문이다.

⑦ 진행자는 모임의 시간을 조절할 수 있다. 정해진 시간에 끝내되 사람들의 관심이 시들해지면 더 일찍 끝낼 수도 있다. 모임이 순조롭게 진행된다고 해서 시간을 한없이 연장하는 것으로 사람들을 지루하게 하는 실수를 범하지 말아야 한다.

⑧ 진행자는 평가 단계와 아이디어의 목록을 만들어야 한다.

기록자

기록자의 역할은 브레인스토밍을 하면서 나온 아이디어를 기록해서 남겨두는 것이다. 참가자들이 내놓은 불분명한 아이디어를 분명하게 기록해야 하기 때문에 어려울 수 있다. 기록한 내용은 시간이 지나서 맥락이 흐릿해졌을 때에도 의미가 통해야 한다. 기록자는 아이디어가 연이어 빨리 나올 때에도 적을 수 있어야 한다. 그럴 수 없다면 진행자에게 적을 시간을 요청해야 한다. 그리고 어떤 아이디어에 대해 요약한 것이 맞는지 물어볼 수도 있다. 기록자는 참가자들이 제시한 아이디어가 새로운 것인지, 아니면 이미 비슷한 아이디어가 있는지 살펴서 기록해야 한다. 만일 불확실하면 진행자에게 묻도록 한다. 그러나 비슷하다고 해서 아이디어를 기록하지 않는 것보다는 중복되더라도 기록하는 것이 낫다.

기록은 바로 읽을 수 있는 형태여야 한다. 진행자가 회의하는 동안 언제라도 기록을 읽어보도록 요구할 수 있기 때문이다.

녹음기를 사용하는 것도 좋은 방법이다. 나중에 다시 들으면서 새로운 아이디어를 떠올릴 수 있기 때문이다. 그러나 녹음기를 사용하더라도 기록은 따로 해야 한다. 녹음테이프의 요약 목록을 만들어야 할 수도 있고, 회의하는 동안에 읽어야 할 때도 있기 때문이다.

시간

모임은 30분이면 충분하다. 보통 20분이 적당하고, 길어야 40~50

분이다. 참가자들의 모든 아이디어를 다 짜내는 것보다는 여전히 아이디어가 남아 있을 때 모임을 끝내는 것이 낫다. 모임이 원활하게 진행된다고 해서 계속 진행하고 싶은 유혹을 버려야 한다.

준비

만일 참가자들이 브레인스토밍에 익숙하지 않다면, 설령 익숙하더라도 10분 정도 준비하는 것이 좋다. 이때에는 수도꼭지의 디자인, 버스 승차권, 전화벨 등 주로 쉽고 간단한 문제들을 다룬다. 준비의 목적은 참가자들에게 아이디어의 형태를 보여주고, 평가하지 않는다는 것을 확인시켜주는 것이다.

점검

모임이 끝난 후에도 참가자들은 여전히 그 주제에 대한 아이디어를 가지고 있을 것이다. 그것은 각자 아이디어의 목록을 작성하게 한 후 제출하도록 한다. 복사가 가능하다면 모임 중에 나왔던 목록을 복사해서 나누어 주고, 아이디어를 아래에 덧붙여 쓰도록 한다.

평가

위에서도 언급했듯이 브레인스토밍을 할 때는 평가하면 안 된다. 평가는 자발성을 떨어뜨릴 뿐만 아니라 모임의 분위기를 비판하거나 분석하는 방향으로 몰고가기 때문이다. 따라서 평가는 나중에 하거나 다른 사람들에게 하도록 한다. 혹 문제가 실제적인 것이 아니어도 평가를 하는 것이 좋다. 그것을 통해 하찮게 여겨지던 아이디어가 가치 있는 것이 될 수 있고, 아이디어 목록에서 유용한 아이디어를 추출해낼 수 있기 때문이다. 평가할 때의 핵심사항은 다음과 같다.

① 직접적으로 유용한 아이디어를 골라낸다.

② 잘못되었거나 터무니없어 보이지만 유용하게 쓰일 수 있을 것 같은, 기능적인 아이디어의 핵을 추출한다. 예를 들어 철도 운행에 관한 브레인스토밍에서, 기차의 지붕에 철길을 만들어서 2대의 기차가 마주치게 되면 1대가 다른 1대의 지붕으로 지나갈 수 있게 해야 한다는 의견이 나왔다. 이때 기능적인 아이디어는 똑같은 철길을 더 유용하게 이용하자는 것 또는 기차의 지붕을 더 유용하게 쓰자는 것이다. 한편 사과를 따기 위해 자석을 사용하자는 아이디어에서 주목할 것은 사과를 한꺼번에 딸 수 있는 수단을 찾는 것 또는 사과를 따기 쉽도록 사과에 미리 조치를 취해놓는 것이라고 할 수 있다.

③ 기능적인 아이디어, 문제의 새로운 측면, 문제를 생각하는 새로

운 방식 등을 기록하고, 추가적인 요소들을 고려한다. 그것들이 문제에 대한 실제적인 해답은 아니지만 접근방법은 될 수 있다.

④ 처음 볼 때는 틀린 것처럼 보이지만 상대적으로 쉽게 시도해볼 수 있는 아이디어를 골라낸다.

⑤ 특정 영역에서 더 많은 정보를 모을 수 있는 아이디어를 골라 낸다.

⑥ 이미 시도되었던 아이디어를 골라낸다.

평가의 마지막 단계에서는 반드시 다음의 세 가지가 정리돼야 한다.

- 즉시 유용하게 쓸 수 있는 아이디어
- 더 살펴봐야 하는 영역
- 문제에 대한 새로운 접근방법

평가는 단순한 기계적 분류가 아니다. 왜냐하면 아이디어를 버리기 전에 유용한 것들을 찾아내고, 버려야 할 것처럼 보이지만 중요한 것으로 발전할 수 있을법한 아이디어를 골라내는 창의적인 노력이 요구되기 때문이다.

문제의 명확성

어떤 문제도 브레인스토밍의 주제가 될 수 있지만, 문제를 명확하게 하는 방식에 따라 성공의 정도는 큰 차이가 날 수 있다.

문제가 광범위하면 아이디어는 다양하게 나올 수 있지만, 너무 동떨어진 것들이 많아서 자극의 연쇄반응을 유도하는 상호작용이 일어나지 않는다. '더 나은 교통통제 방법'같은 문제가 그렇다. 반면 문제의 범위가 너무 좁으면 아이디어가 너무 제한되어서 문제 자체에 대한 아이디어가 아닌 그것을 다루는 특정한 방식에 대한 아이디어만을 얻게 될 것이다. 바로 '교통 신호등을 개선하는 방법'이 그렇다. 이런 문제는 교통 신호등에 관련된 아이디어만을 이끌어낼 뿐 교통통제에 대한 아이디어는 결코 이끌어낼 수 없다. 심지어 교통 신호등을 이용한 교통통제에 대한 아이디어도 유도하지 못한다. 왜냐하면 참가자들이 교통 신호등의 기능적인 중요성과는 상당히 떨어진, 교통 신호등의 신뢰도나 관리의 용이성, 제조의 용이성에만 온통 집중하기 때문이다.

브레인스토밍을 시작하면서 문제를 말하고, 도중에 문제를 반복해서 말하는 것은 진행자의 의무다. 만일 참가자들이 문제를 제대로 이해하지 못했다고 생각되면 진행자(혹은 참가자)는 문제를 이해시킬 수 있는 더 나은 방법을 제안할 수 있다. 더 나은 교통통제 방법을 적합한 방식으로 표현하면 '현재의 도로배열을 감안할 때 교통의 흐름을 향상시킬 수 있는 방법은 무엇인가?'가 될 수 있다.

예시

예 ①

티스푼을 다시 디자인하기 위해 브레인소토밍을 한 것이다.

- 고무 숟가락
- 저는 설탕을 컵으로 옮기는 스푼의 부차적인 기능은 많이 사라졌
  다고 생각합니다. 따라서 거품기 모양의 티스푼이 훨씬 더 효율적
  이라고 생각합니다.

(거품기를 기록해주세요.)

- 그리고 그것을 전기로 작동하게 만드는 것입니다.
- 심미적 기능을 고려하여 뮤직 박스를 다는 것은 어떨까요?
- 다시 거품기로 돌아갑시다. 제 생각에 거품기는 나사 모양이어야
  한다고 생각합니다. 전동으로 휘젓는 막대 같은 것 말이죠. 속은
  비어 있고….

(잠깐 제가 말해도 될까요? 지금 말씀하고 있는 것은 그것을 어떻게 만드는
지에 관한 것인데, 그것은 이 회의의 목적이 아닙니다).

- 아니요, 저는 지금 그것이 어떤 모양을 하고 있을지에 대해 말하

는 것입니다.

(그럼 좀더 간단하게 설명해주실 수 있을까요?)

- 회전하는 숟가락?
- 아닙니다. 제가 말하는 것은 나사 모양입니다.
- 그것을 위 아래로 누릅니까?
- 아닙니다. 전기로 작동하게 하는 겁니다. 위에 있는 버튼을 누르기만 하면 됩니다.
- 제 생각엔 너무 복잡하게 들리는군요. 난 그냥 평범한 설탕 집게를 가지고 설탕 몇 조각을 집을 수 있게 하면 좋을 거라고 생각합니다. 설탕 집게는 끝이 두 갈래이고 그것으로도 티스푼으로 젓는 것처럼 쉽게 저을 수 있습니다.
- 그럼 각설탕으로 제한되는 것이 아닙니까?
- 그렇습니다, 작은 각설탕이죠. 그래도 원하는 양만큼 설탕을 집을 수 있습니다.

(그럼 무엇이라고 기록해야 좋을까요?)

- 집게
- 이런 기계는 어떨까요? 컵 위에 올려놓고 누르면 뚜껑이 열리면서 설탕이 나오고, 동시에 막대기가 돌아가면서 컵 안의 설탕을 저어

줍니다.

- 만약 설탕 젓는 일이 아주 재미있다면 설탕을 좋아하지 않는 사람들도 사용할 수 있도록 단맛이 나지 않는 설탕이 필요할 겁니다. 그들도 설탕을 넣고 젓는 것을 즐길 수 있게 말입니다.

- 설탕으로 만든 일회용 숟가락

- 컵 안에서 위 아래로 왔다 갔다 하는 장치로, 그 안에 설탕이 들어 있는 것입니다. 만약 설탕을 넣고 싶지 않으면 막으면 됩니다.

- 저는 전기를 사용하는 것은 좋지만 건전지나 뭐 그런 것은 사용하고 싶지 않습니다. 대신 우리 몸에 있는 정전기를 사용하는 것이 어떨까 생각합니다.

- 나사에 관한 아이디어입니다. 나사가 위 아래로 움직이면서 액체를 저어줄 수 있습니다.

- 무엇이든 위에 놓인 것을 흔드는 진동 탁자는 어떨까요? 설탕이 컵에 있든 없든 말이에요.

- 설탕이 주입된 막대기는 어떨까요?

예 ②

자동차 앞유리의 와이퍼 세정 기능을 개선하고, 진흙이나 물이 튀어 시야를 방해하는 것을 막는 방법을 찾기 위한 브레인스토밍이다.

- 와이퍼가 아닌 다른 곳에서 물이나 세정 물질을 앞유리로 뿌려주는 대신 와이퍼 자체에서 나오게 돼있는 와이퍼는 어떨까요?

- 회전하는 원심 디스크
- 선박에서 볼 수 있는 것 말입니까?
- 네.
- 아예 와이퍼를 없애고 공기를 아주 빠른 속도로 내보내 먼지나 물을 쓸어버리는 것은 어떨까요?
- 앞유리 양쪽으로 혹은 위 아래로 왔다 갔다 하는 와이퍼, 속도는 운전자가 조정함
- 먼지를 투명하게 만들어주는 액체를 써서 떼어낼 필요가 없게 합니다.
- 셔터처럼 창 전체를 덮으면 자동으로 유리를 닦는 덮개
- 앞유리를 전기로 가열해서 물을 증발시킬 수 있는 장치
- 차 자체를 레이더로 조정하기
- 올라갈 때 액체를 분사하고 내려올 때 그것을 닦아주는 와이퍼
- 초음파
- 물을 끌어들이는 자석과 먼지를 끌어들이는 자석을 각각 개발해서 자동차 아래쪽에 달기
- 자동차 지붕의 물을 다른 곳으로 돌려서 와이퍼가 필요 없게 만듭니다.
- 액체로 된 스크린
- 영구적으로 운동하는 표면은 어떻습니까?
- 진동
- 앞유리가 동그랗게 생긴 자동차

- 분출구를 갖고 있는 와이퍼

(그것은 이미 나와 있다고 생각하는데요.)

- 전형적인 와이퍼 말고 회전하는 스펀지와 솔을 이용한 실험
- 앞유리를 닦아 내리는 젖은 천

(지금까지 우리는 와이퍼를 제거하려고 노력했습니다. 그렇다면 와이퍼를 제거하는 게 아니라 그 기능을 향상시키고자 한다고 가정해보세요. 수압을 이용해서 우리가 할 수 있는 방법은 없을까요?)

- 아주 높은 수압의 분출구를 이용해 먼지를 제거할 수 있을 뿐만 아니라 물을 공급할 수도 있습니다.

- 3개, 6개, 8개의 와이퍼가 앞유리의 위쪽이나 아래쪽, 양 옆을 따라 작동합니다.

- 위 아래를 교대로 왔다 갔다 하는 앞유리 2개를 설치하고 교대할 때마다 와이퍼를 통과하게 합니다.

- 회전하는 유리를 달아서 아래쪽으로 내려갈 때 세정될 수 있도록 하면 언제나 깨끗한 앞유리를 볼 수 있습니다.

- 여러 종류의 세정액을 보관할 수 있게 합니다. 그러면 상황에 따라 다양한 세정액을 사용할 수 있습니다. 예를 들어 기름을 제거할 수 있는 특별한 세정액입니다.

- 먼지를 투과해서 볼 수 있는 잠망경
- 블라인드 이론을 이용합니다.

- 가운데 물이 채워진 두 겹의 유리를 사용하는데, 앞쪽에 있는 유리에는 작은 구멍들이 있어서 물이 계속해서 흐를 수 있습니다.
- 먼지가 자동차 유리에 닿기 전에 차단하는 막
- 운전 자세를 바꾼다. 거꾸로 앉아서 뒤쪽으로 운전
- 터널에서만 운전
- 텔레비전 장치로, 운전자는 실제로 밖을 볼 필요가 없게 됩니다.
- 와이퍼가 차의 속도나 자동차 유리를 통해 들어오는 빛의 양에 자동으로 반응하게 합니다.
- 앞유리를 여러 개 갖고 있어서 더러워지면 한 층씩 떼어낼 수 있게 합니다.
- 앞유리의 표면이 물에 잘 녹게 하면 물이 계속 녹이기 때문에 깨끗해집니다.
- 앞유리를 유리대신 얼음으로 만든다. 얼음이 계속해서 녹기 때문에 깨끗하게 유지됩니다.
- 차를 몰고 나가기 전에 먼지 등을 녹일 수 있는 물질을 차 유리에 바르고 나가면 됩니다.

　

　괄호 처진 부분은 진행자가 한 말이다. 참가자들의 말은 구분하지 않았다. 참가자들의 제안은 터무니없는 것부터 그럴듯한 것까지 다양하다. 한 아이디어에서 다른 아이디어가 어떻게 생성되는지를 보여주고 있다. 그리고 평가를 하려는 시도는 거의 없다. 한편 대부분의 제안은 새로운 아이디어를 담고 있다.

연습

교육생들을 브레인스토밍 하기에 적당한 그룹으로 나눈다. 각 그룹마다 진행자를 정한다. 만일 진행자를 뽑는 데 어려움이 있다면 교육자가 제안한다. 기록자 역시 그룹마다 1명씩 있어야 한다. 보조 기록자를 두어 회의 도중에 도움을 줄 수 있게 하는 것이 좋다. 브레인스토밍 이론은 다음에 제시되는 사항을 강조하면서 설명한다.

① 비판하거나 평가하지 말라.
② 틀리는 것을 신경 쓰지 말고, 하고 싶은 말을 해라.
③ 아이디어를 자세하게 발전시키거나 연설을 하려고 하지 말라.
④ 기록자가 기록할 시간을 준다.
⑤ 진행자의 말을 경청한다.

브레인스토밍을 하기 전에 문제를 각 그룹에 주고 10분 정도 준비할 수 있도록 한다. 준비가 끝나면 30분 동안 브레인스토밍을 한다.

교육자는 각 그룹을 돌아다니면서 참관한다. 그때 말은 하지 않더라도 나중에 토론할 때를 위해 필요한 것은 기억해둔다. 교육자는 교육생들이 서로 평가하거나 비판하려고 할 때만 관여하는 것이 좋다.

브레인스토밍이 끝나면 교육생들을 한곳으로 모은다. 각 그룹의 기록자는 아이디어 목록을 발표한다. 교육자는 다음과 같이 설명해 줄 수 있다.

① 평가하려는 경향이나 수줍어하는 경향 등 실제적인 태도에 대해 말한다.

② 아이디어 목록에 대해 언급한다. 몇 가지 아이디어의 독창성이나 유사성을 지적할 수 있다.

③ 아이디어의 성격에 대해 언급한다. 아이디어 중 일부는 일리가 있고, 일부는 터무니없을 것이다. 아이디어가 너무 진지한 경향이 있다면, 교육자는 브레인스토밍 중에 웃음이 날만큼 엉뚱했던 아이디어를 지적할 수 있다.

④ 교육자는 자신의 아이디어와 의견을 덧붙인다.

교육자는 발표된 내용 중에서 터무니없는 아이디어를 골라 그것이 어떻게 유용한 것이 될 수 있는지 말해준다. 그 아이디어에서 기능적인 원리를 분리하고, 그것을 더 발전시킨다.

교육자는, 브레인스토밍이 자기의 생각을 계속 진전시키는 것이 아닌 순간적으로 떠오르는 아이디어를 만들어내는 것이라는 사실을 이해시켜야 한다. 일부 교육생들은 튀어 보이려하거나 자신의 의견이 나중에 발표되기를 기대하고 일부러 웃긴 이야기를 하려고 한다. 교육자는, 교육생들이 자유롭게 아이디어 내는 것을 제한하지 않는 한도 내에서 잘 대응해야 한다. 그러기 위해서 의견을 낸 교육생에게 그 아이디어를 더 전개시켜 볼 것을 요구하는 것도 하나의 방법이다. 다음은 브레인스토밍의 주제로 적합한 문제들이다.

- 돈의 디자인
- 운동장의 부족
- 시험의 필요성
- 해저 발굴
- 사람들이 보고 싶어 하는 텔레비전 프로그램을 맘껏 보여주기
- 사막을 비옥하게 만들기
- 가정 난방

교육자는 각각의 문제에서 교육생들이 브레인스토밍을 할 수 있는 방법, 그것을 할 수 있는 더 나은 방법, 새로운 방법 등을 생각해서 발표하게 한다. 위의 문제들은 단지 제안일 뿐이며, 교육자는 문제를 더 발전시켜서 아이디어를 만들어내게 해야 한다.

평가

브레인스토밍과 평가는 같은 날에 해서는 안 된다. 평가는 교육생들이 다 모인 자리에서 하는 것이 가장 좋고, 각각의 아이디어는 직접적 또는 간접적으로 유용성을 생각해본다. 각각의 아이디어는 다른 범주에 놓일 수 있다.

- 직접적으로 유용함
- 흥미로운 접근방식

- 연구가 더 필요함
- 폐기

일반적인 평가를 하기 위해서는 브레인스토밍을 통해 나온 아이디어를 칠판에 적고 교육생들에게 각각의 아이디어를 평가한 후에 투표하게 할 수도 있다. 마지막에 어떤 아이디어가 얼마나 많은 표를 받았는지 비교할 수 있다.

사실 평가는 브레인스토밍에서 필요한 부분이지만 중요한 부분은 아니다. 평가는 비판적인 분석이나 수직적 사고를 하게 하는 경향이 있기 때문이다. 따라서 브레인스토밍 후의 평가보다는 브레인스토밍 그 자체를 더 강조해야 한다.

평가할 때는, 아이디어가 단지 브레인스토밍 할 때만 유용하고 실제로는 사용될 일이 없다는 인상을 주지 않는 것이 중요하다. 그러한 인상은 교육생들이 실제적이고 일리가 있는, 진지한 아이디어만을 내놓게 하는 결과를 가져올 수도 있다. 물론 실제적이고 진지한 아이디어는 충분한 가치가 있다. 하지만 그것들은 교육생들이 새로운 아이디어를 내놓을 수 있도록 자극하지 못한다. 평가의 중요한 기능 중 하나는 엉뚱해 보이는 제안도 아주 유용한 아이디어로 발전할 수 있다는 것을 확인하는 것이다.

요약

브레인스토밍은 수평적 사고를 장려하는 형식화된 설정으로서 가치가 있다. 브레인스토밍은 그룹 활동이기 때문에 서로 자극해서 더 좋은 아이디어를 낼 수 있다. 그렇지 않으면 브레인스토밍은 특별할 것이 없다. 어떤 사람들은 브레인스토밍과 창의적인 사고를 같다고 생각하지만, 브레인스토밍은 창의적인 사고 과정의 일부일 뿐이다. 브레인스토밍에서 가장 중요한 부분은 그 형식이라고 할 수 있다. 수평적 사고의 아이디어에 익숙해지려면 그것을 연습할 수 있는 특별한 환경을 설정한다. 하지만 결국에는 그 설정 없이도 수평적 사고를 할 수 있게 된다.

16

유추

패턴을 재구성하고, 상황을 다른 방식으로 바라보고, 새로운 아이디어를 내기 위해서는 약간의 아이디어를 가지고 시작해야 한다. 다음은 수평적 사고의 문제이다.

- 진행하고, 이동하고, 연속적으로 생각하기
- 자연스럽고 명백하고 당연한 생각의 연속에서 벗어나기

지금까지 설명한 다양한 기술들과 마찬가지로 앞으로 살펴볼 유추역시 정보의 이동과 관련되어 있다.

유추는 간단한 이야기나 상황으로, 다른 것과 비교할 때에만 가능

하다. 간단한 이야기나 상황, 유추의 발전 과정은 반드시 익숙해야 한다. 유추는 어떤 일이 일어나고 있거나, 어떤 과정이 진행되고 있거나, 아니면 관계의 특별한 형태가 분명해야 한다. 그리고 상황 그 자체, 적어도 상황을 바라보는 방식의 발전이 있어야 한다. 계란을 삶는 일은 간단한 작업이지만, 그 일에는 발전 과정이 있다. 계란을 냄비에 넣고 열을 가한다. 열을 잘 전달하기 위해 보통 물을 이용하는데, 물은 온도가 너무 높게 올라가는 것을 막아준다. 열을 가하는 과정에서 계란의 원래 성질이 변한다. 그 변화는 진행하는 것이고, 계란이 특별한 상황에 처하는 시간의 정도에 비례한다. 사람마다 이러한 과정이 얼마나 지속되기를 원하는지는 분명히 다르다.

유추는 반드시 복잡하거나 길 필요가 없다. 간단한 행동으로 족할 수도 있다. 나비 수집은 특별한 취미이지만 그것에 포함된 과정은 다른 상황들로 일반화될 수 있다. 희귀, 수요와 공급, 정보와 탐색 절차, 아름다움과 희귀성, 목적을 위한 자연 훼손, 분류 등이 그 예다.

유추는 문제 해결을 위해 이동하게 한다. 생각중인 문제는 유추와 연관되고, 유추는 자체의 발전 과정을 따라 진행한다. 그러나 결국엔 원래의 문제로 귀결된다. 그래서 문제는 유추와 함께 전개되는 것이다. 예를 들어 수학에서는 문제를 상징으로 바꾼 후에 다양한 수학적 연산의 수단으로 다룬다. 그동안 상징이 실제 의미하는 것은 까마득히 잊는다. 하지만 상징들은 결국 문제로 다시 바뀌고, 원래 문제가 어떻게 되었는지 알게 되는 것이다.

유추도 같은 방식으로 사용될 수 있다. 문제를 유추로 바꾸고 전개시킨다. 그리고 마지막에 유추를 다시 문제로 바꾸면 원래 문제에 어떤 일이 발생했는지를 알 수 있다. 만일 그 두 가지가 같이 일어난다면 훨씬 더 유용할 것이다.

예를 들어 소문의 확산을 연구하기 위해 눈덩이가 언덕 아래로 굴러 내려가는 것을 유추할 수 있다. (소문이 퍼져갈수록 부풀려지는 것처럼) 눈덩이는 언덕을 내려갈수록 점점 커지게 된다. (더 많은 사람들이 소문을 알수록 더 많은 새로운 사람에게 소문이 퍼지듯이) 눈덩이는 커지면서 눈을 더 많이 붙이게 된다. 눈덩이가 커지기 위해서는 반드시 눈이 있어야 한다. 그러나 눈덩이의 크기가 소문을 들은 사람의 수나 소문의 영향력과 비교할 수 있는지 확신하지 못한다. 땅 위의 눈이 단순히 소문에 의해 영향을 받은 사람들이나 소문을 믿을 것 같은 사람들과 일치한다고 할 수 있을까? 유추 때문에 이미 그 문제를 심각하게 받아들였을 것이다. 큰 눈덩이는 파괴적일 수도 있지만 미리 경고를 하면 피할 수 있을 것이다. 그렇다고 소문 역시 파괴적이지만 미리 경고를 통해 피할 수 있을까? 피하거나 막으려고 노력해야 할까?

이런 방식으로 수평적 사고에서 유추를 사용하는 것은 일반적으로 알려진 유추의 개념과는 많이 다르다. 일반적인 유추의 개념은, 논쟁에서 어떤 일이 특정한 방식으로 일어나기 때문에 문제 상황에서도 일이 같은 방식으로 일어나야 한다고 가정하게 된다. 그러나 보통 수평적 사고에서 사용하는 유추는 완전히 반대다. 아무것도 증명하려 하지 않고, 단지 더 많은 아이디어를 만들기내기 위한 도구로 사용한다.

유추 선택

우리는 적절해 보이는 유추가 선택되어야만 그것을 사용할 수 있다고 생각하기 쉽다. 그러나 그렇지 않다. 유추는 반드시 적절해야 할 필요는 없다. 오히려 적절하지 않는 것이 더 좋을 때도 있다. 그럴 경우 문제와 관련시키기 위해 노력할 것이고, 그 과정에서 문제를 바라보는 새로운 방식이 만들어질 수 있기 때문이다. 유추는 상황을 바라보는 새로운 방식을 자극하는 도구다.

일반적으로 유추는 아주 구체적이고, 익숙한 상황을 다루어야 하며, 자주 일어나야 한다. 그리고 일어나는 것은 반드시 명확해야 한다. 유추는 과정, 기능, 관계가 반드시 견고하지 않아도 된다. 왜냐하면 그것들은 그것들을 바라보는 방식에 의해 어떤 종류의 유추도 만들 수 있기 때문이다. 한편 유추는 이야기의 전개가 명확하기만 하면 우리의 실생활에서 일어날 수 있는 상황이 아니어도 사용할 수 있다.

수직적 사고의 문제점을 다루는 유추로, 입구가 좁은 땅콩 단지를 땅 속에 묻어 어떻게 원숭이를 잡을 수 있을지 생각해보자. 원숭이는 땅콩 단지 앞으로 와서 손을 단지 속에 넣고 땅콩을 한 움큼 쥘 것이다. 하지만 단지의 입구는 빈손일 때 겨우 통과할 수 있을만한 크기고, 원숭이는 손을 뺄 수 없을 것이다. 그러나 원숭이는 땅콩을 놓고 싶어 하지 않기 때문에 결국 잡힐 것이다.

사람들은 수직적 사고를 통해 상황을 바라보는 분명한 방법을 택할 것이다. 그 방법은 과거에 유용하다고 입증된 것이기 때문이다. 그러나 일단 그것을 택하면 버리고 싶지 않기 때문에 덫에 걸리게 된다. 그렇다면 원숭이는 어떻게 해야 했을까? 땅콩 단지를 살펴보지 말았어야 했을까? 그것은 새로운 상황을 살펴보는 것을 거부하는 일이다. 땅콩을 먹고 싶다는 욕구를 무시했어야 할까? 무엇으로부터 해를 입지 않기 위해 그것의 유용성을 부정하는 것은 바보 같은 짓이다. 원숭이가 땅콩 단지가 있는 줄 몰랐다면 괜찮았을까? 우연히 보호받은 것은 항상 위험의 소지가 있다. 원숭이에게 가장 좋은 상황은 땅콩 단지를 발견했지만 그 안의 땅콩을 쥐면 손을 뺄 수 없다는 것을 깨닫고, 땅콩을 꺼낼 수 있는 다른 방법을 찾는 것이다. 예를 들어 땅을 파서 땅콩 단지를 뺀 후 땅콩을 꺼내면 될 것이다. 이처럼 수직적 사고의 가장 큰 위험은 확실한 방법에 구속되는 것이 아니라 확실한 방법에 구속될 수도 있다는 사실을 깨닫지 못하는 것이다. 중요한 것은 수직적 사고를 피하는 것이 아니라 그것을 활용하는 것이고, 그것이 상황을 바라보는 특정한 방식으로부터 벗어나는 데 필요하다는 것을 이해하는 것이다.

연습

1. 논증

연습을 통해서 얻고자 하는 것이 무엇인지를 분명히 하기 위해 특정 문제를 제시하고, 유추를 선택하고 발전시켜 문제와 연관짓는 것을 시작하는 것이 필요하다. 그것은 칠판을 이용할 수 있다. 그때 교육생이 발표한 내용은 칠판에 적되 발표할 것을 요구해서는 안 된다.

2. 유추를 문제와 관련짓는 것

교육자는 문제를 제시하고, 유추를 전개해나간다. 교육생들은 유추의 발전 과정이 어떻게 문제에 적용될 수 있는지를 발표한다.

3. 개별적인 노력

교육자가 유추를 발전시킬 수 있지만, 교육생들이 스스로 유추를 문제와 연관지은 후 아이디어를 적어낼 수도 있다. 교육자는 그 결과들을 모아서 다음 내용들을 이야기할 수 있다.

- 유추와 문제를 연관지을 수 있는 방법의 다양성
- 문제를 발전시키는 과정에서 일관성이 있는지 없는지의 여부. 예를 들어 유추의 특징은 항상 문제의 같은 특성에 적용해야 하는가? 아니면 다른 특성에 적용해도 되는가? 일관성이 특별히 바람직한 것은 아니다.
- 세부 사항까지 해석하는 경우를 언급할 수 있다.

4. 기능, 과정, 관계

교육자는 구체적인 용어로 유추를 발전시킨다. 교육생들은 그 유추를 반복하되 구체적인 용어를 대신해서 기능, 과정, 관계의 일반적인 용어를 사용한다. 그것은 유추에서 기능, 과정, 관계를 추출해내는 연습으로 다음과 같은 것들을 사용할 수 있다.

- 목욕하기
- 감자 튀기기
- 편지 보내기
- 엉킨 실 풀기
- 수영 배우기

5. 유추 선택

교육생들에게 문제나 상황의 목록을 제시하고, 각각의 목록에 해당되는 유추를 발표하게 한다. 발표한 교육생에게는 그 유추를 어떻게 문제와 연관지을 수 있을지에 대해 간략하게 부연 설명을 하게 한다. 다음과 같은 문제들로 연습할 수 있다.

- 변화를 가져올 수 있는 기계의 디자인
- 쇼핑을 더욱 쉽게 할 수 있는 방법
- 도시에 물 공급을 더욱 확실하게 하는 법
- 폐차 처리된 자동차로 할 수 있는 일

6. 문제 설정

교육자는 교육생들에게 문제를 제시하고, 그들 나름대로 유추를 선택해서 문제와 연관짓도록 한다. 마지막에 그 결과들을 모아서 설명한다. 설명하는 도중에 교육생들이 선택한 각각의 유추나 그것이 강조하는 점들을 비교할 수 있다. 간혹 전혀 다른 경로를 거쳐 같은 아이디어에 도달하는 경우도 있을 것이다.

7. 같은 문제, 다른 유추

교육생들에게 같은 문제를 제시하되 각자 다른 유추를 하도록 한다. 이 연습은 그룹으로 나누어서 할 수도 있다. 교육생들을 몇 개 그룹으로 나누어서 그룹마다 다른 유추를 하도록 한다. 마지막에 각 그룹의 진행자가 유추를 문제와 연관지은 방법에 대해 요약하게 한다.

문제

안개 속에서 길 찾기

유추

- 근시안적으로 길을 찾는 사람
- 낯선 곳에서 기차역을 찾는 여행자
- 집 안에서 잃어버린 물건 찾기
- 십자퍼즐 풀기

8. 다른 문제, 같은 유추

이 경우도 7번 같은 방법으로 할 수 있다. 교육생들이 각자 할 수도 있고, 그룹으로 나누어 할 수도 있다. 다만 다른 문제를 제시하고, 같은 유추를 해야 한다. 마지막에 결과들을 비교해서 다른 문제와 같은 유추가 어떻게 들어맞는지 비교한다.

유추

• 겨울 아침에 자동차 시동 걸기

문제

• 어려운 수학 문제를 푸는 방법
• 높은 선반 위의 고양이 구조하기
• 낚시
• 인기 있는 축구 경기 입장권 구하기

요약

유추는 사물을 바라보는 새로운 방식을 찾을 수 있는 편리한 수단으로, 다른 수평적 사고의 기술들처럼 어디로 향하고 있는지 판단할 수 있을 때에만 이동하진 않는다. 단지 이동을 하기 위해서 이동을 하고 그 후에 무슨 일이 일어나는지 살펴본다. 그리고 유추는 무언가를 자극하기 위해서 사용할 뿐 증명하려고 사용하지 않는다. 유추의 가장 유용한 점은 문제의 재구성을 도울 수 있는 기능, 과정, 관계의 수단이라는 것이다.

출발점과 주의 영역의 선택

정보 처리 시스템으로서 의식의 가장 중요한 특징은 선택하는 능력이다. 그 능력은 스스로 극대화하는 기억 시스템으로서 의식이 갖는 기계적인 행동에서 비롯된다. 스스로 극대화하는 기억 시스템은 제한된 주의 영역을 가진다. 제한된 주의 영역은 정보의 일부분에만 머무르기 때문에 그 일부분이 '선택'되거나 '선별'되는 것이다. 사실 그 과정은 수동적이지만 선택하거나 선별한다고 말할 수도 있다.

'주의 영역'은 문제나 상황에서 주의를 기울이는 부분이고, '출발점'은 문제나 상황에서 처음으로 주의를 기울이는 부분이다. 통찰력의 재구성이라는 관점에서 보면 출발점을 선택하는 것은 매우 중요하다. 시스템에 더 이상 정보가 추가되지 않을 때 출발점의 선택은 통찰력의 재구성을 유발할 수 있기 때문이다.

패턴은 기억의 표면 위에 만들어진다. 한번 만들어진 패턴은 확실한 방향으로 발전되고, 다른 패턴과 연결하려는 경향이 있다. 따라서 수평적 사고의 목적은 패턴을 재구성하고, 새로운 패턴을 만들기 위

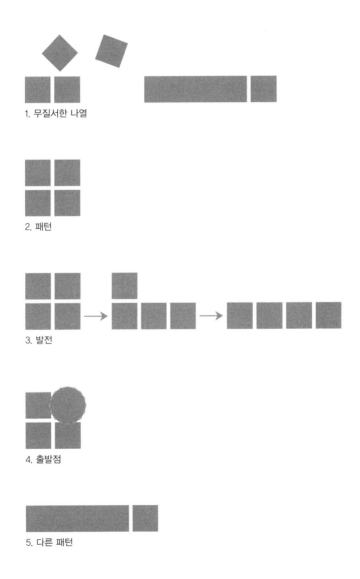

1. 무질서한 나열

2. 패턴

3. 발전

4. 출발점

5. 다른 패턴

해 정보를 재배열하는 것이다.

앞 페이지의 연속적인 그림은 기억의 표면 위에 패턴이 만들어지는 과정을 나타낸 것이다.

① 정보가 무질서하게 나열된 분야를 나타낸다.
② 정보는 패턴으로 구축된다.
③ 패턴은 발전 과정을 거친다.
④ 패턴의 발전 과정에는 출발점이 있다.
⑤ 최초 정보가 무질서하게 나열된 분야에서 주의를 끈 제한적인 영역만이 선택된다. 그 영역이 다르면 패턴과 그 패턴의 발전이 다르게 나타난다.

출발점의 선택은 아주 중요하다. 왜냐하면 아이디어 자체는 똑같다 할지라도 아이디어의 순서가 최종 결과를 완전히 다르게 바꾸어 놓을 수 있기 때문이다. 예를 들어 욕조에 뜨거운 물을 부은 다음에 차가운 물을 붓는다면 욕실은 금세 수증기로 가득 찰 것이다. 그러나 처음부터 뜨거운 물과 차가운 물을 함께 붓는다면 상황은 달라지는 것과 같다.

실제로 아이디어는 똑같아 보여도 그 아이디어를 어떤 순서로 다루냐에 따라 차이는 굉장히 크다. 실제로 출발점이 다르다는 것은 아이디어의 배열 순서가 다르다는 것을 의미한다. 예를 들어 손에 막대기를 든 남자의 사진을 본 다음 뛰고 있는 강아지 사진을 보았다면, 남자가 막대기를 던져서 강아지한테 가져오라고 시키는 장면을 떠올릴 것이다. 반면에 뛰고 있는 강아지 사진을 먼저 본 다음 손에 막대기를 든 남자의 사진을 보았다면 어떨까? 아마 남자가 강아지를 쫓고 있다고 생각할 것이다.

출발점

삼각형을 3개의 조각으로 나눈 후 그것들을 다시 합쳐 직사각형이나 정사각형을 만드는 것은 삼각형 모양이 특별히 정해지지 않으면 상당히 힘들다. 먼저 삼각형 모양을 선택하고, 그것을 어떻게 나누어야 직사각형이나 정사각형을 만들 수 있는 3개의 조각이 되는지 생각해보자.

다음 페이지의 그림처럼 삼각형에서 시작하는 것보다는 정사각형에서 시작하는 것이 훨씬 더 쉽다. 삼각형 모양은 다양하지만, 정사각형의 모양은 정해져 있기 때문이다. 삼각형을 나눈 3개의 조각으로 다시 정사각형을 만들어야 한다면, 정사각형을 나누되 삼각형을 만들 수 있는 조각으로 나눠야 한다.

아이들의 책을 보면 3개의 낚싯줄이 엉킨 그림이 자주 나온다. 3개의 낚싯줄 중 하나에는 물고기가 잡혀 있다. 문제는 과연 어느 낚싯줄에 물고기가 잡혔는지 찾는 것이다. 아이들은 그 문제를 풀려고 낚싯대에서 출발해 아래쪽으로 따라 내려간다. 그러나 그렇게 하면 물고기가 잡힌 낚싯대를 찾기 위해 두 번의 시도가 필요할 수 있다. 반면 물고기가 잡혀있는 낚싯줄 끝에서부터 시작해서 위로 올라가면 한 번에 쉽게 찾아낼 수 있다.

두꺼운 도화지 위에 가위질 한 번으로 크기, 모양, 구역이 정확히 같은 4개의 조각이 나올 수 있도록 그리는 것이다. 단 접는 것은 허용이 안 된다. 189페이지의 그림은 이 문제를 풀 때 일반적으로 나오는 답과 그 비율이다.

35% A 불가능하다

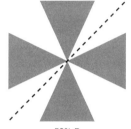

50% B

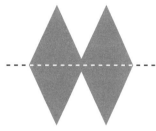

또는 C

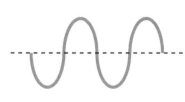

12% D

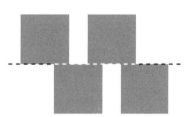

또는 E

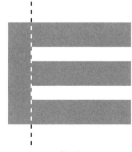

3% F

위에서 B와 C는 4조각이 아닌 2조각만 나오기 때문에 분명히 틀렸다. 정답은 D나 E다. 그런데 F를 답으로 고른 사람이 거의 없다는 점이 흥미롭다. 그 모양을 그리는 것이 가장 쉬워 보이기 때문이다. 아무튼 이 문제에서 중요한 것은 거꾸로 생각해나가면 문제를 풀기가 훨씬 쉽다는 것이다. 즉 4개의 똑같은 조각으로 나눌 수 있는 전체의 모양을 생각해내는 대신 4개의 똑같은 조각을 놓고, 그것을 가위질 한 번으로 자를 수 있게 배열하면 되는 것이다. 처음에는 아래 그림

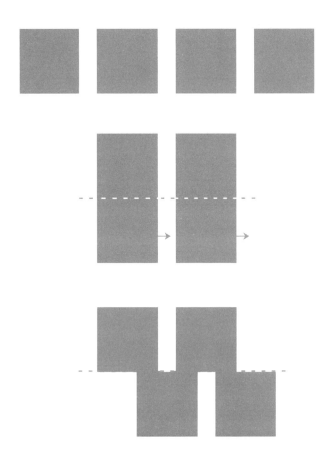

처럼 배열하겠지만, 해답을 찾기 위해 도형을 움직이는 단계로 넘어가는 것은 어렵지 않다.

거꾸로 생각해나가는 것은 잘 알려진 문제 해결 방법이다. 그 방법은 앞에서부터 시작하는 것과는 생각의 경로가 상당히 다르기 때문에 효과적이다. 사실 반드시 해결된 부분에서 시작해야 할 이유는 없다. 다만 해답이 확실하게 정해져 있기 때문에 거기에서 시작하는 것이 편리하다는 것이다. 하지만 문제 해결은 어디서부터라도 시작할 수 있다. 만일 확실한 부분이 없다면 반드시 만들어내야 한다.

주의 영역

출발점은 첫번째 주의 영역이다. 보통 출발점에 주의를 기울이는 것으로 시작하지만 결과적으로는 모든 문제에 주의를 기울이게 된다. 가끔 문제의 중요한 부분에 아무런 주의를 기울이지 못할 때가 있는데, 문제를 해결하기 위해서는 그 부분에 주의를 기울여야 한다.

셜록 홈즈의 사건 중 큰 개가 등장하는 사건이 있다. 왓슨 박사는 사건이 일어나던 날 밤에 그 개가 짖지도 않았을 뿐더러 아무 짓도 하지 않고 가만히 있었기 때문에 대수롭지 않게 여겼다. 그러나 셜록 홈즈는 그 점에 주목했고, 곧 범인은 개가 알고 있는 사람이라는 것을 알아냈다.

셰익스피어의 희곡 '베니스의 상인'에는 샤일록이 꿔간 돈을 갚지 못한 상인에게 계약대로 심장에서 제일 가까운 살 1파운드를 요구하는 장면이 나온다. 이때 포셔라는 판사는 샤일록이 그 살을 떼기 위해 피를 흘릴 수밖에 없는 것으로 주의를 옮김으로써 샤일록의 사악한 꾀를 저지한다. 계약에 피를 흘려도 된다는 내용이 없기 때문에 만일 상인의 살을 떼면서 피를 흘리게 되면 중죄에 해당되는 것이다. 결국 주의를 돌림으로써 주의를 못 끌었던 것을 문제로 가져와 해결할 수 있었다.

다음은 동그라미를 모아 놓은 2개의 그림이다. 각 그림에서 검은 동그라미의 개수를 가능한 한 빨리 세어 보자.

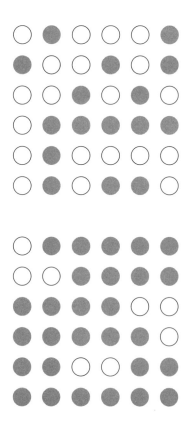

이 문제를 해결하는 가장 확실한 방법은 물론 각 그림에서 검은 동그라미의 개수를 세는 것이다. 그러나 두번째 그림의 경우에는 하얀 동그라미의 개수를 세는 것이 문제를 훨씬 쉽게 해결할 수 있는 방법이다. 가로, 세로의 동그라미의 개수를 곱해서 전체 동그라미의 개수를 계산한 후에 하얀 동그라미의 숫자를 빼면 되는 것이다.

토너먼트로 진행되는 테니스 대회에 111명이 참가했다. 만일 최소한의 경기가 진행된다면 몇 번일까? 이 문제를 해결하기 위해 대부분의 사람들은 각 경기마다 짝을 맞춰보고, 부전승으로 올라가는 사람 수를 계산한다. 2n을 이용해서 계산하려고 할지도 모른다. 그런데 이 문제의 답은 110경기로, 각 경기의 승자에게 주의를 기울이는 대신 패자에게 주의를 기울이면 복잡한 계산 없이 쉽게 답을 알 수 있다. 이 대회의 경우 승자는 1명이고 패자는 110명이다. 그런데 경기의 횟수를 최소한으로 한다는 것은 각 사람이 한 번씩만 지는 것이기 때문에 110경기가 되는 것이다.

이 문제는 출발점을 다르게 하는 것으로 얻을 수 있는 유용성을 보여주는 사례이다. 많은 경우 주의를 기울이는 부분의 순서를 정하는 것보다 주의를 기울이는 부분의 선택이 중요하다. 만일 어떤 시점에서 고려되지 않은 부분이 있다면 나중에도 그 부분은 고려될 가능성이 거의 없다. 이런 이유 때문에 주의 영역의 선택은 상황을 바라보는 방식에 큰 차이를 가져올 수 있다. 그러나 상황을 재구성하기 위해 주의를 약간만 돌리는 것은 별 도움이 안 된다. 만일 주의를 돌리지 않는다면 다른 방식으로 상황을 바라보는 것은 아주 어려울 것이다.

주의의 순환

주의를 기울이는 것이 기본적으로 수동적인 현상이기 때문에, 주의가 저절로 적절한 방향으로 기울여질 것이라고 생각하는 것은 좋지 않다. 따라서 특별한 노력을 해야 한다. 비록 주의를 기울이는 것이 수동적일지라도 그것에 영향을 끼칠 수 있는 틀을 제공함으로써 의도적으로 주의를 기울일 수 있다. 예를 들어 당신이 무엇을 쳐다보든 간에 그 물건에서 왼쪽으로 2미터 떨어진 곳에 있는 물건을 쳐다보기로 한다면, 얼마 후에 당신은 쳐다보는 물건에서 왼쪽으로 2미터 떨어진 곳에 아무 물건이 없어도 그곳을 바라볼 것이다. 이처럼 주의는 우연히 생기는 것이 아니라 의식 속에 만들어진 패턴의 결과다.

반대 과정을 생각해보는 것으로 의도적으로 다른 것에 주의를 기울일 수 있다. 예를 들어 앞에서 예로 든 토너먼트로 진행되는 테니스 경기에 관한 문제에서는 '110명의 패자가 나오려면 경기를 몇 번이나 해야 할지 생각하는 대신에 한 명의 승자만 나오려면 경기를 몇 번이나 해야 할지 생각하는 중이다'라고 말할 수 있다. 만일 상황을 바라볼 때 분명하고 자연스럽게 주의를 끄는 것이 있다면, 그 반대 과정을 생각해보는 것이 매우 효과적일 수 있다.

다른 방법은 상황의 여러 가지 특징들을 기록한 후 각각의 특징에 순서대로 주의를 집중해보는 것이다. 이때 어떤 특징이 사소한 것처럼 여겨진다고 해서 주의를 기울이지 않으면 안 된다. 한편 특징들을 최대한 많이 골라내는 것은 어렵다. 왜냐하면 특징들이 상황 그 자체에서 나타나는 것이 아니라 상황을 어떻게 바라보느냐에 따라 다르게 나타나기 때문이다.

숙제에 관한 문제를 생각한다면, 순서대로 주의를 집중하기 위해서 다음과 같은 특징들을 나열할 수 있을 것이다.

- 할 필요(선택적 혹은 의무적)
- 숙제하는 데 걸리는 시간
- 필수적인 학습 과정이나 보충 과정
- 집까지 가는 데 걸리는 시간
- 집에서 숙제를 할 장소
- 숙제 말고 할 수 있는 것
- 재미있는 텔레비전 프로그램
- 일상적으로 또는 가끔씩
- 숙제를 도와줄 수 있는 아버지나 어머니의 능력
- 숙제를 빨리 끝내는 사람과 늦게 끝내는 사람
- 숙제를 하는 데에 대한 관심 또는 숙제를 하는 데 걸리는 시간에 대한 관심
- 숙제 때문에 겪는 어려움과 짜증
- 내용을 학습하는 과정이나 학업에 영향을 미치는 정도

숙제를 잡초 제거에 비유해보자. 사람들은 잡초가 자라는 것에 자연스럽게 주의를 기울이고, 결국 잡초를 제거하는 방법을 알 수 있다. 하지만 잡초를 뽑고 나면 어떤 일이 생기고, 잡초를 그대로 두면 어떤 일이 생길지에 관해서는 관심을 갖지 않는다. 관심은 오로지 잡초가 자라는 것과 잡초를 제거하는 방법에 맞추어 있다. 최근의 한 실험에서 밭의 한 구역에는 잡초 제거제를 살포했고, 다른 구역에는 잡초를 그냥 자라게 두었다. 결과는 잡초를 그냥 자라게 둔 구역의 곡물 수확량이 훨씬 많았다.

구제역에 걸린 동물의 사체는 주로 땅에 묻지만, 그 지역의 땅이 그것을 묻기에 충분히 깊지 못하면 태운다. 그런데 태울 때 열기가 발생하고, 그 열기를 따라 작은 입자가 다른 지역으로 퍼진다. 그것들은 다른 지역을 전염시킬 것이다. 그러한 문제는 구제역에 걸린 동물의 사체를 제거하는 데에만 주의를 기울였지 그것을 효과적으로 제거할 수 있는 방법에 주의를 기울이지 않은 결과다.

환자에게 소변을 배출할 목적이 아닌 전혀 다른 목적으로 사용한 약이 있었다. 그런데 환자가 그 약을 복용할 때마다 많은 양의 소변을 본다는 사실에 주목하여 아주 유용한 약을 만들어내게 되었다. 그 환자에게 있어서는 소변을 많이 배출하는 것이 치료의 목적이 아니었기 때문에 아무도 신경을 쓰지 않았다. 하지만 소변 배출이 치료의 목적이 될 때 그 약을 유용하게 사용할 수 있다는 것을 깨닫고 난 후에야 비로소 주의를 기울이게 되었던 것이다.

연습

1. 출발점을 찾아라

교육생들에게 특정 문제에 대한 기사를 읽어주거나 나눠주고, 그것을 해결하기 위한 출발점으로 가능한 것들을 적어보도록 한다. 그리고 기사를 쓴 사람이 사용한 출발점도 파악하도록 한다. 예를 들어 기사를 쓴 사람은 세계의 기아에 대해 기사를 쓰면서 일부 국가의 식량낭비나 인구과잉, 비효율적인 농업을 출발점으로 선택했을 것이다. 교육자는 교육생들이 제시한 출발점을 자신이 가지고 있던 목록에 추가한다.

2. 여러 종류의 문제를 위한 출발점

교육자는 문제의 목록을 칠판에 적고, 교육생들에게 각각의 문제에 대한 출발점을 자율적으로 발표하고, 간단하게 부연 설명을 하도록 한다. 이때 사용할 수 있는 문제들은 다음과 같다.

- 가공식품 만들기
- 가공식품의 수용
- 더 나은 소시지 디자인
- 버려진 개의 문제
- 유리창을 쉽게 닦는 방법

3. 같은 문제, 다른 출발점

이것은 개인 또는 그룹으로 할 수 있다. 각 그룹은 같은 문제에 대해 다른 출발점을 제시하고, 발표한다. 여기에서 중요한 것은 각 그룹에서 실제로 그 출발점을 사용했는가의 여부다. 왜냐하면 문제를 분명한 방식으로 생각하고, 그 방식과 출발점을 연결시키려고 하기 때문이다.

- 제시된 문제

  비 올 때 비를 맞지 않고 길을 가는 방법

- 제시된 출발점

  우산을 가지고 다니는 불편함

  여러 사람들이 1개의 우산을 쓰고 있을 때의 어색함

  비 올 때 왜 밖에 나가는가?

  비를 맞지 않는 것이 왜 문제인가?

4. 생략된 정보 – 이야기

사람들은 이야기를 하면서 꼭 필요한 내용이 아니면 보통 생략한다. 하지만 다른 사람이 이야기한 방식이 아니라 그 상황 자체를 검토하고 싶다면 생략된 정보를 보충해야 한다. 교육생들에게 신문에 나온 이야기나 잘 알려진 이야기를 말해주고, 생략된 부분을 찾아 발표하도록 한다. 예를 들어 '철수와 영희가 물을 뜨기 위해 언덕을 올랐다. 그런데 철수가 넘어져서 머리를 다쳤고, 그 후 영희가 굴러 떨어졌다.'는 이야기를 들은 교육생들은 '그들이 언덕을 올라가고 있었을까, 내려가고 있었을까?', '영희는 다쳤을까?', '영희는 왜 넘어졌을까?', '철수는 왜 넘어졌을까?', '그들은 물을 뜨기 위해 왜 언덕을 올라갔을까?'와 같이 물을 수 있다.

5. 생략된 정보 – 그림

이야기 대신에 사진이나 그림을 이용할 수도 있다. 우선 한 사람이 사진을 자세히 보고 다른 사람들에게 그것에 대해 설명해주면 다른 사람들은 그 설명을 들으면서 떠오르는 그림을 간단하게 그린다. 각각의 그림들을 살펴보면 설명에서 빠진 정보를 알 수 있다. 다른 방법은 한 사람이 사진을 보고 설명해주면, 다른 사람들이 묻는 것이다. 사진을 설명하는 사람은 물음에 대답하면서 그 부분에 주의를 기울이게 된다.

6. 보충 정보

교육생들에게 그림을 보여주고 각자 얻은 정보를 적도록 한다. 그리고 결과를 모아 비교한다. 가장 많이 적은 교육생과 가장 적게 적은 교육생을 비교하면 주의가 얼마나 한정되어 있는지 알 수 있다.

7. 점검표

교육생들에게 문제를 제시하고, 주의를 환기시킬 수 있는 다른 특징들을 찾도록 한다. 교육생들은 자발적으로 발표할 수도 있고, 각자 작성한 목록을 나중에 비교할 수도 있다.

- 제시된 문제:
  사람을 깨우지 못하는 자명종 시계
  욕조 디자인
  빨래줄 설치하기
  공항 건설부지 결정하기
  자동차 소음 줄이기

8. 탐정 소설

대부분의 탐정 소설을 보면 특정한 요소를 고려하지 않거나 출발점을 잘못 선택해서 범인을 찾는 데 어려움을 겪는다. 인기 있는 탐정 소설의 작가는 그 두 가지 실수를 모두 이용한다. 교육자는 범인에 대한 충분한 단서를 포함해서 탐정이 등장하는 짧은 이야기를 만들어 읽어 준다. 교육생들은 범인을 고르고 그 이유를 생각한 후에 이야기를 다시 써서 발표한다. 그 이야기를 통해 얼마나 많은 교육생들이 올바른 결론에 이르렀는지 살펴본다. 이야기를 완성한 교육생들에게 단서를 어떻게 포함했는지 설명하도록 한다.

요약

출발점의 선택에 의해 상황이나 문제가 구조화되는 방식이 크게 차이 난다. 주로 분명한 출발점이 선택된다. 그러한 출발점은 이미 머릿속에 확립된 패턴에 의해 결정되기 때문에 다시 그것을 사용하면서 만족해한다. 사람들은 항상 같은 결론에 도달하게 될 것이므로 출발점의 선택은 그리 중요한 것이 아니라고 생각한다. 하지만 그렇지 않다. 모든 사고 과정은 출발점의 선택에 의해서 결정되기 때문이다.

주의 영역은 제한되어 있고, 우리가 사용할 수 있는 정보보다 훨씬 적은 정보만을 포함하고 있다. 만일 주의 영역에서 고려되지 않은 것이 있다면 그것에 관심을 가질 방법은 없다. 보통 고려된 것은 생략된 부분을 보여주지 않는다. 그리고 관심은 가장 분명한 영역에 머물게 된다. 주의를 조금만 돌려도 상황을 재구성할 수 있기 때문에 우리는 상황의 모든 부분뿐만 아니라, 특별히 그럴 필요가 없을 것 같아 보이는 부분에서도 주의를 환기시키기 위해 노력해야 한다.

임의의 자극

수평적 사고를 촉진할 수 있는 세 가지 방법은 첫째 수평적 사고의 이론과 그 필요성, 수직적 사고 패턴의 경직성을 이해하고, 둘째 원래의 패턴을 발전시키고 재구성할 수 있는 확실한 기술을 사용하며, 셋째 상황을 의도적으로 변화시켜서 패턴을 재구성할 수 있도록 자극하는 것이다.

지금까지 다룬 대부분의 기술은 아이디어 안으로부터 작용했다. 아이디어는 특정한 과정을 따라 발전하는데, 그 과정은 정보와 합쳐져서 새로운 패턴으로 만들어지는 것을 허용하는 주의를 포함한다. 그와는 반대로 아이디어 밖에서 일부러 자극을 가할 수도 있는데, 바로 임의의 자극이 그런 경우이다.

지금까지 다룬 몇 가지 수평적 사고의 방법은 수직적 사고와 많이 다르지 않다. 하지만 그것이 사용되는 방식이나 의도는 상당히 다르다. 임의의 자극을 사용하는 것도 그것이 근본적으로 수직적 사고와 다르기 때문이다. 수직적 사고는 상황과 관련된 정보만을 다루면서 관련없는 정보를 골라내는 데 대부분의 시간을 소비한다. 하지만 임의의 자극은 어떤 정보든지 사용하며, 전혀 관련없는 정보도 버리지 않는다. 오히려 관련없는 정보가 더 유용할 수도 있다.

임의의 정보 생성

임의의 자극을 일으키는 두 가지 주된 방법은 노출과 형식적인 생성이다.

노출

노출과 형식적인 생성을 구분하는 이유는 단지 편리하기 때문이다. 만일 임의의 자극과 관련된 상황에 능동적으로 참여한다면 그것은 노출이기도 하고, 형식적인 생성이기도 하다. 다음은 임의의 자극이 사용되는 방법이다.

① 임의의 정보를 받아들인다. 상황과 관련 없어 보이는 정보를 버리는 대신 임의의 정보로 여기고 관심을 갖는다. 그것은 앞으로

일어날 일에 관심을 갖는 태도일 뿐 그 이상의 활동을 포함하지 않는다.

② 다른 사람의 아이디어에 노출시킨다. 브레인스토밍에서 다른 사람의 아이디어는 그것을 그대로 따를 필요가 없다는 점에서 임의의 정보로 작용한다. 다른 사람의 아이디어가 거슬려도 그것을 듣는 것은 유용할 수 있다.

③ 완전히 다른 분야의 아이디어에 노출시킨다. 완전히 다른 분야에서 일하는 사람과 어떤 문제에 대해 이야기를 하는 것이다. 예를 들어 의사가 경제 분석학자나 패션 디자이너와 함께 행동체계에 대해 이야기하거나 자신과 전공이 다른 사람이 자신의 전공에 대해서 이야기하는 것을 들을 수도 있다.

④ 임의의 자극에 대해 물리적으로 노출시킨다. 이것은 다양한 사물들이 있는 곳을 돌아다니는 것을 포함한다. 예를 들어 잡화점이나 장난감 가게 같은 곳을 돌아다니는 것일 수도 있고, 관심 없는 전시회에 가는 것일 수도 있다.

노출 방법을 사용할 때는 '어떤 것을 절대로 찾지 않는다'는 것을 알아야 한다. 사람들은 관련된 것이 있는지 보려고 전시회에 가거나 특정한 문제에 대해 다른 분야에 종사하는 사람의 견해를 듣기 위해 그와 이야기를 할 수 있다. 하지만 그러한 것들이 목적이 아니다. 만일 관련된 것을 찾기 위해 전시회에 간다면 이미 관련된 아이디어를 정해놓게 되고, 상황을 바라보는 방식으로부터 관련된 아이디어만을 찾게 된다. 따라서 완전히 의식을 비우고, 주의를 끌만한 것을 기다려야 한다. 설령 주의를 끌만한 것이 없다 하더라도 유용한 무언가를 찾으려고 하지 말아야 한다.

임의의 정보의 형식적인 생성

주의는 수동적인 과정이기 때문에 전시회에서 관련된 것을 찾지 않으려고 해도 관련된 것으로 주의가 쏠리기 마련이다. 이미 상황을 바라보는 방식이 정립되었기 때문에 아무리 노력해도 선별하게 되는 것이다. 그것은 임의의 정보의 본질 을 감소시키기는 하지만 여전히 효과적일 수 있다. 정말로 임의의 정보를 사용하려면 그것을 일부러 만들어내야 하는데, 이는 임의의 정보가 우연히 일어나야 한다는 점에서 모순처럼 보인다. 그러나 우리가 실제로 하는 일은 기회를 갖기 위해 형식적인 과정을 만드는 것이다. 그러기 위해서 아래 세 가지를 사용할 수 있다.

① 임의의 단어를 얻기 위한 사전 사용. 이것은 이 장의 뒷부분에서 더 자세히 다루기로 하겠다.

② 도서관의 책이나 잡지를 이용한 임의적인 선택. 이것은 종류에 관계없이 진열장에서 아무 책이나 잡지를 꺼내는 것이다. 책이나 잡지를 펼치고 전혀 관련없는 내용처럼 보여도 상관하지 말고 읽어라. 이것은 단지 임의의 입력을 만들어 내기 위해서 습

관이나 일상을 어떻게 일부러 만들 수 있는지 보여주는 예이다.

③ 주위의 사물을 고르기 위해 특정한 경로를 사용. 예를 들어 가장 가까이에 있는 빨간색 물체를 선택하는 것이다.

임의의 자극의 효과

임의의 자극이 왜 효과적이어야 하는가? 왜 전혀 관계없는 정보가 기존의 패턴을 재구성할 수 있게 도와주어야 하는가?

임의의 자극은, 의식이 스스로 극대화하는 기억 시스템으로서 기능하기 때문에 효과가 있다. 그러한 시스템은 제한적이고 응집된 주의 범위를 가지기 때문에 2개의 정보가 따로 존재할 수 없다. 만일 전혀 관련없는 2개의 정보가 있다면, 그 중 하나는 무시되고 다른 하나만이 주의를 끌 것이다. 하지만 의도적으로 2개의 정보에 주의를 기울인다면, 결국 2개의 정보는 연관된다. 주의가 2개의 정보 사이에서 빠르게 교대하면 나중에 단기 기억이 그 사이를 연결할 것이다. 이런 형태의 시스템에서 서로 관련된 것은 없다.

기억의 표면에 확립된 패턴은 안정적이다. 그것은 변하지 않는다는 것이 아니라 변화가 안정적이라는 것이다. 사고의 흐름도 안정적이다. 그러한 상태는 새로운 정보가 갑자기 유입되면서 바뀌게 된다.

새로운 정보가 조금만 유입되면, 새로운 평형 상태는 별다른 변화 없이 과거의 평형 상태와 거의 비슷할 때가 있다. 그러나 그때를 제

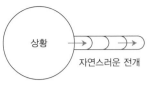

자연스러운 전개

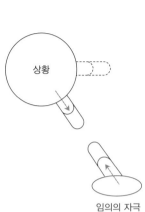

임의의 자극

외하면 대부분 완전한 재구성이 일어난다.

임의의 자극은 두 가지 방식으로 작용할 수 있다. 임의적인 정보는 고려 중인 문제의 새로운 출발점을 만들 수 있다. 앞 페이지의 그림은 상황이 전개될 수 있는 자연스러운 방식을 나타낸 것이다.원래 상황에 임의적인 정보가 더해져 관련된 결과 새로운 출발점이 생기고, 원래 상황의 전개 양상이 바뀌는 것이다.

임의의 정보는 유추로 작용할 수도 있다. 사전의 단어 하나가 그 나름의 전개 과정을 가진 상황을 제공한다. 어떤 단어가 문제의 전개와 관련되면 유추 효과를 얻는 것이다.

임의의 단어의 자극

임의의 단어의 자극은 실제적이고 분명한 과정이다. 예를 들어 난수표(0에서 9까지의 숫자를 무질서하게 늘어놓은 표)에서 임의의 숫자를 골라 그 숫자에 해당하는 페이지를 선택할 수 있다. 그러고 나서 다시 임의의 숫자를 골라 그 숫자에 해당하는 단어를 선택할 수도 있다. 간단히 2자리의 숫자를 떠올리는 방법으로 찾을 수도 있다. 아니면 주사위를 던질 수도 있다. 사전을 펴놓고 그럴듯하게 보이는 단어를 찾을 때까지 들춰보는 일은 하지 말라. 그렇게 하면 선별이 될 수 있기 때문에 이 과정의 의미가 없어진다.

임의의 숫자 473, 13을 고른 후 영어사전에서 찾았더니 '올가미'라는 단어가 나왔다. 주제는 '주택부족'이었다. 3분 동안 다음과 같은 아이디어가 떠올랐다.

- 올가미 – 올가미 죄기 – 형(刑)의 집행 – 주택 문제를 집행할 때, 어려운 게 무엇인가? – 어떤 부문에 문제가 있는가, 자본인가, 노동인가, 토지인가?
- 올가미가 죄어진다 – 현재 인구 증가율을 보면 상황은 더 악화될 것 같다
- 올가미 – 고리(loop) – 조절 가능한 고리 – 필요한 만큼 늘일 수 있는, 조절 가능한 둥근 집은 어떨까? – 접어둔 벽을 펴주기만 하면 된다 – 난방, 벽과 천장, 가구를 고려해야 하므로 우선은 너무

큰집을 갖지 않는 것이 좋다 – 하지만 필요할 때마다 한 단계씩 늘일 수 있어 편리하다

- 올가미 – 덫 – 잡다 – 노동시장의 일부 점령 – 사로잡다 – 매매의 어려움과 번거로운 문제들로 인해 주택 소유권에 매인 사람들 – 이동성의 부족 – 교환 가능한 단위로서의 주택 – 형태별로 분류 – 비슷한 형태의 주택 직접 교환

위의 아이디어들 중 어떤 것은 유용할 수 있고, 어떤 것은 유용하지 않을 수 있다. 모든 아이디어는 수직적 사고를 통해 떠올랐을 수도 있다. 하지만 반드시 그런 것은 아니다. 앞에서 언급했듯이 논리적인 아이디어는 나중에 살펴보아도 그것을 떠올린 과정을 논리적으로 알 수 있다. 그렇다고 아이디어가 반드시 논리적 수단을 통해 떠올랐을 거라고 말하는 것은 아니다. 때때로 임의의 단어와의 관련성은 그 단어가 아이디어를 자극하는 것이 아니라 아이디어가 떠오르고 난 후에서야 효과를 나타낼 수도 있다. 그럼에도 불구하고 임의의 단어를 사용하는 것은 짧은 시간 내에 다양한 아이디어를 자극하기 때문이다.

임의의 단어는 종종 고려하고 있는 문제와 관련된 단어들을 만들어내는 데 사용되기도 한다(예: 올가미 – 집행 – 문제, 올가미 – 덫 – 붙잡다). 아이디어의 고리는 문제와 관련을 맺기 위해 임의의 단어에서 뻗어나간다. 때로는 올가미의 기능이 문제로 옮겨간다(예: 올가미 죄기, 조절할 수 있는, 둥근). 임의의 단어는 이런 식으로 쓰일 수도 있고, 다른 여

러 방식으로 쓰일 수도 있다. 단 한 가지의 방식만 옳은 것이 아니다. 어떤 경우에는 동음이의어나 반대말로, 또는 발음을 약간 다르게 해서 사용할 수도 있다. 단어는 오직 사고를 진전시키기 위해서만 사용한다. 무엇을 증명하거나 임의의 단어의 자극이 유용하다는 것을 증명하기 위해서 사용하는 것도 좋지 않다.

허용된 시간

앞의 예에서 허용된 시간은 3분이다. 그 정도면 아이디어를 자극하기에는 충분히 긴 시간이다. 만일 단어 하나로 너무 오랫동안 생각하면 지루해질 수 있다. 연습을 충분히 하고, 자신감을 가지면 3분도 충분하다. 임의의 단어 하나를 가지고 생각을 마친 뒤 바로 다른 임의의 단어를 찾아서는 안 된다. 그것은 적당한 단어를 찾을 때까지 계속 찾는 것이 습관으로 굳어질 수 있기 때문이다. 적당하다는 것은 단지 기존의 관점에 맞는다는 것을 의미한다. 만일 다른 단어를 사용하고 싶다면 반드시 다른 상황이어야 한다. (더 좋은) 다른 단어로 사고를 전환해야겠다는 생각은 첫번째 단어의 효과를 감소시킬 뿐이다. 정해진 시간을 다 보낸 후에 더 나은 아이디어가 나올 수도 있다. 그러면 적어둔다. 하지만 종일 그 단어로부터 최대한 좋은 것을 끌어내려고 하지는 말라. 어떤 문제에 대해 매일 3분 동안만 임의의 단어를 사용하는 습관을 기르자.

확신

　임의의 자극을 성공적으로 사용하는 데 가장 중요한 요소는 확신이다. 성급함이나 노력이 아니다. 처음에는 아이디어가 천천히 떠오르기 때문에 확신을 갖기 힘들다. 하지만 어떤 것도 서로 관련없는 것이 없다는 것을 경험적으로 깨닫고, 임의의 자극을 다룰 수 있는 방법을 배울수록 확신을 갖는 것은 점점 더 쉬워질 것이다.

연습

1. 임의의 단어와 관련짓기

　교육생들에게 문제를 제시한다. 그리고 임의의 숫자를 2개 골라 하나는 사전의 페이지를 선택하는 데 쓰고, 다른 하나는 선택된 페이지에서 단어를 고르는 데 쓴다. 사전에서 해당되는 단어를 찾아 뜻과 함께 적는다. 교육생들에게 어떻게 그 단어가 문제와 관련될 수 있는지 생각해서 발표하게 한다. 우선 교육자는 교육생들이 이 과정에 익숙해질 때까지 스스로 관련된 내용을 만들 수 있어야 한다. 교육생들이 발표를 하면 간단하게 부연 설명을 하되 발표 내용을 적지는 말라. 약 5분에서 10분간 진행한다. 다음은 이 과정을 연습하기 좋은 문제들이다.

　• 가게에서 좀도둑 문제를 다루는 방법

- 자동차 사고 줄이기
- 여닫기 쉬우면서 사람들이 떨어질 위험이 없는 창문의 새로운 디자인
- 전등갓의 새로운 디자인

만일 교육자가 임의의 단어를 사용할 자신이 없다면, 사전을 사용하는 것보다 아래의 단어를 사용하는 것이 낫다. 이 경우 교육생들에게 1에서 20까지의 숫자 중에 고르도록 한다.

1. 잡초	11. 부족
2. 녹	12. 인형
3. 가난	13. 코
4. 확대하다	14. 연결
5. 거품	15. 표류
6. 금	16. 의무
7. 틀	17. 초상화
8. 구멍	18. 치즈
9. 대각선	19. 초콜릿
10. 진공	20. 석탄

2. 같은 문제, 다른 단어

여기서는 문제가 주어지고, 각각 다른 임의의 단어를 사용한다. 교

육생들은 각자 자신의 생각대로 사고를 전개해 나가고, 자신이 선택한 임의의 단어가 어떻게 문제와 관련된 아이디어를 만들어내는지 살펴본다. 그리고 살펴본 내용을 적어 마지막에 모은다. 시간이 되면 임의의 단어에 따른 접근 방식이 일관적인지 분석해볼 수 있다. 임의의 단어에 따라 다른 방식이지만 같은 아이디어에 도달할 수도 있을 것이다. 시간이 별로 없다면 나온 결과 중에 몇 개만 무작위로 선택해서 읽어준다. 아니면 사고의 고리에서 마지막 아이디어만 읽어준 후에 임의의 단어가 무엇이었을지 맞춰보도록 하거나 그런 아이디어를 이끌어 낸 사고 과정에 대해 생각해 보도록 한다. 예를 들어 만일 문제가 '휴일'이고, 임의의 단어가 '칠면조'라면 사고의 고리는 이렇게 전개될 수 있다: 칠면조 – 특별한 음식 – 크리스마스 – 특별한 휴일 – 특별한 목적의 다른 휴일들. 그렇다면 '특별한 목적의 다른 휴일들'만 읽어주고 임의의 단어가 무엇이었을지 맞춰보도록 한다.

교육생들에게 2, 3개의 임의의 단어를 말해준다. 그것보다 많으면 혼란스러울 것이다. 단어는 사전이나 앞에 제시된 단어들 중에서 고른다. 다음은 이 과정에서 사용할 수 있는 문제들이다.

- 소방 장비의 디자인
- 해변의 기름 청소하기
- 정원의 잡초 제거하기
- 플라스틱으로 옷 만들기

3. 같은 단어, 다른 문제

이것은 교육생들이 혼자 하거나 다 함께 할 수 있다. 임의의 단어를 정한 뒤 교육생들에게 주어진 2, 3개의 문제 중에서 1개씩 고르게 한다. 교육생들은 임의의 단어를 자신이 고른 문제와 연관시킨다. 마지막에 같은 단어의 다른 쓰임새를 보여주기 위해 결과를 비교한다.

교육생이 모두 참여할 때는 3개의 문제를 제시한다. 그리고 임의의 단어를 3개의 문제에 각각 차례로 관련시켜 본다. 각 문제당 5분 정도의 시간을 할애한다. 교육자는 교육생들이 자발적으로 발표하도록 하고, 침묵이 흐를 때만 자신의 생각을 덧붙인다. 3개의 문제를 한꺼번에 다 칠판에 적어두는 것은 좋지 않다. 왜냐하면 교육생들이 다음 문제에 대해서 미리 생각할 수 있기 때문이다. 다음은 가능한 임의의 단어다.

- 유출
- 엔진
- 요리
- 잎사귀

다음은 가능한 문제다.

- 쉽게 사용할 수 있도록 정보를 저장하는 방법
- 무엇을 배우는 시간을 단축하는 방법

- 나무를 오르는 데 도움을 주는 장치
- 더 나은 영화 디자인

4. 스스로 문제 만들기

교육생들은 자신이 다루고 싶은 문제를 스스로 정한다. 그리고 종이 두 장에 이름이나 번호를 적은 후 한 장은 교육자에게 제출한다. 이렇게 하는 이유는 임의의 단어가 주어졌을 때 문제를 갑자기 바꾸지 못하게 하기 위한 것이다. 모두 제출하면 임의의 단어를 준다. 이때 교육자가 제시한 숫자로 교육생들이 사전에서 찾게 하거나 교육자가 직접 선택해서 줄 수도 있다.

교육자는 교육생들이 결과물을 내기 전에 임의의 단어를 어떻게 주어진 문제와 결부시켰는지 발표하도록 한다. 그 과정에서 교육생들은 같은 단어가 다른 상황에서 각각 어떻게 사용되었는지 알 수 있다. 만일 전혀 사고를 진전시키지 못한 교육생이 있다면, 교육자는 다른 교육생들과 함께 그 문제를 임의의 단어와 어떻게 관련시킬 수 있는지 알려준다. 다음은 가능한 임의의 단어다.

- 달걀 프라이
- 드라이버
- 폭탄
- 문 손잡이

5. 임의의 물건

교육자가 물건을 선택했다면, 그것은 교육자에게 임의의 것이 아닐지라도 교육생들에게는 임의의 것이 된다. 물건이 단어보다 좋은 이유는 물건 자체가 그것을 묘사하는 단어보다 더 많은 방법으로 관찰될 수 있기 때문이다. 물건을 다양한 방법으로 상상할 수 있어야 하지만 실제론 그렇지 못하다. 물체의 기능이 다른 모든 상상을 막는 경향이 있다. 교육생들에게 문제를 제시하고, 임의의 물건을 준다. 그 물건을 어떻게 문제와 관련지을 수 있을지 발표하게 할 수도 있고, 나중에 각각의 결과에 주석을 달아줄 수도 있다. 아니면 교육생들이 자신의 결과를 설명하게 할 수도 있다. 다음은 가능한 물건이다.

- 신발
- 치약튜브
- 신문
- 사과
- 스펀지
- 컵

다음은 가능한 문제이다.

- 수영 배우기
- 시계의 새로운 디자인

- 장애인들이 침대에 오르내리기 쉽게 하는 장치
- 하수구 뚫기

요약

확립된 패턴으로 사고를 하면 자연스러운 발전 과정을 따르게 되어 패턴을 재구성할 가능성이 거의 없다. 보통은 통찰력의 재구성을 유발하는 정보가 나타나기를 가만히 앉아 기다린다. 그러나 임의의 자극은 원래의 패턴을 혼란시키기 위해 관계없는 정보를 일부러 섞는다. 그런 혼란을 통해서 패턴을 재구성할 수 있으며, 그렇지 않다 해도 사고의 새로운 발전 과정을 밟을 수 있다. 임의의 정보를 입력하는 것이 효과적이기 위해서는 의식적으로 선택하지 말아야 한다. 왜냐하면 선택하는 동시에 관계가 생기고, 혼란의 효과가 감소하기 때문이다.

개념/분할/양극화

Division

　제한되고 일관된 주의 범위는 스스로 극대화하려는 기억의 표면에서 발생한다. 주의 범위가 제한되었다는 것은 전체 환경의 일부와만 반응한다는 것을 의미한다. 따라서 전체 환경과 모두 반응하기까지는 오랜 시간이 걸릴 것이다.

　전체 환경은 여러 개의 주의 영역으로 나뉘어 진다. 그 과정에서 하나의 주의 영역이 선택되거나 환경이 주의 영역의 수만큼 나뉘어 진다. 다음 페이지의 그림을 보면 그 차이를 잘 알 수 있을 것이다. 그림은 전체를 포함하는지의 여부 외에는 아무런 차이가 없다. 이와 같은 과정은 몇 가지 유용한 장점이 있다.

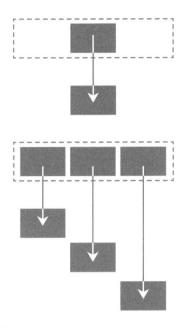

① 환경의 일부는 명확하게 반응한다. 따라서 전체 환경이 유용한 것과 위험한 것을 포함하고 있다면 각각에 대해 다르게 반응할 수 있다.

② 새롭고 친숙하지 않은 상황을 익숙한 특징들로 설명할 수 있다.

③ 분리된 부분들은 이동할 수 있고, 다른 방식으로 결합될 수 있다. 그것을 통해서 원래 상황에서는 나올 수 없었던 결과를 만들어낼 수 있다.

④ 상황을 전체가 아닌 일부로 설명하기 때문에 의사소통이 가능하다.

단위로 나누고, 단위를 선택해서 다른 방식으로 결합하는 것은 강력한 정보 처리 시스템을 제공한다. 모든 기능들은 의식의 메커니즘으로부터 직접 발생한다.

재조합

앞의 그림은 전체 환경을 나누는 것으로 단위들이 어떻게 만들어지는지를 보여준다. 하지만 다른 단위들을 합해서 새로운 단위들을 만들 수 있다. 그렇게 해서 만들어진 단위는 완전한 것으로 여겨진다.

단어, 이름, 라벨

전체 상황을 나누거나 다른 단위들을 합해서 새로운 단위를 만들면, 그것에 다른 단위와 구분되는 이름을 붙여 패턴으로 고정하는 것이 편리하다. 이름은 새로운 단위를 그 자체로 새로운 패턴이 되게 하고, 단위를 이동한다. 이름을 가지면 주위의 것들과 더 명확하게 구분되고, 그 자체로 존재할 수 있기 때문이다. 이름은 특별히 여러 단위들을 합해서 새로운 단위를 만들어 낼 때 유용하다. 새로운 단위는 이름을 가졌을 때만 존재한다. 이름이 없으면 그것은 원래의 단위들로 다시 분해될 것이다.

단위의 이름을 사용하는 것은 의사소통을 위해 필수적이다. 이름은 복잡한 상황을 작게 나누어 주기 때문이다.

이름은 의사소통에서 사용되기 위해 반드시 고정되어야 하고, 영구적이어야 한다. 어떤 단위에 일단 이름이 주어지면 그 단위의 형태는 그대로 굳어진다. 이름 자체가 변하지 않기 때문이다. 이러한 이름의 특징은 의사소통에서 아주 중요하며, 상황을 이해하는 데도 유용하다. 그래서 사람들은 이름을 사용하는 것이 편리하다고 생각하지만, 이름이 반드시 필요하지는 않다.

통념

통념(myth)은 의식에서 처음으로 비롯된 패턴이다. 일단 패턴이 형성되면 특정한 상황 속에서 그 패턴을 정당화시키거나 상황을 바라보는 방식을 조작해서 잘못된 정당화에 이르게 한다. 일단 이름을 가지게 되면 그 자체로 영향을 끼쳐서 더 많은 이름을 만들어낸다. 그래서 만일 어떤 단어가 있을 때 그 반대되는 의미의 단어를 만들기 위해서는 그것 앞에 'un'만 붙이면 된다. 그리고 나서 새로운 단어가 적절한지 따져볼 수 있다. 그와 비슷하게 2개의 단어가 있으면 그것들을 합쳐서 다른 단어를 만들 수 있다. 아래 그림은 그 과정을 나타낸 것이다. 그러한 단어들은 상황이 아니라 단어에서 비롯된 것이지만, 실제 사물을 가리키는 보통 단어와 아주 똑같이 다루어진다. 그리고 상황에서 무언가를 따르는 대신 먼저 나타나고, 실제로 무언가를 만들어낸다. 두 종류의 단어 모두 같은 정도의 영속성과 현실성을 가지고 있고, 똑같은 방식으로 사용된다.

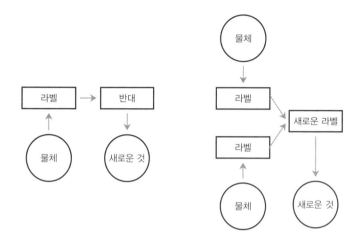

이름이 붙여진 단위의 한계

이름이 붙여진 단위의 장점은 영속성이다. 그러나 그것은 곧 단점이기도 하다. 이름, 라벨, 단어, 이 세 가지는 스스로 고정되며 변하지 않으려고 한다. 그러므로 이름이 붙여진 단위, 그것들을 배열해서 만든 패턴 역시 고정되며, 변하지 않으려고 한다.

가장 큰 단점은 이름이 붙여진 단위가 더 이상 편리하지 않다는 것이다. 오히려 제약이 될 수도 있다. 이름이 붙여진 단위들의 조합(개념)은 더 제한되어 있는데, 그것이 사물을 바라보는 고정된 방식을 강요하기 때문이다. 예를 들어 쌀을 주식으로 하는 나라에 가뭄이 들자 다른 나라들이 옥수수를 보내주었다. 하지만 가뭄이 든 나라 사람들은 그냥 굶었다. 그들은 '옥수수는 동물이 먹는 음식'이라고 생각했기 때문이다.

이름이 없어도 개념은 반복적으로 사용되고, 점차 친숙해져서 고정된다. 라벨을 붙이는 것은 그 과정을 가속화시킨다. 이름이 붙여진 단위의 과정에서 비롯된 제한들은 다음과 같다.

① 분할을 통해 2개의 단위를 만들고, 이름을 붙인다. 그러고 나서 원래 상황을 3개의 단위로 나누는 것이 훨씬 편리할 것이다. 그것은 다음 페이지의 그림에서 확인할 수 있다. 새로운 단위를 확립하는 것은 어려운데, 그것은 2개의 단위에서 각각 일부를 잘라낸 후에 그것들을 합해서 만들어야 하기 때문이다.

② 아래의 그림은 단위의 조합이 어떻게 새로운 단위로 확립되는지 보여준다. 만일 조합을 바꾸는 것이 쉬워지면 새로운 단위가 추가된다. 하지만 기존의 단위를 제거하는 것은 어렵다.

③ 단위가 나뉘고 이름이 붙여지면 그것이 전체의 일부인지 아닌지 알기 어렵다.

④ 단위들의 전체 조합에 하나의 이름이 붙여지면 그것이 단위들이 합쳐져서 이루어졌는지 아닌지 알기 어렵다.

⑤ 분할한 후 나뉜 부분들을 연결하는 것은 어렵다. 만일 어떤 점에서 과정이 끊어져서 그 점의 앞부분을 '원인'이라 부르고, 뒷부분을 '결과'라고 부르면 이후에 그 점을 연결했을 때 전체를

'변화'라고 부르기도 어렵다.

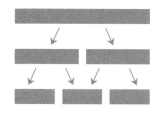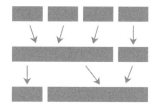

결코 이름이 의미가 있는 것은 아니다. 그러나 단위가 나뉘고 조합되어 라벨로 고정되면 다른 단위들을 합하는 것이 어려워진다.

양극화

기존의 패턴을 바꾸는 일보다 전혀 다른 2개의 패턴을 만드는 것이 훨씬 더 쉽다. 만일 새로운 패턴이 기존의 것과 크게 다르지 않다면 기존의 것으로 바꿀 수 있을 것이다. 기존의 패턴은 기준이 되는 패턴의 반복처럼 여겨지면 흡수하는 경향이 있기 때문이다. 그러나 그것은 정보를 왜곡시킨다. 정보에 의해 만들어진 패턴은 기존의 패턴으로 이동한다. 만일 기존의 패턴이 2개 있다면 그 중 1개로 이동할 것이고, 이 양 극으로 나뉘어져 있다면 둘 중 하나의 극으로 이동할 것이다.

그것은 나란히 놓여있는 2개의 나무 상자 중 한 상자에 탁구공을 넣는 상황과 같다. 공은 두 상자의 경계선에서 균형을 이루고 있을 수 없다. 만일 상자의 경사가 완만하다면 탁구공은 오랜 시간 동안 이동할 것이다. 그 과정은 아래 그림을 통해서 알 수 있다.

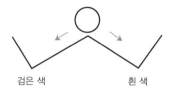

만일 2개의 상자 중 하나에는 '검은 공'이라는 라벨이, 다른 상자에는 '흰 공'이라는 라벨이 붙어 있다면 각각의 공은 검은색인지 흰색인지에 따라 적절한 상자에 넣을 수 있다. 그러나 만일 회색 공이 있다면 그 공을 어느 상자에 넣을지 생각해야 한다. 그 공은 흰색인 것처럼 흰색 공을 넣는 상자에 넣어질 수도 있고, 검은색인 것처럼 검은색 공을 넣는 상자에 넣어질 수도 있다. 그 공의 본질이 기존의 패턴에 맞추기 위해서 변하는 것이다.

각각의 라벨이 붙어 있는 일련의 상자가 머릿속에 그려질 것이다. 그리고 각각의 항목이 나타날 때마다 가장 적합한 라벨이 붙어 있는 상자에 넣어지게 되는 것이다. 이때 가장 적합한 라벨이 실제로 가장 적합한지는 중요하지 않다. 라벨이 사용 가능하다면 항목을 라벨에 맞게 이동시킬 수 있기 때문이다. 일단 이동이 끝나면 그 상자로 넣어진 항목이 거기에 들어있는 다른 항목들과 다르다고 할 수 없다.

어떤 상자에도 쉽게 들어갈 수 없는 항목의 적합한 상자를 찾기 위해서는 두 가지를 고려해야 한다. 바로 그 항목이 어떤 상자에 맞춰져야 한다는 것과 그 항목이 어떤 특정한 상자에 맞춰져서는 절대로 안 된다는 것이다. 그래서 회색 공에 대해서 '회색은 흰색과 거의 같기 때문에 흰색 공을 넣는 상자에 들어가야 한다'나 '검은색은 사실어떤 색도 없는 것이기 때문에 회색 공은 검은색 공을 넣는 상자에들어갈 수 없다'라고 말할 수 있다.

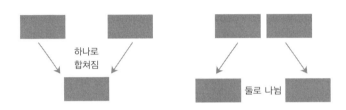

만일 두 항목이 비슷하다면 비슷한 점에 주목해서 그 2개가 똑같다고 말할 수 있다. 아니면 다른 점에 주목해서 그 2개는 다르다고 말할 수 있다. 2개의 항목은 비슷하다는 이유로 합쳐지거나 다르다는이유로 나누어 질 수 있다. 앞 페이지의 그림처럼 합쳐지거나 나누어지는 방향으로 이동하게 된다.

이와 비슷하게 확립된 라벨이 있을 때, 새로운 항목은 그 라벨에들어갈 수도 있고 그렇지 않을 수도 있다. A와 B로 명확하게 나뉜 공동체에 낯선 사람이 들어왔을 때, 그 사람은 A 중 하나 또는 B 중 하나로 여겨진다. 아마 그 사람은 양쪽 그룹 중 어디에라도 속할 수 있는 성격을 골고루 가졌을 것이다. 하지만 일단 그룹이 정해지면 그의성격은 단번에 변화되어 그 그룹의 성격과 정확하게 맞춰지는 것이다. 그 사람은 양 극 중 한 극으로 들어갈 것이고, 더 이상 두 그룹 사이에 있을 수 없게 된다.

이러한 양극화 시스템은 아주 효과적이고 실용적이다. 몇 개의 중요한 범주를 확립한 후에 모든 것을 그 범주 안으로 밀어 넣으면 된다. 그리고 모든 항목을 자세하게 평가하고 어떻게 반응할 것인지 결정하는 대신 그것들이 어떤 범주에 속할지에 대한 것만 평가하면 된다. 그것 역시 정확할 필요는 없고, 다만 어느 한 범주에 넣기만 하면 된다. 일단 어느 한 범주에 들어가기만 하면 반응은 쉽다. 왜냐하면 범주가 확립되어 있으면 항목에 대한 반응 역시 확립되어 있기 때문이다.

새로운 상황을 관찰할 때는 '먹고 싶은 것'과 '먹기 싫은 것', 두 가지 범주를 갖게 된다. 그것이면 충분하다. 평가한 것은 두 가지 범주 중 한 쪽으로 넣을 수 있다. 구체적으로 분류할 필요는 없다. 즉 '맛은 없지만 몸에 좋은 것', '먹고는 싶은데 목마르게 하는 것', '맛은 있는데 몸에 안 좋은 것', '잘 모르지만 먹어볼 만한 것' 등은 제외되는 것이다.

새로운 범주

새로운 범주는 언제 생길까? 항목이 어떤 상자에도 맞지 않아서 새로운 상자를 만들어야 한다는 결정은 언제 할까? 회색 공은 '회색'이라고 표시된 상자에 담아야 한다는 결정은 언제 할까? 낯선 사람은 A도 아니고 B도 아닌, 또 다른 부류라고 결정하는 것은 언제일까?

양극화는, 항목들이 많이 변화될 수 있기 때문에 새로운 범주가 생겨야 할 때가 생기지 않는다. 그리고 확립된 범주가 얼마나 많아야 하는지도 알 수 없다. 다음은 양극화 경향이 위험한 이유를 요약한 것이다.

- 범주가 일단 확립되면 영구적이다.
- 새로운 항목이 확립된 범주에 맞춰지면, 그 안에 있는 다른 것들과 어떤 차이가 있는지 알 수 없다.
- 새로운 범주를 반드시 만들어야 하는 때가 없고, 극히 적은 범주만으로도 그럭저럭 해결한다. 그러나 범주가 적을수록 항목이 왜곡되는 정도는 커진다.

수평적 사고

이름이 붙여진 단위 시스템이 효율적인 것은 분명하다. 그리고 이 시스템의 속성인 양극화가 적은 정보만을 가지고도 반응할 수 있다는 것 역시 분명하다. 의식의 모든 정보 처리 시스템은 아주 유용하고, 그것에 비하면 위에서 말한 단점들은 대수롭지 않은 것이다. 물론 이 시스템의 본질과 밀접하게 연관된 단점 역시 존재한다. 따라서 이 시스템을 효율적으로 사용하면서 단점을 알고, 적절하게 대응하기 위해 노력해야 한다.

이 시스템은 라벨에 의해 고정된다는 한계가 있다. 일단 확립된 라벨은 고착되고, 새로 들어오는 정보가 라벨을 바꾸는 것이 아니라 라벨이 새로 들어온 정보를 바꾸는 것이다.

수평적 사고의 목적이 고정된 패턴을 깨뜨리는 것이라면, 확립된 라벨은 곧 고정된 패턴의 전형적인 예이다. 다음은 라벨로부터 벗어나기 위한 세 가지 방법이다.

- 라벨을 거부
- 라벨을 무시한 시도
- 새로운 라벨 확립

라벨을 거부

- 왜 이 라벨을 사용하는가?
- 라벨이 진정으로 의미하는 것은 무엇인가?
- 라벨은 필수적인가?
- 단지 편리하기 때문에 라벨을 사용하는가?
- 다른 사람들이 사용했던 라벨을 왜 받아들여야 하는가?

라벨을 거부한다는 것은 라벨, 단어, 이름의 사용을 정면으로 거부하는 것으로, 라벨의 사용을 반대하거나 더 나은 대안이 있다는 것이 아니라 고정된 라벨을 받아들이지 않을 것이라는 의미다.

라벨을 무시한 시도

라벨은 일단 확립되면 그 안에 무엇이 들어있는지 잊어버리는 경향이 있다. 라벨 안에 있는 것을 찾기 위해서는 라벨의 존재를 무시해야 한다. 그렇게 하면 지금까지 감추어졌던 유용한 것들을 찾을 수 있다. 그리고 라벨이 유용하기는 하지만 새로운 것으로 변화시킬 필요성이 있다는 것도 알게 될 것이다. 그러나 라벨의 존재를 무시하는 것은 라벨의 편리도 없앨 수 있다. 글을 쓰거나 말을 할 때 라벨의 편리를 무시하고 새롭게 표현하려고 노력해라. 라벨을 사용해야 하는 순간에 라벨 없이 할 수 있는 방법을 찾는 것이다. 라벨을 대체할 문구를 사용하는 것은 흔치 않지만 이는 분명 유용하다. 왜냐하면 그 문구는 고정된 라벨이 할 수 없었던 방식으로 다른 것들과 상호작용하기 때문이다.

라벨을 무시하는 시도의 간단한 예는 '나(I)'라는 말이 계속 등장하는 아주 개인적인 글을 그 말을 사용하지 않고 다시 써보는 것이다. 그 과정에서 '나'를 다르게 표현할 수 있는 방법이 많다는 것과 내가 포함된 일이 그렇게 많지 않다는 것을 알 수 있을 것이다.

새로운 라벨 확립

라벨의 단점에서 벗어나기 위해 새로운 라벨을 확립하는 것은 역설적으로 보일 수 있다. 하지만 그렇게 하면 정보의 왜곡을 막을 수 있다. 양극화는 정보를 확립된 범주 안에 들어가게 하기 위해 그것을 왜곡한다. 범주의 수가 적을수록 왜곡은 심해진다. 따라서 새로운 범주를 확립하는 것으로 정보를 덜 왜곡할 수 있다. 새로운 라벨을 확립하는 목적은 기존의 라벨이 갖는 양극화 효과로부터 새로 들어온 정보의 왜곡을 막는 것이다.

　라벨은 확립되면 스스로 의미와 맥락, 전개 과정을 만들려고 한다. 만일 아이디어를 새로운 방식으로 전개시키기 원한다면, 그것이 현재의 라벨에 잘 맞아도 그 안에 넣지 않는 것이 좋다. 예를 들어 수평적 사고는 대부분의 사람들이 창의적 사고로 이해하는 내용과 상당히 중복된다. 하지만 창의적 사고는 예술적 표현, 재능, 감성, 영감 등의 의미가 복합된 것으로, 만일 수평적 사고를 정보 사용의 방법으로 여기고 싶다면 그것을 따로 분리하는 것이 낫다. '애국심'이라는 단어 역시 영웅, 의무, 미덕, '좋든지 나쁘든지 내 나라'와 같은 식으로 받아들여져 아주 영예로운 것이거나 위험한 것 중 하나로 여기게 된다. 여러 나라 중 한 나라, 개별적 문화, 경제 성장 등으로 여기기 위해서는 새로운 라벨이 필요하다.

연습

1. 라벨을 거부

　이것은 앞에서 나온 '왜'라고 묻는 기술과 비슷하다. 이름, 라벨, 개념 등을 거부하는 것은 그것들을 정의하고 설명하도록 요구하는 것이 아니라 그것들의 사용에 대해서 의문을 갖는 것이다.

　신문이나 잡지에서 기사를 골라 교육생들에게 나누어 준다. 교육생들은 상투적으로 사용된 특정한 라벨을 고른다. 전체 주장의 근본이 되는 라벨일 수 있고, 아주 흔하게 사용되는 라벨일 수도 있다. 예를 들어 경영 관련 기사에서 고를 수 있는 라벨은 '생산성', '이익률', '조정' 등일 것이다. 교육생들은 각자 라벨의 목록을 작성하고 마지막에 비교하면서 토의를 한다. 토의할 때는 라벨들이 어떻게 상투적으로 사용되는지에 초점을 맞춘다. 중요한 것은 라벨의 옳고 그름이 아니라 무엇을 정당화시켜야 할 때마다 '생산성'이라는 단어가 너무 쉽게 사용된다는 것이다. 다른 기사에서 찾을 수 있는 상투적인 단어들은 '정의', '평등', '인권' 등일 것이다. 라벨을 상투적으로 사용하는 데 따르는 위험도 토의에 덧붙인다.

2. 라벨과 토론

두 명의 교육생에게 한 가지 주제에 대해 토론하도록 한다. 다른 교육생들은 그 토론을 듣고, 거기에서 쓰인 라벨을 언급한다. 이 과정은 교육생들이 라벨을 손쉽게 사용하는 것을 알기만 해도 충분한 의미가 있다. 라벨이 정당화될 수 있는지, 말하는 기술이 어떤지 언급하는 것은 중요하지 않다. 토론에 사용할 수 있는 주제는 다음과 같다.

- 여성은 남성만큼 창의적인가?
- 어디까지 복종하는 것이 좋은 것인가?
- 배운 후 바로 사용할 수 있는 과목만을 배워야 한다.
- 만일 원하는 것을 얻지 못하면 계속해서 시도해야만 한다.
- 부모들은 아이의 숙제를 도와주어야 한다.

- 학교는 복장 규제를 없애야 한다.
- 어떤 사람들은 다른 사람들과 다르다.

3. 라벨 버리기

여기에서는 특정한 이름, 라벨, 개념 없이도 원하는 결과를 얻을 수 있다는 것을 알아야 한다. 우선 라벨을 사용하지 않고 기사를 다시 작성한다. 특정한 라벨을 많이 사용한 신문 기사를 이용하면 편리하다. 결과에 대해 이야기할 때 교육자는 라벨을 사용하지 않아서 상황을 보는 방법이 달라졌는지, 라벨 대신 상투적인 문구가 사용되지는 않았는지 따져보게 한다.

4. 토론에서 라벨 버리기

한 교육생에게 한 가지 주제로 이야기하도록 한다. 그리고 다른 교육생이 그 교육생이 말한 내용을 설명하되 그 교육생이 사용한 특정한 라벨을 사용하지 못하도록 한다. 이 방법을 교육생들 간의 토론에 적용해서 양쪽 모두 라벨을 사용하지 못하도록 하고 진행시킬 수 있다. 물론 한 쪽만 사용하지 못하도록 할 수도 있다. 다음은 토론에 알맞은 주제다.

- 전쟁 - '싸움'이라는 라벨 버리고
- 자동차 경주 - '빠른', '신속한' 등의 라벨 버리고
- 비 맞고 걷기 - '젖는다'는 라벨 버리고

- 학교 - '가르친다'는 라벨 버리고
- 경찰 - '법'이라는 라벨 버리고

5. 바꿔 말하기

토론을 하고 기사를 다시 쓸 때, 개념을 포함한 라벨을 버리는 대신 간단한 문장으로 나타내는 것을 연습한다. 앞의 방법들보다 더 간단하고 유용하다. 교육자는 신문에서 적당한 문장을 고르거나 스스로 만든 문장을 선택해서 읽어준다. 또는 그것을 칠판에 적는다. 교육생들은 문장에서 버릴 라벨에 밑줄을 긋고, 대체할 만한 문장을 발표한다. 마지막으로 원래 문장과 바꾼 문장을 비교한다. 이 과정에서는 원래의 의미를 가능한 한 그대로 유지하는 것이 중요하다. 사용할 수 있는 문장의 종류는 다음과 같다.

- 아이들은 숙제를 잘 해야 한다.
- 교육받을 수 있는 기회는 모든 사람에게 평등하게 주어져야 한다.
- 민주 국가에서 정부는 국민의 뜻에 따라 움직인다.
- 물건을 훔치다 잡힌 도둑은 감옥에 보내질 것이다.
- 딸기 아이스크림이 바닐라 아이스크림보다 맛있다.
- 접시를 바닥에 떨어뜨리면 깨질 것이다.

이때 비슷한 말을 사용하지 않도록 주의해야 한다. 그래서 위의 예에서 '잘' 대신에 '꼼꼼하게', '자세하게'라는 말을 쓰게 될 것이다. 물론 비슷한 말을 사용하지 않을 순 없다. 왜냐하면 비슷한 말이 무엇이고, 상황을 바라보는 다른 방법이 무엇인지 확인하는 것이 아주 어렵기 때문이다. 따라서 비슷한 말을 사용하되 단어 배열 순서를 달리해야 한다. 그리고 비슷한 말을 거부하는 대신 비슷한 말을 다 써버려 더 이상 쓸 말이 없게 해야 한다.

6. 헤드라인

이것은 앞에서 사용한 방법과 아주 유사하다. 다만 신문의 헤드라인을 사용한다는 것이 다를 뿐이다. 교육생들에게 헤드라인 전체를 고쳐보게 한다. 사용된 단어들을 사용하지 않으면서 의미는 똑같도록 헤드라인을 바꾸는 것이다. 헤드라인은 구체적인 라벨이 들어있지 않은 것으로 고른다.

7. 새로운 라벨

의사소통은 아주 중요하기 때문에 교육생들이 자신만의 특별한 라벨을 만들도록 권하지는 않을 것이다. 하지만 부적당한 분류와 현재의 라벨을 고려해서 교육생들이 느끼는 대로 생각을 전개시켜 보게 할 수도 있다. 그리고 어떤 사람은 '유죄'와 '무죄'가 너무 극단적인 구분이기 때문에, 법적으로는 무죄이지만 실제로는 유죄인 사람을 위한 구분이 따로 있어야 한다고 생각할 수 있다. 그 밖에 '못생긴' 것도 아니고 '잘생긴' 것도 아닌 사람을 부르는 특별한 라벨이 필요할 것이다.

새로운 단어, PO

수평적 사고를 이해하고 필요성을 느끼는 것은 그것을 활용하기 위한 첫 단계다. 하지만 사람들은 수평적 사고에 대해 호의적이지도 않고, 이해도 충분히 못하고 있다. 수평적 사고의 적용 방법으로 제안 했던 형식화된 과정은 매우 실용적이지만 더욱 명료하고, 단순하고, 보편적이어야 할 필요가 있다. NO가 수직적 사고를 적용하기 위한 수단이라면, PO는 수평적 사고를 적용하기 위한 수단이다.

NO & PO

　논리적 사고는 선택적이며, 수용과 거절의 과정에서 비롯된다. 거절은 논리적 사고의 근거로, 부정의 개념으로 구체화된다. 부정은 판단하는 장치로, 정보의 특정한 배열을 부인하는 것이다. 그리고 그것은 판단하고 거절하는 데 사용된다. 부정의 개념은 명확한 언어 수단으로 구체화되는데, 그것은 'no'와 'not'으로 이루어져 있다. 'no'와 'not'의 기능과 사용법을 배우게 되면 논리적 사고를 어떻게 하는지 알 수 있다. 논리적 사고의 모든 개념은 언어 수단의 사용에 집중되어 있기 때문에, 논리는 결국 NO를 어떻게 사용하는지의 문제라고 할 수 있다.

　수평적 사고는 통찰력의 재구성이며, 그것은 정보를 재배열해서 이룰 수 있다. 재배열은 수평적 사고의 기초로, 고정된 패턴에서 벗어나는 것이다. 재배열은 완하제의 개념으로, 기존의 패턴에서 벗어나 새로운 패턴을 창조하는 과정이다. 그리고 명확한 언어 수단으로 구체화된다. 이때의 언어 수단이 바로 PO인데, 그것의 기능과 사용법에 대해 배우게 되면 수평적 사고를 어떻게 하는지 알 수 있다. 수평적 사고의 모든 개념은 그 언어 수단에 집중되어 있다. 논리적 사고가 NO를 다루는 것이라면, 수평적 사고는 PO를 다루는 것이라고 할 수 있다.

　NO가 논리적 사고라면, PO는 수평적 사고다. 그리고 NO가 거절하는 도구라면, PO는 통찰력을 재구성하는 도구이다. 또한 부정의 개념이 논리적 사고의 근거가 되듯이 완하제의 개념이 수평적 사고의 근거가 된다. 두 개념 모두 언어 수단으로 구체화된다. 의식은 수동적이기 때문에 언어 수단은 반드시 필요하다. 언어 수단은 그 자체가 하나의 패턴으로, 특정한 효과를 얻기 위해 다른 패턴과 교류한다. 따라서 자신의 사고 과정에서도 매우 유용할뿐더러 다른 사람들과의 의사소통에서도 필수적이다.

비록 NO와 PO 모두 언어 수단의 기능을 갖고 있지만, 하는 일은 완전히 다르다. NO는 판단하고, PO는 판단하지 않는다. NO는 합리성이라는 틀 안에서 작용하고, PO는 그 틀 밖에서 작용한다. PO는 비합리적인 정보의 배열을 만드는 데 사용되었을 수도 있다. 하지만 그러한 정보의 배열이 실제로 비합리적인 것은 아니다. 수평적 사고는 수직적 사고와 다른 방식으로 기능하기 때문이다. 수평적 사고는 합리적인지 비합리적인지 따질 수 없다. 오히려 수평적 사고는 합리성 이전의 문제고, 정보가 패턴이 되는 것을 다룰 뿐 그것을 판단하지 않는다. PO는 절대 판단 장치가 아니다. PO는 구조 장치며, 패턴이 되게 하는 장치다. 이때 패턴이 되게 하는 과정은 기존의 패턴에서 벗어나거나 기존의 패턴을 재구성한다.

PO는 언어 수단이지만 반(反)언어 장치다. 단어 자체는 그것들이 조합되는 방식만큼이나 진부한 패턴이다. PO는 언어의 안정성으로부터 일시적으로 벗어날 수 있게 한다. 그것이 PO의 전체 기능이 언어의 발전에 포함될 것 같지 않은 이유다. 그 대신 PO는 패턴을 만드는 행위를 고려하는 것으로부터 비롯된다. PO의 기능은 새로운 패턴을 만들고, 오래된 패턴을 재구성하기 위해 정보를 배열하는 것이다. 이러한 PO의 두 가지 기능은 같은 과정의 다른 측면일 뿐이지만 편의상 다음과 같이 분리할 수 있다.

- 새로운 패턴의 창조
- 오래된 패턴에 도전하기

그리고 이 두 가지 기능들은 다른 방식으로 표현될 수 있다.

- 자극과 허용: 새로운 방식으로 정보를 구성하고, 정보의 타당하지 않은 배열을 허용한다.
- 해방: 패턴 안에 갇힌 정보가 새로운 방식으로 조합되도록 기존의 패턴을 분열시킨다.

PO의 첫번째 기능: 정보의 새로운 배열을 만든다

경험은 여러 가지 일을 다양한 패턴으로 배열한다. 여러 가지 일은 상황 안에서 특정한 패턴으로 배열되거나 주의가 패턴에서 몇 가지 일을 끄집어 낼 수 있다. 패턴은 기억의 표면으로부터 나온다. 왜냐하면 그것이 주의를 조정하기 때문이다. PO의 첫번째 기능은 두 가지

근원들로부터 유래되지 않은 정보의 배열을 만드는 것이다. NO가 경험을 근거로 한 배열을 약화시키는 데 쓰이는 반면, PO는 경험과 관련없는 배열과 연결 고리를 만드는 데 쓰인다.

정보는 기억의 표면에서 고정된 패턴으로 정착된다. 새로운 배열은 그 패턴으로부터 직접 파생된 경우에만 생긴다. 그러한 정보의 배열이 시도될 때만 기억의 표면에 정착된 배경 패턴들과 일관성을 갖게 될 것이다. 그 외의 다른 정보들은 즉시 버려진다. 그러나 정보의 다른 배열들이 발생되고 단기간 유지될 수 있다면, 정보는 배경 패턴과 일치하거나 배경 패턴을 변화시킬 수 있는 새로운 패턴을 형성하기 위해 모아진다. 그 과정은 237페이지의 잘 나타나 있다. PO의 목표는 일어나지 않을 수 있는 배열을 만들거나, 불가능하다고 여겨져 버려질 수 있는 배열이 해산되는 것을 막는 것이다. 그 기능들은 다음과 같다.

- 사건의 과정에서 절대 나타나지 않을 것 같은 방식으로 정보를 배열한다.
- 판단을 하지 않고 정보의 배열을 유지한다.
- 이미 불가능하다고 판단된 정보의 배열이 해산되는 것을 막는다.

정보의 배열은 보통 생기는 즉시 판단된다. 판단은 '이 정보의 배열은 허용된다'나 '이 정보의 배열은 허용되지 않는다' 중 하나로 결론을 낸다. 배열은 승인되거나 거절될 뿐 그 중간이 없다. PO의 기능은 아래 그림에서 볼 수 있듯이 그 중간을 도입하는 것이다. PO는 절대로 판단하는 것이 아니다. 판단 결과에 이의를 제기하지 않고, 판단 결과의 적용에 이의를 제기한다. PO는 반(反)판단 장치다.

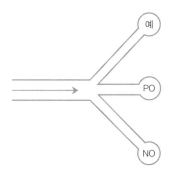

PO는 배열을 승인하거나 거절하지 않고, 더 오랫동안 유지하도록 허용한다. PO는 판단을 연기한다. 판단을 연기하는 것은 수평적 사고의 가장 기본적인 원리 중 하나이고, 수직적 사고와의 차이점 중 하나다. 수직적 사고에서는 정보의 배열이 각 단계마다 정확해야 하고, 가능한 빨리 판단해야 한다. 그러나 수평적 사고에서는, 현재 정보의 배열이 틀리더라도 후에 완벽하게 타당한 아이디어가 될 수 있다. 그런 가능성은 스스로 극대화시키는 기억의 표면으로서의 의식을 고려하는 것에서 생긴다.

판단을 연기하고 하나의 아이디어에 집중하면 여러 가지 일들이 생긴다. 만일 그 아이디어에 대해서 충분히 생각하면 그것이 일리 있다는 것을 알게 되고, 새로운 정보를 기존의 정보와 적절히 연관시켜 상호작용을 유도할 수 있다. 판단이 연기된 아이디어는 그 자체로 유용하다고 증명할 수 있는 정보를 찾는 일에 집중하게 된다. 따라서 판단을 연기하고 아이디어에 대해 충분히 생각하면 아이디어는 상황에 맞게 스스로 변하게 된다.

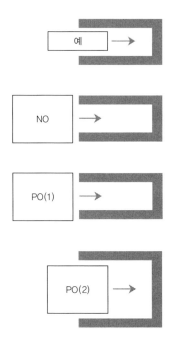

이미 판단되었거나 버려진 정보의 배열을 보호하기 위해 PO를 사용하는 경우도 마찬가지다. 문제는 오래 전에 버려진 정보의 배열을 PO의 보호 아래 다시 살려내는 것이다. 물론 그러한 배열은 최근에 제기되었다가 버려졌을 수도 있다.

정보의 새로운 배열을 만들어내기 위해 PO를 사용할 때는 정보의 배열을 위해 사용하는 일반적인 장치들과는 확연히 다르다는 것을 깨닫는 것이 중요하다.

- PO는 '그리고'를 사용하는 부가 기능이 없다.

- PO는 '～이다'를 사용해서 정체성을 확인하는 기능이 없다.

- PO는 '또는'을 사용하는 대안 기능이 없다.

PO의 기능은 정보의 자극적인 배열이 아니라, 정보의 자극적인 배열을 유도하는 것이다. 배열 자체는 중요하지 않지만, 그 후에 일어나는 일은 중요하다. 배열의 목적은 새로운 아이디어의 방향으로 이끄는 것이다. 실제로 PO를 사용하는 것이 편리한 경우들이 있다.

병렬

PO를 사용할 수 있는 가장 쉬운 방법은 2개의 관련없는 일들을 결합하는 것으로, 그것을 통해 상호작용을 꾀하는 것이다. 2개의 일들 사이에는 어떠한 연결이나 관계가 없고, 그것들을 결합하는 이유도 없다. PO 없이는 그런 식으로 쉽게 결합할 수 없다.

임의의 단어 소개

PO는 관련없는 단어를 소개하는 것으로 새로운 아이디어를 자극할 수도 있다. 예를 들어 다음과 같이 말할 수 있다. "우리는 수평적 사고에 대해 모두 알고 있습니다. 그리고 클리셰 패턴을 깨뜨리고, 새로운 아이디어를 자극하기 위해 임의의 단어를 사용할 수 있다는 것도 알고 있습니다. 그런 임의의 단어를 소개하고자 합니다. 그 단어는 우리가 이야기하던 것과는 아무 관련이 없을 뿐더러 그 단어를 선택한 특별한 이유도 없습니다. 그 단어는 '건포도'입니다. 그런데 이제부터는 그 모든 것을 다 말하는 대신 'PO 건포도'라고 간단하게 말할 수 있습니다."

만일 문제가 '공부 시간을 사용하는 방법'이라면, 임의의 단어는 다음과 같은 아이디어를 유도할 수 있습니다."

- 건포도 – 케이크를 재미있게 꾸미는 데 쓰인다 – 재미있는 주머니 – 수업 시간이 긴 재미없는 과목 사이에 수업 시간이 짧은 재미있는 과목이 끼어있다 – 재미없는 과목에서 재미를 만들어 낼 수 있는 실마리를 찾아낸다
- 건포도 – 포도를 말린 것 – 응축된 재미 – 자료를 모으고 요약해서 쉽게 이해될 수 있도록 한다
- 건포도 – 햇볕에 건조시킨다 – 유쾌한 환경에서 공부는 것이 그렇지 않은 환경에서 공부하는 것보다 잘 된다 – 빛이나 색을 이용하면 지루함을 달랠 수 있지 않을까?
- 건포도 – 보존하기 위해서 건조함 – 기록해서 요약하면 기억하기 편하지만 유동적으로 재구성할 필요가 있다

비약

　수직적 사고는 순차적으로 이동한다. 그러나 수평적 사고는 비약한 후 공백을 채우려고 노력한다. 만일 수직적 사고로 진행되는 이야기에서 이 방법을 사용하면 다들 혼란스러워할 것이다. 비약이 수평적으로 연결되지 않았다는 것을 보여주기 위해 당신은 PO로 말할 수 있다. 예를 들어 'PO 공부하는 시간은 다른 일을 하지 않고 보내는 시간이다'라고 말하는 것이다. 비약은 같은 분야 안에서 행해지는 작은 것일 수도 있고, 관련없는 분야 사이에서 행해지는 큰 것일 수도 있다. PO는 새로운 의견을 사라진 것에 연결시키는 어려움을 없애준다. PO는 일반적으로 '여기에서 이유를 찾지 말고, 단지 사고를 진전시켜 그 효과가 무엇인지 알게 하라'는 의미이다.

의심

　특정 부분을 증명하지 못해 이야기가 진행되지 못할 때마다 PO를 사용할 수 있다. PO는 그 부분을 증명하거나 부정하지 않고, 그 부분이 어떤 식으로든 사용되어 이야기가 계속 진행될 수 있도록 한다. 그리고 나서 어떤 일이 일어나는지 살펴볼 수 있다. 쓸모 있는 것이 나오지 않는다면, 문제가 되었던 그 부분이 그다지 중요하지 않다는 것을 알 수 있을 것이다. 또는 해답을 찾을 수 있고, 해답으로부터 그 불확실한 부분을 거치지 않고 출발점으로 돌아가는 다른 방법을 찾을 수도 있다. 아니면 그 불확실한 부분을 거쳐야만 해답에 이를 수 있는 것을 확인하고, 그 부분이 중요하다는 것을 알 수 있을 것이다. 그리고 그 부분을 증명하기 위해서 더 노력할 것이다. 이렇게 PO를 사용하는 방법은 '만일~라면'이나 '가정하다'의 방식과 비슷하다.

의도적으로 잘못되기

수평적 사고는 해답에 이르는 과정이 잘못되는 것을 신경 쓰지 않는다. 왜냐하면 해답에 이르는 옳은 경로를 알 수 있는 위치에 이르기 위해서는 잘못된 영역을 거쳐야 하기 때문이다. PO는 잘못된 영역을 지나 이동할 수 있게 할 뿐 상황을 바로 잡아 주지는 않는다. 그러나 어떤 것이 왜 잘못됐는지 따지는 대신 그것이 얼마나 유용할 수 있는지 생각하도록 주의를 바꿔준다. 실제로 PO는 '나는 그것이 잘못됐다는 것을 알고 있지만, 그것이 어떤 결과를 가져오는지 보기 위해 그 방식으로 할 것이다'는 생각을 포함한다.

자동차의 앞유리를 먼지와 물로부터 깨끗하게 유지할 수 있는 방법을 생각할 때, 어떤 사람은 자동차를 거꾸로 운전해야 한다는 의견을 내놓았다. 보통 자동차 뒤쪽의 유리가 앞쪽의 유리보다 더 잘 보이기 때문이다. 물론 이 의견은 그 자체로는 말이 안 된다. 자동차를 거꾸로 운전하면 뒤쪽의 유리 역시 앞으로 운전할 때의 앞쪽의 유리처럼 더러워지기 때문이다. 그럼에도 불구하고 이 의견은 간접적으로 앞을 볼 수 있게 하는 시스템이나 자동차의 앞쪽 유리를 진흙이나 물로부터 보호하는 방식 등의 다른 아이디어를 이끌어낼 수 있다.

이 예에서 PO는 다음과 같은 방식으로 사용될 수 있다. 어떤 사람이 거꾸로 운전해야 한다는 의견을 내놓자 '말도 안 된다. 왜냐하면…'이라는 반응이 나온다. 이 반응에 대해 PO는 '왜 거꾸로 운전하면 안 되죠?'라고 물을 수 있다. PO의 목표는 판단을 연기하는 것으로, 아이디어를 즉시 버리는 대신 그것에서 어떤 결과가 나올 수 있을지 확인하기 위해 잠시 가지고 있는 것이다.

기능의 유지

PO는 분명히 잘못된 아이디어를 보호하는 동시에 그것을 판단되어지는 것으로부터 보호한다. 설령 판단되지 않더라도 곧 비판적으로 분석되는데, PO는 그 분석을 연기한다. 이러한 PO의 기능은 임의적인 자극을 소개하는 방법과 비슷하다. PO는 이야기 중에 나온 평범한 의견이나 아이디어를 다른 의견이나 아이디어를 내게 하는 촉매로 바꾼다. 그러한 상황에서 PO는 '그것이 맞는지 틀린지 분석하지 말고, 그것이 어떤 아이디어를 이끌어 낼 수 있는지 보자'라는 의미다.

구조

기하학에 관련된 문제는 종종 도형에 선을 그으면 쉽게 풀 수 있다. 그 과정은 다음의 문제를 푸는 과정과 비슷하다.

어떤 사람이 죽으면서 11마리의 말을 세 아들에게 나누어 주되, 첫째에게는 절반을, 둘째에게는 1/4을, 셋째에게는 1/6을 주라는 유언을 남겼다. 이에 변호사는 먼저 자신의 말을 세 아들에게 빌려주고 12마리의 말을 유언대로 나누었다. 그는 첫째에게 6마리, 둘째에게 3마리, 셋째에게 2마리를 주고 자신의 말을 도로 가져왔다.

여기에서 PO는 문제에 무엇을 더하거나 문제를 다른 방식으로 바꾸는 데 사용됐다. 그렇게 문제를 바꾸는 것은 생각을 발전시키는 새로운 과정이나 상황을 바라보는 새로운 방식을 이끌어낼 수 있다. 문제를 바꾸는 목적은 단순히 말을 바꾸거나 더 나은 방식을 만들기 위한 것이 아니라 그 후에 무슨 일이 일어나는지 확인하기 위한 것이다. 예를 들어 범죄를 다루는 경찰의 효율성에 대해 생각할 때, 'PO 왜 한 팔밖에 없는 경찰을 고용하지 않을까?'라고 물을 수 있다. '한 팔밖에 없는 경찰'이라는 요소를 더해서 문제를 바꾸는 것은 결국 그의 장점으로 주의를 돌리게 한다. 특히 힘보다는 머리를 사용하는 조직의 필요로 주의를 집중하게 될 것이다.

요약

PO의 첫번째 기능은 말하고 싶은 것이 무엇이든 모두 말할 수 있게 한다. PO는 정보를 배열하는 방식을 제한하지 않는다. 만일 PO가 없다면 다음과 같은 배열을 정당화할 필요가 전혀 없다.

- PO 2와 2를 더하면 5가 된다.
- PO 물이 초록색이면 위로 흐른다.
- PO 수평적 사고는 시간 낭비다.
- PO 남자들은 영혼이 있고, 여자들은 없다.
- PO 배운 것을 잊는 데 평생이 걸린다.

PO의 첫번째 기능은 의견의 의미와 그것을 낸 이유로부터 의견의 효과로 주의를 돌리게 하는 것이다. PO는 사고 과정의 뒤를 보는 대신 앞을 본다. 왜냐하면 어떠한 정보의 배열이라도 다른 배열로 바꿀 수 있고, 의견이 말이 되든지 안 되든지 정보의 배열을 자극한다는 점에서 유용하기 때문이다. 그리고 엉뚱하게 만드는 것으로 기존의 패턴과는 다른 방식으로 정보를 배열할 수 있기 때문이다. 수직적 사고로는 그렇게 할 수 없다. 수직적 사고는 사고 과정의 뒤를 보면서 의견을 낸 이유, 의견의 의미를 따진다.

'PO 물이 초록색이면 위로 흐른다'는 의견은 말이 안 되지만, 그것은 '왜 초록색이 다른 점을 만들어야만 하는가?', '왜 첨가된 색이 다른 점을 만들어야 하는가?'와 같은 아이디어로 연결될 수 있다. 물을 위로 흐르게 하기 위해서 첨가할 것이 있는가? 실제로 특수한 플라스틱을 물에 조금 넣으면, 물이 어느 정도 고체가 되기도 한다.

PO는 정보를 일반적인 방식과 완전히 다른 방식으로 이용한다. PO 없이도 그런 방식으로 정보를 이용할 수 있지만, 그래도 PO와 통합된 수평적 개념을 계속 사용할 것이다. 실제적인 언어 장치로서 PO

의 편리함은 정보가 특수한 방식으로 이용된다는 점을 명확하게 나타낸다는 것이다. 만일 그렇지 않으면, 듣는 사람들은 무슨 일이 일어나는지 알 수 없기 때문에 혼란스러울 것이다. PO를 사용하지 않는, 수직적 사고로 이루어지는 토의에서 PO형태의 의견을 내놓으면 사람들은 미쳤거나, 거짓말하거나, 실수한다고 생각할 것이다. 뿐만 아니라 PO 형태는 심각하게 받아들여질 수 있는 위험이 있다. 예를 들어 'PO 집이 불에 탄다'는 단순히 '집이 불에 탄다'와 다르다. 게다가 만일 PO를 사용하지 않는다면, 그 정보는 수평적 방식에서 자극으로 사용되지 못한다.

PO의 두번째 기능: 오래된 정보의 배열 깨뜨리기

의식의 기본적인 기능은 패턴을 만드는 것이다. 의식의 기억의 표면은 정보를 패턴으로 조직한다. 또는 정보 자체를 패턴으로 만들기도 한다. 패턴은 일단 만들어지면 주의를 기울이기 때문에 더 확고해진다. 의식이 효과적인 이유는 패턴을 창조하고, 인식하고, 사용하기 때문이다. 패턴이 효과적이기 위해서는 영구적으로 사용할 수 있어야 한다. 하지만 그러기 위해 그 안의 정보를 조합하는 방법만 있는 것은 아니다. 그리고 패턴은 정보가 들어온 시간이나 이미 수용된 패턴에 의해 큰 영향을 받는다.

PO의 두번째 기능은 그렇게 확립된 패턴을 깨뜨리는 것이다. PO

는 확립된 아이디어, 라벨, 분할, 범주, 분류로부터 벗어나게 해주는 자유 장치로서 사용된다. PO의 방식은 다음과 같이 요약할 수 있다.

- 확립된 패턴을 거부한다.
- 확립된 패턴이 타당한지 따져본다.
- 새로운 패턴을 만들 수 있도록 확립된 패턴을 깨뜨리고 정보를 자유롭게 해준다.
- 라벨과 분류로 나뉘어 갇혀 버린 정보를 빼낸다.
- 대안이 되는 정보의 배열을 찾도록 장려한다.

판단하지 않기

PO는 절대 판단하지 않는다. PO는 정보의 배열이 맞는지의 여부를 나타낼 때나 정보의 배열이 가능한지의 여부를 나타낼 때, 어떤 시점에서 그 정보의 배열이 이용할 수 있는 최선의 것인지의 여부를 나타낼 때에는 쓰이지 않는다. PO는 정보의 배열이나 재배열을 하는 장치이지, 새로운 배열을 판단하거나 과거의 배열을 비난하는 장치가 아니다.

PO는 '그것이 상황을 바라보거나 정보를 조합하는 가장 좋은 방법이거나 유일한 방법일 수 있다. 하지만 다른 방법을 찾아보자'는 의미다.

수직적 사고는 아이디어가 왜 틀렸는지 알거나 다른 대안을 제시하지 않는 이상 그것에 이의를 제기할 수 없다. 만일 대안을 제시하면, 왜 그것이 원래의 아이디어보다 나은지, 그리고 왜 그것이 타당한지 증명해야 한다. PO를 사용하면 그렇게 하지 않아도 된다. 대안을 제시하지 못하거나 문제가 없어 보여도 이의를 제기할 수 있다.

판단은 아이디어의 정당화를 요구한다. 따라서 정보의 배열이 왜 정당한지, 정보가 왜 그렇게 조합되었는지 이해시켜야 한다. 그러나 PO는 '왜'가 아니라 '어디로'가 중요하고, 새로운 방향으로 정보를 재배열해야 한다는 것을 인정한다. 즉 새로운 배열을 만들고 아이디어가 어디에서 만들어진 것인지, 정당한 것인지 살피는 대신 그것이 어떤 효과를 낼 수 있는지를 따진다.

PO에 대한 반응

PO는 확립된 아이디어가 왜 정보를 조합하는 가장 좋은 방법이냐고 묻지 않는다. PO는 다른 방식으로 생각하려고 노력하며, 상황을 바라보는 다양한 방식을 만든다. 때로는 더 많은 방식을 만들어 낼수록 처음 아이디어가 가장 좋았다는 것이 확실해진다. 하지만 그것이 다른 방식을 시도하지 못하게 하지 않는다. 만일 상황을 바라보는 새로운 방식이 기존의 방식보다 더 낫다면 그것이 유일하게 좋은 방식이 될 수 있다. 그리고 오래된 아이디어가 조금만 바뀌어도 좋은 방식이 될 수 있다. 한편 상황을 바라보는 다른 방식이 있을 수 있다는 가능성은 오래된 아이디어의 경직성을 누그러뜨린다. 만일 변화를 더 쉽게 만들어준다면 그 가능성은 그 자체로 유용하다.

클리셰 패턴 깨뜨리기

패턴은 유용할수록 더 진부해지는 경향이 있다. 반대로 진부할수록 더 유용해지는 경향이 있다. PO는 클리셰에 도전한다. 그리고 개념이 패턴으로 배열되는 방식뿐만 아니라 개념 자체에 대해서도 이의를 제기한다. 사람들은 항상 클리셰를 개념의 배열로 여기는 경향이 있지만, 개념 자체가 사고의 블록을 만드는 것으로 받아들여야 하고 그래서 바뀌지 않은 채로 남아있어야 한다.

'PO 자유'는 자유의 가치나 목적에 도전하는 것이 아니라 자유라는 개념 자체에 도전한다.

'PO 처벌'은 처벌하는 상황이나 목적에 도전하는 것이 아니라 처벌이라는 개념 자체에 도전한다.

위의 예처럼 유용한 개념에 대해 도전하는 것이 가장 요구된다. 덜 유용한 개념은 도전과 교정을 끊임없이 받게 될 가능성이 있지만, 유용한 개념은 유용성이 그 가능성을 막기 때문이다.

초점 맞추기

클리셰는 특정한 개념이나 문장, 전체 아이디어를 가리킬 수 있기 때문에, PO가 무엇에 도전하는지를 확실하게 알아두면 도움이 된다.

그러기 위해서는 PO로 시작하도록 한다. 예를 들어 '정신을 수양해서, 후대 지식인들에게 물려주는 것이 교육의 기능이다'에 대해서는 'PO 정신을 수양하다'나 'PO 후대 지식인들', 아니면 단지 'PO 수양하다'라고 답할 수 있다. 이렇게 PO는 항상 당연하게 여겨지는 개념들로 주의를 돌리게 하는 장치이다.

대안

상황을 바라보는 현재의 접근 방식이 만족스럽지 못할 경우에는 다른 방식을 찾으려고 한다. PO는 대안이 비합리적일지라도 그것을 만들도록 요구한다. 그런데 대안은 비합리적일 경우 그것을 만들 합당한 이유가 없기 때문에 PO의 인위적인 자극이 필요한 것이다. 여기서 기억할 것은, 대안의 배열이 더 나은 배열이나 정당화된 배열을 의미하지 않는다는 것이다.

절대적인 것에 대한 도전

PO의 가장 가치 있는 기능 중 하나는 절대적인 것에 도전하는 것이다. PO는 기억의 표면의 행동을 기억하게 하고, 반드시 필요한 것으로 여겨지는 정보의 배열이 임의의 방식에서 비롯된 것일 수 있다는 것을 상기시킨다. 그리고 확실한 것에 대한 생각이 유용할 수 있지만 절대적일 수는 없다는 것을, 특정한 정보의 배열이 확실하다고 해서 다른 배열이 존재할 수 있다는 가능성이 배제되는 것은 아니라는 것을 알게 한다. 간단히 말해 PO는 독단주의와 절대주의에 도전하고, 절대적인 진술이나 판단, 관점에 도전한다.

PO는 다음을 의미한다. '당신이 맞을 수도 있고, 당신의 논리가 완벽할 수도 있다. 그럼에도 불구하고 당신은 임의적으로 인식하는 것으로부터 시작하고, 임의적인 개념을 사용한다. 그것들은 모두 당신만의 개별적인 경험이나 특정한 '문화'의 일반적인 경험으로부터 나온 것이기 때문이다. 의식의 정보 처리 시스템은 한계가 있기 때문에 특정한 맥락이나 개념들이 맞을 수도 있지만 절대적인 것은 아니다.'

이렇게 사용된 PO는 어떤 아이디어가 쓸모없는 것으로 여겨지는 것을 의도하지 않는다. PO는 아이디어 자체로 향하지 않고, 다른 가능성을 배제하는 절대적인 것으로 향한다.

NO를 방해

NO는 정보를 다루는 매우 편리한 장치로, 분명하고 절대적이다. NO는 영구적인 라벨이 되려고 한다. 라벨의 영속성이나 명확성은 보잘것없는 증거에 근거를 둔다. 하지만 일단 라벨이 적용되고 나면 절대적인 힘을 갖고, 적용 전의 적절하지 못한 이유를 잊는다. 라벨은 처음 적용될 때는 정당한 것으로 여겨지다가도 상황이 변하면 더 이상 정당한 것으로 여겨지지 않을 수도 있다. 그러나 불행히도 라벨은 일부로 제거하기 전까지 없어지지 않고 남아 있다. 다시 말해 라벨은 지속되어야 하는 이유가 있기 때문에 지속되는 것은 아니다. 그러나 라벨이 지속되어야 하는 충분한 이유가 있는지 따져보는 것은 쉬운 일이 아니다. 왜냐하면 라벨을 실제로 재검토해보기 전까지는 누구도 그것이 재검토해볼 만한 가치가 있는지를 알 수 없기 때문이다.

PO는 NO 라벨이 만드는 절대적인 장애물에 대응한다. 다시 말하지만 PO는 판단하는 것이 아니기 때문에 NO 라벨이 틀렸거나 의심스럽다고 말하지 않는다. 실제로 PO는 '잠시 NO 라벨을 없는 것처럼 여기고 진행하자'고 한다. 검토를 계속하다 보면 라벨이 더 이상 정당하지 않다는 것이 확실해질 것이다. 반대로 라벨이 여전히 타당성을 갖는다는 것도 알 수 있을 것이다. 그럼에도 불구하고 라벨 안에 숨겨져 불필요하게 여겨졌던 정보는 다른 곳에서 아주 유용하게 사용될 수 있다.

다음의 의견을 생각해보자. '심장이 멈춘다면 당신은 살 수 없다' 이것은 'PO 심장이 멈춰도 당신은 살 수 있다'로 바뀌어 인공 심장이나 심장 이식과 같이 심장을 계속 뛰게 하는 장치에 대한 생각으로 이끌 수 있다. 그리고 죽음에 대한 새로운 기준의 필요성으로도 이어질 수 있다. 뇌가 크게 손상되었을 때도 인공 장치를 통해 심장 박동이 계속 유지될 수 있기 때문이다.

과학의 역사를 살펴보면, 불가능한 것처럼 여겨지던 일들이 나중에 가능하게 된 사례가 많다. 그 중 하나가 바로 로켓이다. 1941년에 어떤 사람이 1파운드의 짐을 달로 가져가는 데 100만 톤의 로켓이 필요하다고 주장했다. 그런데 지금, 로켓은 그보다 훨씬 가벼워졌다.

반(反)분할

　PO는 개념에 도전하는 데 쓰일 뿐만 아니라 두 가지 개념으로 나누는 분할에 대해서도 도전한다. 패턴은 분리되어야 하는 것을 조합하기도 하고, 조합되어야 하는 것을 분리하기도 한다. PO는 이렇게 인위적으로 동일시하면서 차이를 만드는 것을 막을 수 있다.

　만일 두 가지 사건이 분할에 의해 분리된다면, PO는 분할에 대해 도전하거나 두 가지 사건이 공통으로 가지고 있는 특징들로 주의를 옮겨 그것들을 분리시키는 특징으로부터 멀어지게 할 수도 있다.

　분할, 분류, 범주, 양극화는 유용하지만 한계를 가진다. PO는 라벨을 일시적으로 제거하고 재평가하기 위해 정보를 다시 조합하는 기능을 한다. 정보는 라벨로부터 분리되어 상호 작용한다. 또한 정보는 특징이나 기능에 따라 분류될 수 있다. 그리고 일단 분류되고 나면 영구적인 것이 되며, 고유의 특징과 기능은 잊혀져서 라벨에 드러나지 않는 기능은 찾을 수 없게 된다. 문서를 정리할 때도 아예 정리하지 않은 경우보다 잘못 정리한 경우가 잊어버릴 가능성이 훨씬 크다.

　삽과 빗자루는 전혀 다른 사물이지만, '삽 PO 빗자루'는 둘 사이의 유사점에 집중한다. 둘 다 긴 손잡이가 있고, 둘 다 오른손잡이, 왼손잡이 할 것 없이 사용할 수 있다. 그리고 둘 다 봉 끝에 넓은 부분이 있고, 무엇을 제거하는 데 쓰일 수 있다. 때때로 무기나 문의 버팀목으로 사용할 수 있다.

　'예술가 PO 과학기술자' - 사람들을 어떤 기준에 따라 분류한다면, 그 기준이 분명할수록 더욱 유용하다. 왜냐하면 어떤 사람이 어떤 행동을 할지 쉽게 예측할 수 있기 때문이다. '예술가 PO 과학기술자'는 두 부류의 차이에 도전한다. 따라서 두 부류 모두 어떤 결과를 내기 위해 같은 일을 하도록 제안한다. 재료는 다르지만 경험, 정보, 실험, 판단을 결합하는 방법이 같을 수도 있다. 그리고 오늘날의 예술가들은 새로운 매체를 사용하기 위해서 과학기술자가 되어야 한다는 것을 제안한다.

전환

PO는 개념이나 개념 분할에 도전한다. 그리고 개념 발전 과정에도 도전한다. 종종 아이디어 발전 과정은 너무 자연스럽고 명백해서 다른 대안을 탐색하기도 전에 그 과정을 따라 이동한다. 그것을 방지하기 위해 PO를 일시적으로 사용할 수 있다. PO는 '그것은 사고 발전 과정의 자연스러운 방법이지만, 우리는 다른 방법을 찾아보기 위해 잠시 그 방법을 차단할 것이다'는 의미를 지닌다.

'사업은 이익을 내기 위한 것이다. 이익을 내려면 가장 효율적인 생산 방법, 철저한 마케팅, 시장에서 받을 수 있는 최고의 가격이 잘 어우러져야 한다' 그것은 자연스럽고 이성적인 사고 과정이다. 그러나 만일 이 사고 과정에 도전한다면 다른 사고 과정을 찾아볼 수 있게 한다. 예를 들면 '사업은 사회에 기여할 수 있는 환경을 제공하는 기능이 있다', '사업의 주목적은 이익이 아니라 효율성이다. 왜냐하면 사업은 능률적인 생산 단위기 때문이다' 등이다.

만일 PO를 효과적으로 사용하면 오래된 사고 과정을 새로운 사고 과정으로 전환시킬 수 있다. PO는 가장 분명한 사고 과정을 택하지 않은 것에 대한 변명이다.

PO와 과잉 반응

PO의 일반적인 기능은 상황을 바라보는 특정한 방식의 경직성을 누그러뜨리는 것이다. 상황을 바라보는 방식이 경직되면 감정이 과잉 반응을 보일 수 있다. 그럴 경우 PO는 경직과 함께 나타나는 긴장을 완화시키기 위해 웃음이나 미소로 작용한다. 웃음과 미소는 모두 상황을 바라보는 특정한 방식이 변할 때 발생한다. PO는 그런 변화의 가능성을 미리 제안한다.

PO의 일반적인 기능

PO는 언어와 사고의 완하제로, 수평적 사고를 수행하는 장치다.

PO는 클리셰와 상황을 바라보는 고정된 방식의 변화 가능성에, 추가되는 정보없이 새로운 패턴을 만드는 가능성에 주의를 기울인다. PO가 다른 기능을 전혀 사용하지 않고 위의 기능만 사용해도 충분히 유용할 것이다.

PO가 실제적인 언어 도구로 사용될 때, 그것은 수평적 사고가 사용되고 있다는 것을 나타낸다. PO는 형성된 정보의 배열이 다른 관점에서는 이치에 닿지 않는다 할지라도 수평적 사고의 관점에서는 이치에 닿는다는 것을 나타낸다. PO와 같은 명확한 지시어가 없다면, 수직적 사고로 진행되는 토론중에 수평적 사고가 끼어들 때 큰 혼란이 생길 수 있다.

PO는 선택하는 장치가 아니라 만들어내는 장치다. PO는 절대 판단하지 않고, 정보의 배열이 왜 그렇게 되었는지 검토하지 않는다. 다만 그 정보의 배열이 가져올 효과만을 생각한다. PO는 판단을 반대하거나 막지 않는다. 단지 판단을 피하고, 정보의 배열이 판단되지 않도록 막을 뿐이다.

PO는 가장 명백하고 이성적인 방식과는 다르게 정보를 사용하도록 하는 장치다. PO는 타당하지 않은 정보의 배열을 만들게 하고, 완전히 타당하다고 여겨지는 정보의 배열에 의심을 가지게 한다.

PO는 논리적 사고의 가장 유용한 시스템을 뒤집도록 만들어진 것 같다. 그러나 PO는 그 시스템의 유용성을 파괴하지 않고, 오히려 시스템의 한계인 경직성을 극복하는 것으로 유용성을 더한다. 그것은 논리의 통념을 비판하는 것이 아니라 피하는 것이다. 만일 전통적인 수직적 사고의 안정된 환경이 없다면 PO는 그렇게 유용하지 않을 것이다. 그리고 모든 것이 혼란스럽다면 벗어날 경직성도 없고, 통찰력이 무엇인지에 관한 최근의 패턴을 확립할 가능성도 없다. PO는 실제로 수직적 사고를 그대로 유지함으로써 그 효과를 증대시킨다. PO는 생성적인 요소를 도입하기 위해 수직적 사고를 피할 수 있는 수단이 된다.

PO와 다른 단어들의 비슷한 점

PO의 몇 가지 기능들은 가설, 가능, 추측 시에 쓰이는 단어들의 기능과 매우 비슷하다. 앞에서 언급했던 '의심'이 그렇다. 그러나 PO는 관련없는 자료를 '병렬'시키는 것처럼 확실히 다른 기능도 있다. PO와 가설, 가능, 추측은 거의 관계가 없다. 그것들은 정보가 배열된 순간에는 가장 좋은 것으로 여겨졌던 것들이다. 이와 대조적으로 PO는 정보를 완전히 비합리적인 방식으로 사용하는 것을 허용한다. 그것들은 정보가 모호하더라도 그 자체를 위해 사용되지만, PO는 그 자체를 위해서가 아니라 정보의 효과를 위해 사용된다. 아마도 PO와 가장 비슷한 단어는 시에 쓰이는 단어일 것이다. 시에서 사용되는 단어들은 단어 자체의 의미를 위해 사용되기보다는 자극하는 효과를 내기 위해 사용되기 때문이다.

PO의 메커니즘

왜 PO를 사용해야만 하는가? PO는 컴퓨터처럼 선(線)형 시스템으로 사용할 수 없다. 그런 시스템에서 정보의 배열은 그 프로그램에 따르면 항상 최상의 것이어야 하기 때문이다. 그러나 스스로 극대화 하는 시스템이나 유머가 있는 시스템에서 정보의 배열은 정보의 도착 순서에 크게 영향을 받는다. 따라서 A, B, C, D가 순서대로 오는 것은 B, D, A, C가 오는 것과 다른 패턴을 만들 것이다. 그러나 만일 A, B, C, D가 한 번에 주어지면, 그것들의 가장 좋은 배열은 앞의 두 가지 배열과는 사뭇 다를 것이다. 이와 같은 종류의 시스템은 연속성이 강해서 패턴을 재구성하기 어렵다.

스스로 극대화하는 시스템은 패턴을 확립하거나 그것을 더욱 확고하게 하려는 경향이 있기 때문에, 정보를 새로운 방식으로 조합하기 위해서는 패턴을 분열시키는 수단이 필요하다. PO는 수평적 사고의 도구로서 그러한 수단이 된다. 그런 시스템 안에서 몇 가지 패턴들이 만들어져야 한다. 만일 오래된 패턴이 충분히 뒤틀려졌다면 새로운 패턴이 만들어지는데, 그 과정이 바로 통찰력의 재구성일 것이다.

PO는 패턴을 혼란시키고, 분열시키는 데 사용된다. 그리고 정보를 조합하기 위한 촉매로 사용된다. 그때부터 의식이 자연스럽게 새로운 패턴을 만들어낸다. 그것이 아니면 PO는 쓸모가 없다.

오래된 패턴으로부터 멀리 떨어질수록 새로운 패턴이 만들어질 확률이 더 크다. 정보의 합리적인 배열은 새로운 패턴을 만들어내기에는 오래된 패턴과 너무 비슷하다. 이것이 바로 PO를 사용하는 이유다. PO는 특정한 방식으로 정보를 사용하는 것과 관련된 것이 아니라 그것이 가져올 효과와 관련되어 있다. 일단 새로운 패턴이 생기면, 그것은 반드시 평상시와 같은 방식으로 판단되어야 한다.

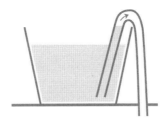

　물이 든 양동이를 빨대로 비우려면, 먼저 물이 빨대의 위쪽으로 올라가야 한다. 그것은 물이 이동하는 자연스러운 방향이 아니다. 그러나 일단 물이 어떤 위치에 이르게 되면, 물은 양동이를 비울 때까지 자연스럽게 밖으로 흘러나올 것이다. 이와 같은 방식으로, 정보를 자연스럽지 않게 사용하는 것은 자연스러운 재배열을 자극하는 데 필요할 수 있다.

PO의 문법적인 사용

　PO는 자연스럽게 보이기만 하면 어떠한 방식으로도 사용될 수 있다. 가장 중요한 점은 PO로 다루어진 것이라면 그것이 PO로 다루어졌다는 것을 분명히 알아야 한다는 것이다. PO의 두 가지 주요 기능은 다음과 같다. 첫째, 정보의 배열이 판단 되지 않도록하고, 자극적으로 사용되고 있다는 것을 나타낸다. 둘째, 아이디어, 개념, 사물을 배열하는 방식 등 정보의 특정한 배열에 도전한다. 이 경우, 자료는 원래 쓰던 자료를 계속해서 사용하거나 새로운 자료를 사용할 수도 있다.

1. 감탄사로서의 PO

여기서 PO는 그 자체로 대답이나 방해로 사용될 수 있다. 그것은 사물을 바라보는 특별한 방식이 도전 받았다는 의미다.

예: '스포츠의 목적은 경쟁 의식과 이기려는 의지를 북돋워주는 것이다.', 'PO!'

2. 서문으로서의 PO

여기서 PO는 문장이나 구, 단어에 앞서 사용되며 자격을 부여한다. 자격은 도전의 형태나 자극적인 소재를 도입하는 형태를 취한다.

예: '조직의 모든 구성원들이 절대 복종해야만 조직이 효율적으로 움직일 수 있다.'

'PO 효율적으로 움직이다.' 또는 'PO 고무로 된 톱니바퀴가 맞물려 움직이는 태엽장치'

3. 병렬로서의 PO

아무 이유 없이 2개의 단어가 병렬될 때, PO는 둘 사이의 관계를 나타낸다. 토론에서 임의의 단어를 도입할 때 이와 같은 PO가 사용된다.

예: '여행 PO 잉크' 또는 'PO 캥거루'

4. NO나 NOT과 같은 위치의 PO

PO는 NO나 NOT이 사용되는 어떤 위치에서도 사용될 수 있다. 그런 위치에서 PO는 NO 나 NOT과 같은 자격이 주어진다.

예: '수요일은 PO 휴일이다.'

실제로 PO가 자격을 얻기 위해서는 그것을 항상 문장이나 구의 맨 앞 또는 단어 바로 앞에 사용하는 것이 가장 좋다. PO는 반드시 대문자로 쓸 필요는 없지만, 적응할 때까지는 대문자로 쓰는 것이 좋다. 만일 어떤 사람이 PO를 사용하는데 다른 사람이 그것을 이해하지 못하면, 다음과 같이 간단히 설명해줄 수 있다.

1. 기능에 대한 도전

PO는 옳고 그름에 상관없이 다른 방식을 찾기 위한 노력이다.

2. 자극적인 기능

PO는 단지 우리의 머릿속에 떠오르는 방식으로 배열하는 것이 아니라 새로운 아이디어를 자극할 수 있는지 보는 것이다.

3. 반(反) 절대적인 기능

PO는 거만하게 또는 독단적으로 굴지 말라는 의미다. 폐쇄된 의식을 갖지 말자.

4. 과잉 반응

PO는 간단히 말해 마음을 가라앉히라는 의미다. 이에 대해 흥분할
이유가 없다.

연습

PO는 수평적 사고의 언어 도구이다. 수평적 사고의 개념과 기능
은 PO의 사용을 통해 구체화된다. 만일 PO를 사용하는 요령을 익히
게 되면, 수평적 사고를 하는 요령도 익히게 된다. 그런 이유에서 PO
사용법을 연습하는 것은 매우 중요하다. 그것을 배우는 것은 NO 사
용법을 배우는 것과 비슷하다. 그러나 NO 사용법을 배우는 것은 수
년에 걸쳐 점차적으로 진행된 반면 PO는 최대한 짧은 시간에 NO와
같은 결과를 내려고 한다. 하지만 PO 사용법을 제한적이고 정확하지
않게 가르치는 것보다 좀 시간이 걸리더라도 천천히 그리고 주의 깊
게 가르치는 것이 훨씬 낫다.

PO 사용법을 가르칠 때는 주로 PO의 일반적인 개념을 설명하고,
그것이 실제로 어떻게 사용될 수 있는지 보여주는 것이 좋다.

PO는 수평적 사고의 도구이기 때문에 그것을 가지고 지금까지 했
던 연습을 다시 할 수 있다. 하지만 PO의 기능을 더욱 자세히 보여주
는 특별한 상황들을 만들어내는 것이 더욱 유용하다.

이 장에서는 PO 기능의 다양한 측면을 살펴보았다. 그것들은 PO

의 본질을 설명하는 동안 언급할 수 있고, 그것들과 관련된 더 많은 예를 요구할 수도 있다. 실제로 연습할 때는 PO의 기능을 특정한 사용법대로 묶어 혼란스럽게 하기보다 몇 개로 광범위하게 묶는 것이 더 좋다. PO의 기능에는 다음의 두 가지 기본적인 측면이 있다.

- PO의 사용
- PO에 대한 반응

PO에 대한 반응

PO를 사용하기 전에 그것에 대한 반응을 배우는 것이 좋다. PO에 대한 반응을 배우면 그것을 사용하는 이유를 알 수 있기 때문에 순서를 바꿔서 배우는 것이다. PO에 대한 반응을 먼저 배우는 것으로 그것을 더욱 실제적 방식으로 사용하는 것을 연습할 수 있다. 왜냐하면 PO는 사용될 뿐만 아니라 반응도 하기 때문이다. 다음은 PO에 대한 반응의 요점이다.

1. PO는 절대적인 판단이 아니다

즉 PO가 어떤 의견에 이의를 제기할 때, 그것은 의견에 대한 동의나 의심이 아니다. PO는 제시된 의견을 절대로 방어하지 않는다. 그리고 '다른 의견을 내는 것은 어떨까?', '어떻게 그런 의견을 낼 수 있지?'라고 말하지 않는다. 그렇다고 PO가 단순히 대안이 있다고 말하는 사람이나 더 좋은 대안이 있다고 말하는 사람을 지칭하는 것은 아니다. PO는 '나는 당신의 의견에 반대하지 않는다. 우리 함께 다른 의견을 찾아보자.'고 말하는 것이다. 함께 다른 의견을 찾는 것과 PO가 의견과 대립되는 것이 아니라고 강조하는 것이 중요하다. 따라서 짜증을 내거나 의견을 방어하는 것이 아니라 대안을 만들어내는 것으로 PO에 반응한다.

2. PO는 정보를 자극적으로 사용할 수 있다

그것은 PO를 사용해서 정보를 공상적이거나 타당하지 않은 방식으로 배열할 수도 있다는 의미다. PO는 정보를 배열하는 이유를 묻거나 그 배열을 받아들일 수 없다고 주장하지 않는다. PO의 자극적 사용은 모두가 참여해서 자극을 만드는 것이다. 그것은 '만일 우리가 그러한 정보의 배열을 자극으로 사용한다면 무엇을 제안할 수 있을까?'의 의미다. 따라서 PO를 자극적으로 사용하는 것에 대한 반응은 비난이나 무관심이 아니라 활발한 협동이다.

3. PO는 보호 장치로 사용될 수 있다

PO는 판단을 연기하거나 이전의 거절을 일시적으로 번복하는 데 사용될 수 있다. PO에 대한 반응은 판단하고 즉시 적용되는 것을 보여주는 것이 아니다. 그리고 '만일 당신이 옳고 그름에 대한 판단을 받아들이지 않는다면 우리가 어떻게 이야기를 진행할 수 있습니까?'

와 같이 짜증 섞인 반응도 아니다. 또한 '만일 당신이 검은 색을 흰색이라고 말하고 싶다면 또는 잠시 그 아이디어를 활용하고 싶다면, 당신이 그 작업을 마칠 때까지 기다려 주겠습니다.'와 같이 무관심한 반응도 아니다. 다시 말하지만 적절한 반응은 새로운 상황을 협동해서 찾는 것이다.

4. PO는 이완일 수 있다

고정된 관점과 과잉 반응으로 상황이 경직됐을 때, PO는 긴장을 풀고 고정된 관점을 이완시킨다. 여기에서 적절한 반응은 PO를 써서 (대수롭지 않게 여기며 미소를 띠고) 경직된 상황을 풀어주는 것이다.

5. PO는 애매하게 사용될 수 있다

PO가 어떻게 사용되고, 어떤 개념에 도전하는지 명확하지 않을 때가 있다. 그럴 때는 PO를 더 구체적으로 사용하거나 일반적인 방식으로 사용하라고 부탁할 수 있다.

요약하면, PO에 대한 반응은 무엇을 반대하는 것이 아니라 상황을 재구성하기 위해 협동해야 한다는 것이다. 만일 어떤 사람이 경쟁을 염두에 두고 있다면 PO를 제안한 사람보다 그것을 더 잘 사용할 수 있다. 다시 말하면, 다른 사람보다 더 많은 대안을 만들라는 것이다. PO는 경기하자는 제안일 수 있지만 절대로 갈등을 만드는 제안은 될 수 없다.

PO의 사용

PO 사용법을 편의상 3개의 큰 범주로 나눌 수 있다.

① 대안의 생성, 반(反) 절대적인 것, 이완, 개념의 재검토, 다시 생각하기, 재구성, 클리셰나 고정된 관점의 가능성을 아는 것
② 자극, 정보의 배열을 자극으로 사용하는 것, 임의적인 단어의 도입, 개념 분할의 폐지. 상상과 난센스의 사용
③ 보호와 구출, 판단의 연기, 일시적으로 판단을 뒤집어보는 것, NO 라벨의 제거

대안의 발생

PO는, 상황을 바라보는 특정한 방식은 많은 방식 중 하나에 불과하다는 것과 특정한 관점이 절대적이지 않다는 것을 지적하는 데 사용된다. 첫번째 단계는 상황을 바라보는 다른 방법이 있을 수 있다고 제안하는 것이다. 특히 PO가 절대적인 것에 도전할 때는 더욱 그렇다. 다음 단계는 상황을 재구성하는 것이다. 이때 대안을 요구하면서 계속 만들어 낸다. PO는 전체 아이디어, 문장, 구, 개념, 단어에 적용할 수 있다.

연습

1. 교육자는 특정 교육생을 지목하여 어떤 주제에 대해 이야기하도록
   한다. 그때 다음과 같은 주제를 사용할 수 있다.

   - 우주여행은 왜 하려고 하는가?
   - 모든 의료 지원은 무료여야 하는가?
   - 직선 도로가 구부러진 도로보다 나은가?

   교육생이 이야기할 때, 교육자는 PO를 교육생이 말한 부분 앞에
넣어 반복하는 것으로 방해한다. 여기에서 교육생이 PO에 반응하기
를 바라는 것은 아니다. PO를 교육생에게 설명해주어야 한다. 교육자
가 방해하는 동안 교육생은 잠시 멈췄다가 계속한다.

2. 이번에는 교육자가 주제에 대해 이야기를 하고, 교육생이 교육자
   를 방해한다. 교육자는 다음과 같은 주제를 사용할 수 있다.

   - 다른 언어는 유용한가?
   - 대규모 조직이 소규모 조직보다 더 효과적인가?
   - 혼자 일하는 것이 그룹으로 일하는 것보다 더 쉬운가?

   교육생이 PO를 써서 방해할 때마다 교육자는 정보를 배열하는 대
안적 방식을 만들어낸다. 그리고 교육생도 똑같이 하도록 장려한다.

예를 들어 토론은 다음과 같이 진행될 수 있다.

교육자　다른 언어는 유용합니다. 그것들이 문화를 발전하게 하고, 더 많은 재미를 제공하기 때문이죠.

교육생　PO 더 많은 재미를 제공합니다.

교육자　다른 문화는 삶을 바라보는 다른 방식, 다른 습관과 행동 유형, 다른 예술 등을 의미합니다. 그것들은 우리 자신에 대해 배우고, 우리 자신을 찾고, 우리 자신과 비교할 수 있는 것들이죠.

교육생　그런데 같은 것을 표현하는 다른 방식은 유용할 수도 있고, 시간 낭비일 수도 있습니다.

교육자　서로 다른 언어 때문에 의사소통이 어렵고, 단일성 대신 차별성이 나타납니다.

교육생　PO 의사소통이 어렵습니다.

교육자　사람들은 다른 언어를 사용하는 사람과 쉽게 이야기할 수 없고, 그들의 언어로 쉽게 읽을 수도 없습니다. 그리고 서로에게 많은 영향을 끼치지 못 합니다.

교육생　서로에게 영향을 끼치지 못한다, 그것은 안타까운 일입니다. 서로에게 영향을 끼치면 서로를 더 잘 이해할 수 있기 때문이죠.

교육자　PO 이해

교육생　사람들은 상대방이 말하려는 것, 의미하는 것, 원하는 것이 무엇인지 알 수 있습니다. 그리고 상대방의 가치가 무엇인지도 알 수 있습니다.

3. 이런 종류의 이야기는 쌍방향으로 흐르기 쉽다. 만일 그렇지 않다면, 교육자는 일부러 두 교육생 사이에서 논쟁 형식의 토론을 유도할 수 있다. 교육생들은 각각 PO를 사용할 수 있으며, 교육자 역시 PO를 사용해서 토론을 방해할 수 있다. 하지만 교육자는 어느 편도 들지 말아야 한다.

해설

이런 토론에서 PO는 주로 초점을 맞추는 장치로 사용된다. '당신이 의미하는 바를 설명해라.', '…를 정의해라', '…관점에 대해 자세히 말해라', 만일 이런 경우라면, 교육자는 PO의 기능을 재구성할 것과 배열하는 방식의 대안을 요구한다. 그리고 다음에 PO가 사용될 때 교육생들에게 배열하는 다양한 방식들을 나열해보도록 한다. 예를 들어 위의 토론에서 언급된 'PO 이해'에 대해 다음과 같이 반응할 수 있다.

- 오해의 가능성 줄이기
- 완전히 공감하기
- 중재자 없이 의사소통하기
- 듣고 반응할 수 있는 능력

• 당신의 반응이나 해석이 다른 사람과 똑같다고 가정하기

    이것들은 '이해'에 대한 좋은 정의라고 할 수 없다. 다만 이것들은 다양한 배열 방식이다. 아마도 이것들 중 가장 좋은 정의는 '오해의 가능성 줄이기'일 것이다. 이는 같은 말을 반복하는 것처럼 보일 수도 있지만, 정보의 관점에서 볼 때 많은 것을 말하고 있다.

4. 그림 설명. 이것은 앞에서 연습했던 그림 설명과 비슷하다. 사진에서 제목을 없애고, 교육생에게 설명해보도록 한다. 그때 교육자는 'PO'라고 대답한다. 그것은 '잘했어요, 계속하세요, 또 다른 대안을 제시해보세요, 어떤 다른 것을 의미할 수 있을까요?'를 의미한다. 그것은 PO를 단순하게 사용한 것이다. 그러나 다른 상황보다 더 명확하게 PO를 어떻게 사용하는지 알려줄 수 있기 때문에 연습하면 큰 도움이 된다.

자극

    PO의 두번째 사용법은 새로운 사고 전개 과정을 유발할 가능성을 제외하면, 정보의 배열이 정당화될 수 없다는 것을 나타내는 것이다. 그러한 정보의 배열은 누구라도 만들 수 있는 공상적이고 비합리적인 것일 수 있다. 배열은 그 자체가 검토되지 않고, 그것의 결과가 검

토된다.

5. 병렬. 이것은 정보의 자극적인 배열로, 가장 단순하다. 두 단어 사이에 PO를 끼워 넣어 그것들이 같이 배열된 이유를 나타낸다. 교육생들에게 한 번에 하나의 단어의 쌍을 준다. 교육자가 칠판에 적은 제안들이나 일부 교육생이 메모한 제안들을 자발적으로 발표하도록 한다. 아니면 교육생들의 아이디어를 모아 나중에 비교할 수도 있다. 다음은 가능한 단어의 쌍이다.

- 말 PO 목수
- 책 PO 경찰
- 별 PO 축구
- 별 PO 결정
- 신발 PO 음식
- 아이스크림 PO 전깃불

교육자는 교육생들에게 두 단어 사이의 연관성을 찾거나 두 단어가 공통으로 가진 것을 나타내라고 구체적으로 요구하지 않아야 한다. 그리고 교육생들이 내놓은 모든 아이디어들을 수용한다. 만일 결과를 발표할 때 두 단어가 연결되지 않았다면, 그것이 어떻게 나타났는지, 보이지 않는 관계는 무엇인지 묻는다. 아이디어가 무엇인지는 상관없지만, 그것이 어떻게 생겨났는지에 관심을 가져라.

6. 임의의 단어. 주제를 고려할 때, 주제와 전혀 관련 없는 단어를 끼워 넣는다. 그리고 그 단어가 무엇을 유발하는지 살펴본다. 이 경우 PO는 임의의 단어를 도입하는 데 사용된다. 그것의 대안은 토론에서 중요하게 보이는 단어 몇 개를 선택한 후에 PO를 써서 임의의 단어와 병렬하는 것이다. 다음은 토론에서 다룰 수 있는 주제다.

- 소비에 대한 저축의 장점
- 스포츠에서 수비에 대한 공격의 장점
- 정보의 출처를 아는 것
- 싸움이 시작되는 이유
- 신발의 디자인

다음은 가능한 임의의 단어다.

- 낚싯줄
- 버스표
- 자동차 경적
- 삶은 달걀을 담는 컵

7. 개념 재결합하기. PO는 나누었던 개념을 다시 조합하는 데 사용된다. 그리고 라벨을 제거하고, 분류된 곳에서 정보를 추출하는 데 사용된다. 이 기능을 이해시키기 위해 분할로 생긴 개념을 골라

PO를 사용해서 조합한다. 그렇게 짝지은 개념들을 앞의 5에서 병렬을 제시했던 방식으로 교육생들에게 제시하고, 거기서 나오는 아이디어를 검토하고 비교한다. 이때 교육생들의 아이디어를 제출하게 하고, 나중에 읽어주면 교육생들 스스로 그 유용성을 평가할 수 있다. 다음은 가능한 예다.

- 군인들 PO 시민들
- 융통성 PO 경직성
- 공격하는 사람 PO 방어하는 사람
- 질서 PO 혼돈
- 액체 PO 고체
- 교육자 PO 교육생
- 위 PO 아래
- 오전 PO 오후
- 북쪽 PO 남쪽
- 옳음 PO 그름
- 남성 PO 여성

8. 병렬과 병렬에 의해 짝지워진 개념에 대한 반응에 덧붙여서 교육생들 스스로 병렬을 만들거나 개념을 짝짓도록 한다. 교육생들의 제안을 모으면, 그 자체로 그들의 반응에 대한 피드백이 될 수 있다. 이렇게 병렬과 짝지어진 개념을 만들어내는 간단한 예는 PO의

특정한 사용법을 아는 데 확실히 유용하다.

보호와 구조

이 기능은 판단을 연기할 때 사용된다. 그것은 곧 아이디어를 고려하지 못하게 하는 거절을 미루는 것이다. PO는, 아이디어가 판단되지 못하도록 그것을 보호하거나 이미 판단되어 거절된 아이디어를 다시 고려하는 데 사용된다. 실제로 PO는 NO 라벨에 의해 유도된다. NO 라벨의 사용은 판단의 기준이 되는 틀을 직접 가리키는데, PO를 사용해서 거절을 반복하고, 기준이 되는 틀을 재검토하는 것이다.

9. 토론은 두 교육생 또는 교육자와 교육생으로부터 시작한다. 토론은 둘 중 하나가 NO 라벨을 사용해서 의견을 거절할 때까지 계속한다. 그 시점에서 PO는 NO 라벨을 사용하는 대신 거절당한 의견이 무엇을 유발하는지 따져본다. 다음은 토론의 주제로 가능한 것들이다.

- 사람들이 시골에서 살도록 장려해야 하는가? 아니면 도시에서 살도록 장려해야 하는가?
- 복지 국가는 사람들을 게으르게 만드는가?
- 패션이 변하는 것은 좋은 일인가?

- 사람들은 얼마만큼 자신을 위해 살고, 얼마만큼 다른 사람을 위해 살아야 하는가?
- 수업 시간이 너무 긴가?

토론은 다음과 같이 진행될 수 있다.

교육자　사람들이 시골에서 살도록 장려해야 합니다. 도시에서 사는 것은 건강에 좋지 않기 때문이죠.

교육생　도시에서 사는 것은 건강에 좋지 않습니다. PO 도시에서 사는 것은 건강에 좋습니다. 도시에서 살면 교통이 편리하기 때문에 더 건강할 수 있고, 시골보다 상호작용이 활발하기 때문에 정신 건강에 더 좋을 수 있습니다.

교육자　도시에서 살면 더 나은 건강 서비스를 제공받을 수 있습니다. 도시는 병원이 모여 있고, 의사소통이 원활하기 때문입니다.

10. 주제가 선택되면, 교육자는 교육생들에게 그것에 대해 말할 수 있는 부정적인 모든 것들을 생각하게 한다. 교육생들의 의견을 나열하고, 그 중 몇 가지는 PO를 사용해서 재검토한다. 부정적인 의견은 아주 많다. 예를 들어 사과에 대해서 이렇게 말할 수 있다. 사과는 검은 색이 아니다, 보라색이 아니다, 연한 자줏빛이 아니다, 주황색이 아니다, 사과는 토마토가 아니다 등. 실제로 이런 종

류의 목록을 무시하거나 거기에서 특정한 아이템을 선택할 수 있다. 예를 들어 '사과는 토마토가 아니다'라고 말하는 것은 다음과 같은 아이디어로 이어질 수 있다. '어떤 언어에서 토마토라는 단어는 사과라는 단어로부터 나온다. 이탈리아어에서 토마토는 금사과라고 불린다. 스웨덴어에서 오렌지는 사과라는 단어에서 파생되었다.' 그것을 피하기 위해서는 사물보다 추상적인 개념이나 기능을 다루는 것이 더 낫다. 다음은 가능한 주제다.

- 일
- 자유
- 의무
- 진실
- 복종
- 지루함

PO 사용법의 일반 해설

PO를 많이 연습한 후에야 자연스럽게 그것을 사용할 수 있다. 교육자는 언제 PO를 사용해야 하는지, 그것을 어떻게 사용해야 하는지 결정한다. 교육자나 교육생이 PO를 사용했을 때 교육생들이 어떻게 반응하는지 지켜보는 것도 중요하다. 교육생들이 PO에 대해 부적절하게 반응하는 것은 그들이 그것의 기능을 제대로 이해하고 있지 못하다는 것을 나타낸다. 교육자는 PO의 바른 '사용'보다는 PO에 대한 바른 '반응'을 강조해야 한다. PO에 대해 적절하게 반응할 줄 아는 사람이 그것을 적절하게 이용할 줄도 안다.

PO의 일방적인 사용

PO는 다른 사람들과 의사소통 할 때뿐만 아니라 스스로 생각하고 반응을 보이는 데 쓰일 수 있는 장치다. 사실 그룹 토론에서는 수평적 사고를 사용하는 것보다 혼자서 사용하는 것이 더 유용할 것이다. 이렇게 PO를 개인적으로 사용하는 것은 다른 사람들이 그 기능을 이해했는지에 영향을 받지 않는다. 하지만 다른 사람들과 의사소통 할 때, PO를 사용하면 무슨 말을 하는지 모르는 사람이 종종 생긴다. 그럴 때는 PO의 사용을 포기하는 대신 그것이 무슨 의미인지 충분히 설명한다. 만일 설명하기 어렵다면, 그저 '가정'의 특별한 형태라고 말하면 된다.

요약

PO는 수평적 사고를 수행하는 언어 장치다. 그리고 PO는 통찰력의 도구다. 왜냐하면 확립된 패턴으로부터 벗어날 것을 장려하고, 통찰력의 재구성을 가능하게 하기 때문이다. PO는 언어의 특별한 기능을 수행한다. 물론 그 기능을 수행할 수 있는 다른 방법이 있지만, 그것들은 번거롭고 비효율적이다. PO는 연습할수록 더 효율적인 것이 된다. PO를 필요로 하는 것은 언어가 아니라 의식의 메커니즘이다.

21

개방성에 의한 차단

나는 그 도시에 꽤 익숙했지만, 어떤 레스토랑을 찾아가야 했을 때는 길을 물어야만 했다. 그 레스토랑까지 가려면 3개의 블록(block: 도시의 한 구획)을 지나쳐야 하는데, 각각의 블록에 잘 아는 곳이 있어서 찾는 것은 그리 어렵지 않았다. 언젠가 친구 몇 명과 같은 시간, 같은 장소에서 그 레스토랑을 향해 출발한 적이 있었다. 그런데 친구들이 나보다 훨씬 빨리 도착했다. 그들에게 속도를 냈냐고 물었더니 아니라고 했다. 그래서 어떤 길로 왔냐고 물었다. 그들은 설명을 해주었다. 그들은 지름길로 왔던 것이다.

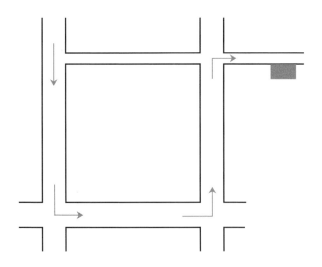

내가 도시 중심을 지나 필요 없이 우회하고 있을 동안 친구들은 레스토랑으로 바로 갈 수 있는 길을 찾았다. 나는 평소에 다니던 길에 항상 만족하고 있었기 때문에 더 가까운 길을 찾지 않았고 그런 길이 있다는 것도 알지 못했다. 나 역시 종종 그 길을 지나쳤었지만 한 번도 가 보지는 않았다. 갈 이유가 없었기 때문이다. 결국 나는 그 길을 가보지 않았기 때문에 그 길로 가는 게 얼마나 빠른지 알지 못했

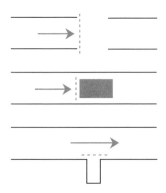

다. 나는 그 레스토랑으로 가는 길을 설명할 때 처음에 크고 잘 알려진 블록 위주로 설명했는데, 그것은 그렇게 설명하는 게 가장 쉬웠기 때문이다. 그렇게 하지 않을 이유가 없었다. 다음은 생각이 차단될 수 있는 세 가지 유형이다.

① 단절에 의해 차단된다. 길이 끊어졌기 때문에 더 이상 앞으로 나갈 수 없는 것과 같다. 계속 나아가기 위해서는 다른 길을 찾거나 다리를 건설해야 한다. 즉 다른 정보를 찾거나 실험을 통해 정보를 만들어야 한다.

② 장애물에 의해 차단된다. 장애물이 길을 막고 있어서 더 이상 나갈 수 없다. 계속 나가기 위해서는 장애물을 제거하거나 장애물을 돌아가는 방법을 찾아야 한다. 일단 그렇게 하면 나가는 것은 쉽다. 왜냐하면 길은 있기 때문이다. 장애물을 제거하는 노력을 통해 문제에 집중할 수 있다.

③ 아무 것도 없기 때문에 차단된다. 길이 평탄하고 확실해서 샛길이 있는지조차 모르고 빨리 지나친다. 사물을 바라보는 특정한 방법이 더 나은 방법을 지나쳐버리게 만든다. 왜냐하면 다니던 길이 익숙하고 편하기 때문에 다른 길이 있을 거라는 생각조차 못하기 때문이다.

세번째 유형은 적절한 것에 의해 차단될 때나 개방성에 의해 차단될 때 생긴다. 수평적 사고는 그것을 피하려는 시도로, 기억의 표면에 확립된 패턴을 사용하는 대신 그것을 재구성해서 더 나은 방법을 찾으려는 것이다. 레스토랑을 찾아가는 이야기에서처럼, 확립된 패턴들은 친숙한 부분들로 구성된다. 그러나 우리는 심지어 패턴이 효율적이라고 여겨질 때도 더 효율적인 패턴들이 많다는 사실을 배제할 수 없다.

  정보를 특정한 방식으로 조합해서 패턴을 만드는 것은 다른 방식으로 조합해서 패턴을 만들 수 있는 가능성을 차단하는 것이다. 아

래의 그림에서, 3개의 조각을 배열하는 한 가지 방식은 다른 방식들을 제외시킨다. 패턴은 배타성이 있다. 그런데 만족스러운 패턴이 그것과 다른, 더 나은 배열이 있다는 가능성까지 배제할 수는 없다. 문제는 다른, 더 나은 배열이 현재의 패턴으로부터 나오는 것이 아니라 그것을 대신해서 나온다는 것이다. 만일 어떤 일을 하는 데 적당한 방법이 있다면, 더 나은 방법을 찾을 이유가 없다. 적당하다는 것은 언제나 만족스럽다는 것이다. 우리의 사고가 잘못된 것은 익숙하게 다루면서 옳은 것은 그렇게 다루지 못한다는 사실은 매우 흥미롭다. 우리는 무엇이 잘못되면 깊이 생각한다. 그러나 무엇이 옳으면 더이상 생각하지 않는다. 그렇기 때문에 수평적 사고가 필요하다. 그것은 만족스럽다고 생각되는 패턴을 깨뜨리고, 재구성하기 때문이다.

개방성에 의해 차단된 사고가 갖는 어려움은 그것이 어디에서 생겼는지 알 수 없다는 것이다. 그것은 분명히 올바른 경로를 따라 어디에서든지 생길 수 있다. 아래의 그림은 두 가지 분기(branching) 유형이다. 첫번째 유형은 각각의 분기점에서 확실한 방향 전환이 있다.

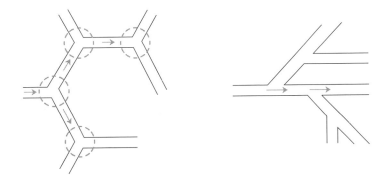

오른쪽이나 왼쪽으로 가야 한다. 그것은 항상 분기점을 염두에 두고 있다는 의미다. 두번째 유형은 일직선으로 된 주요 경로에서 나누어 져 갈라진다. 만일 주요 경로를 따라간다면, 다른 경로를 선택해야 하 는 지점이 있다는 사실을 알지 못한다. 주요 경로가 개방되어 있기 때문에 사고가 차단되는 것이다.

첫번째 유형에서는 막다른 길에 이르게 되면, 다시 분기점으로 돌 아가서 다른 경로를 선택하게 된다. 그것을 몇 번이고 되풀이할 수 있다. 그러나 두번째 유형에서는 막다른 길에 이르게 되면 분기점으 로 돌아갈 수가 없다. 왜냐하면 분기점에서 잠시 멈추거나 선택을 하 지 않아 분기점이 어디인지 알 수 없기 때문이다.

클리셰 패턴은 일직선으로 된 주요 경로만을 가진 시스템으로 구 성되어 있다. 그 경로를 따라 순조롭게 진행하면, 나누어져 갈라진 다 른 경로가 있다는 사실조차 알지 못한다. 따라서 막다른 길에 이르게 되었을 때 어디로 가야 할지 모른다.

플라스틱 조각 2개가 있다. 그것들을 쉽게 묘사할 수 있는 단순한 모형이 되도록 함께 배열해보자. 보통 다음 페이지의 ①번 그림처럼 배열할 것이다. 또 다른 플라스틱 조각이 주어진다면, 역시 배열은 보 통 ②번 그림처럼 될 것이다. 그런데 'ㄱ'자 모양의 네번째 조각이 주 어지면 배열이 어려워진다. 두번째 조각이 첫번째 조각의 모퉁이에 자리 잡는 것은 당연해 보이고, 결국 클리셰 패턴이 된다. 사람들은 그것을 사용하고 싶어 하지, 나누고 싶어 하지 않는다. 그런데 두번 째 조각은 완전히 다른 곳에 놓여야 하고, 그것은 ③과 같은 최종적인 해답을 찾기 어렵게 만든다. 그러나 사실 클리셰 패턴은 만족스러운 것으로, 매우 유용하며 잘 적용된다. 그것은 주로 세 가지 방식으로 사용될 수 있다.

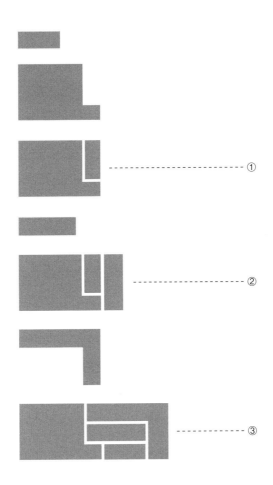

① 의사소통을 위해 쓰인다. 상황을 설명할 때, 새로운 패턴을 만들어내는 것보다 클리셰 패턴을 사용하는 것이 더 쉽다.

② 대안이 되는 여러 개의 패턴들이 있을 때, 다른 패턴보다 클리

셰 패턴을 선택하기가 더 쉽다.

③ 패턴의 일부분만 주어졌을 때, 비록 클리셰 패턴이긴 하지만 그 부분으로 전체 패턴을 만들어낸다.

언젠가 대학교 구내식당에서 점심을 먹고 있을 때였다. 다른 테이블에 머리가 길고, 얼굴이 가냘프고 섬세하게 생긴 학생이 앉아 있었다. 나는 그 학생을 보면서 외모로 성별을 알 수 없는 사람이 있다고 생각했다. 그런데 몇 분 후에 갑자기 그 학생에게 콧수염이 있다는 것을 알았다. 나는 그 학생의 머리가 길고, 얼굴이 가냘프고 섬세하게 생겼다는 것 때문에 그가 당연히 여자일 거라고 생각했던 것이다. 마찬가지로 사람들은 클리셰 패턴을 고를 때, 대안이 되는 패턴을 아주 쉽게 고를 수 있다는 사실을 생각조차 못한다.

만일 글자의 일부가 종이로 가려져 있다면, 글자를 맞추기 위해 패턴을 만들어낸다. 글자는 클리셰 패턴이다. 그리고 글자의 나머지 부분을 맞추기 위해서는 약간의 힌트만 있으면 된다. 그런 방식으로 나머지 부분을 알아내는 것은 글자를 읽는 것만큼이나 쉽다. 모든 가능성과 패턴이 글자라는 사실을 알기 때문이다. 그러나 패턴이 글자가 아니라 완전히 다른 것이라고 생각해보자. 그래도 드러난 부분이 글자처럼 보였을까? 어떤 사람은 예측 가능한 클리셰 패턴을 만들어낼 것이고, 어떤 사람은 틀릴 것이다. 또는 글자의 형태를 모른다고 생각해보면 어떨까? 사람들은 그들이 만든 패턴이 유일한 표준적인 클리셰 패턴이 될 것처럼 여기며 패턴을 만들어낸다.

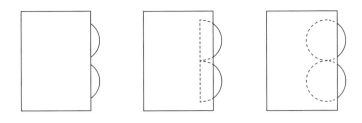

개방성에 의해 차단된 과정은 사고와 깊이 관련되어 있다. 그 과정은 사고의 기초라고 할 수 있다. 사고는 과거의 경험을 토대로 추측과 가정을 하기 때문이다. 그런데 그 과정은 새로운 아이디어를 생각해내지 못한다는 치명적인 단점이 있다. 그래서 수평적 사고를 필요로 한다. 수평적 사고는 대안이 되는 경로를 찾으며, 오래된 경로가 얼마나 적절하게 보이는지와 상관없이 새로운 방식으로 조합하려고 노력한다.

연습

연습 과정의 단 한 가지 의도는 기술을 연습하는 것이 아니라 개방성에 의해 차단된 현상을 설명하는 것이다. 그것은 우리가 만족스러운 설명처럼 보이는 것에 의심없이 얼마나 쉽게 만족하는지를 보여주는 것에서부터 시작된다.

① 이야기, 일화, 농담. 교육생들에게 적절함에 의해 차단된 과정

의 예를 들어 보라고 한다. 예는 그들의 실제 경험이나 다른 사람에게 들은 사건이면 된다. 교육자는 그것들을 메모하고, 자료 목록에 덧붙여 둔다. 교육자는 이미 이와 같은 유형의 예를 모아두었을 것이고, 무엇이 요구되는지 설명할 때 그 자료들을 사용할 수 있다.

(예: 우리 집에 손님이 머물렀다. 그런데 손님이 떠나고, 독서용 스탠드가 작동하지 않았다. 전구와 퓨즈를 확인했지만 아무런 이상이 없었다. 스탠드를 분해하려고 하는데 손님이 벽에 있는 스위치를 끄지 않고, 스탠드에 있는 스위치를 껐을 수도 있다는 생각이 문득 들었다. 그리고 실제로 그랬다.)

② 교육생들에게 일부분이 가려진 사진을 보여주고, 그것이 어떤 사진인지 말해보도록 한다. 사진의 가려진 부분을 보여주기 전에 결론을 내리도록 부추긴다.

③ 빈칸의 사용. 교육생들에게 어떤 주제에 대해 짧은 글을 쓰게 한 후 주제를 명확하게 하는 단어들을 모두 지우면서 글을 검토하라고 한다. 그러면 글은 단어 대신에 '빈칸'으로 다시 쓰여진다. 다른 방법은 교육생들이 글을 쓰면 교육자가 의미 있는 단어를 지워서 빈칸을 만드는 것이다. 또 다른 방법은 신문이나 잡지에서 글을 골라 위와 같은 방식으로 하는 것이다. 교육생들에게 글을 내라고 하기 전에 지금 하고자 하는 것이 무엇인지 예를 들어주는 것이 좋다. 빈칸으로 채워진 글을 교육생들에게 읽어준 후, 그 글이 무엇에 관한 것인지 생각하게 한다. 그리고

각각의 빈칸을 채우게 한다. 교육생들 스스로 빈칸을 채워보게 하고, 나중에 결과를 비교한다. 이런 유형의 지문은 다음과 같다. '그는 _____의 옆에 서 있었고, 매번 _____가 다가오면 그는 팔을 들고 _____한다. 결국 그가 _____되기 얼마 전이었으며, 따라서 _____를 하지 않았다.'

위의 지문에서 빈칸은 지운 부분이다. 하나의 단어만 지우는 것이 아니라 몇 개의 단어가 합쳐진 것도 지울 수 있다. 예를 들어 '어디로든지 움직인다'라는 문구를 지워 빈칸으로 남겨둘 수도 있다.

22

묘사/문제 해결/디자인

제21장에서는 개방성에 의한 차단을 이야기했다. 즉 확립된 패턴이 정보를 더 유용하게 사용할 수 있는 패턴의 발전을 막는 경우에 대해 배웠다. 우리는 주로 해답을 얻을 때까지 그것만 생각하라고 배웠다. 그리고 해답이 만족스럽지 못하면 계속 탐색을 하지만, 만족스러우면 바로 탐색을 멈춘다. 그러나 정보의 배열이나 해답이 적절한 수준보다 훨씬 나은 수준으로 나올 수도 있다. 이 모든 것은 수평적 사고의 첫번째 측면으로, 확립된 패턴이 더 나은 패턴을 제한한다는 것을 아는 것이다. 그렇게 확립된 패턴은 세 가지 일을 할 수 있다.

① 실제로 존재하지 않는 문제를 만들 수 있다. 그런 문제는 특정

한 분할, 대립, 양극화, 개념화에 의해서만 만들 수 있다.

② 더 유용한 정보의 배열을 방해할 수 있다.

③ 현재의 배열이 적절하다는 이유로 더 나은 배열이 차단될 수 있다.

수평적 사고의 과정과 필요성에 대해 아는 것이 수평적 사고의 첫 번째 라면, 두번째 측면은 수평적 사고를 사용하는 기술을 발전시키는 것이다. 수평적 사고의 과정을 추상적으로 다루는 것은 좋지 않으며, 창의성과 관련시켜 일반적인 방식으로 다루는 것도 좋지 않다. 그리고 수평적 사고를 어떤 특정한 상황에서, 특정한 때에, 특정한 사람이 사용하는 것이라고 정형화시켜 생각하는 것도 좋지 않다. 수평적 사고는 사고에 필요한 부분이고, 모든 사람이 관심을 가지고 있다. 아는 것과 평가하는 것 이상으로 생각해야 하고, 실제로 실행도 해야 한다. 이 책은 수평적 사고를 실행하는 다양한 방법들을 제시했다. 각각의 경우에 아이디어는 특정한 기술을 사용하기 위한 것이다. 그렇게 실전 연습과 더불어 일반적인 실전 상황이 필요하다. 실전 상황을 다루면서 다른 곳에서 배웠던 기술을 사용하거나 수평적 사고의 적용을 위한 기질이나 방법 등을 발달시킬 수 있다.

어떤 프로젝트에 참여하면 수평적 사고를 사용할 수 있을 것이다. 사실 전문적인 프로젝트의 경우에는 수평적 사고를 사용할 기회가 매우 적다. 왜냐하면 그러한 프로젝트는 전문적인 지식을 수집하거나 그것을 적용하는 것에 중점을 두기 때문이다. 그것들은 오히려 수직적 사고와 관련된 것이다. 수평적 사고는 지식을 쉽게 사용할 수 있고, 그것을 가장 잘 사용하는 것에 중점을 둘 때 보다 더 잘 사용할 수 있다. 수평적 사고는 대형 프로젝트에서 사용하는 것보다 다수의 소규모 프로젝트에서 사용하는 것이 훨씬 더 유용하다. 다음은 수평적 사고의 사용하도록 장려하는 세 가지 실제 상황이다.

- 묘사
- 문제 해결
- 디자인

묘사

사물이나 상황은 사람에 따라 다양한 방식으로 묘사될 수 있다. 사람마다 여러 가지 관점이 있을 수 있듯이 여러 가지 묘사도 있을 수 있다. 어떤 묘사는 다른 것보다 더 유용하거나 완벽할 수 있다. 하지만 혼자만 옳은 묘사는 없다. 그런 이유로, 묘사는 어떤 것이 왜 다른 방식으로 보이는지 쉽게 알 수 있는 방식이다. 그리고 대안적인 방식을 만들 수 있는 능력을 쉽게 실행할 수 있는 방식이다. 대안적인 관점을 만든다는 것을 알 때, 다른 사람이 가진 관점의 타당성을 평가할 수 있다.

묘사는 어떤 것을 이해하는 방식, 즉 어떤 것을 스스로에게 설명하는 방식을 알게 하는 방법이다. 어떤 것을 묘사하면서 일시적으로 특정한 관점을 가지는 것으로, 막연하게 아는 것에 만족하지 않고 명확한 관점을 만드는 것에 만족하는 것이다.

이 연습 과정은 상황을 바라보는 방식이 하나만 있는 게 아니라는 것을 알게 하고, 스스로 대안을 만들어내도록 도와준다. 그렇기 때문에 묘사가 얼마나 정확한지보다는 묘사 간의 차이점과 독특한 방법의 사용을 강조한다.

묘사할 수 있는 소재로는 우선 시각 자료가 있다. 그것은 사진의 형태거나 평범한 그림이 될 수 있다. 아니면 교육생들이 그린 그림을 다른 사람이 묘사하게 할 수도 있다. 간단한 기하학적 형태는 이 과정을 시작하기에 적합하다. 시각적인 자료에서 문자로 된 자료로 옮길 수도 있다. 문자로 된 자료를 가지고 이미 묘사된 것을 다시 묘사한다. 잘 알려진 이야기나 책에서 발췌한 부분, 신문 기사를 활용할 수 있다. 사물은 묘사하지 않고도 이름만으로 알 수 있다. 마찬가지로 상황도 묘사하지 않아도 이름만으로 알 수 있다. 그런 경우 교육생들은 완전한 묘사를 해야 한다. 예를 들어 교육생들에게 추수하는 기계나 의회 시스템을 묘사해보도록 한다. 제스처로 취한 행동 역시 묘사의 대상이 될 수 있다. 명심할 것은 묘사의 대상을 결정하는 데는 아무 제한도 없다는 것이다.

묘사는 말이나 글 심지어 그림 형태가 될 수 있다. 일단 묘사의 형태가 정해지면, 다른 접근 방법을 보여주는 것이 중요하다. 교육자는 교육생들이 계속해서 더 많은 접근 방법을 찾도록 장려한다.

비록 가장 좋은 묘사를 찾을 필요는 없지만, 어떤 것이 유용하고 어떤 것이 그렇지 않은지는 고려해야 한다. 묘사의 대상은 아이디어를 만들어내는 자극으로는 쓰이지 않는다. 우리는 묘사의 대상과 관련된 아이디어를 만들어내는 것이 아니라 그 대상을 묘사하는 것에 집중해야 한다. 바람직한 묘사의 기준은 '이 장면을 볼 수 없는 사람에게 묘사해야 한다고 가정하자. 어떻게 묘사할 것인가?'와 같다.

완벽한 묘사를 찾는 게 아니다. 아주 생생하게 묘사할 수 있다면, 자료의 일부만을 묘사하는 것도 훌륭한 것이 될 수 있다. 묘사는 완벽하거나 부분적이거나 일반적인 것일 수 있다. 예를 들어 정사각형을 묘사할 때는 다음과 같은 묘사가 나올 수 있다.

- 4개의 같은 변을 가진 도형이다.
- 4개의 직각을 가진 도형이다.
- 모든 변의 길이가 같은 직사각형이다.
- 북쪽으로 2마일 걸은 후에 동쪽으로 2마일 걷고, 다시 남쪽으로 2마일 걷고, 마지막으로 서쪽으로 2마일 걷는다고 했을 때, 당신이 걸은 길을 비행기에서 내려보면, 그것이 정사각형이다.
- 세로가 가로보다 두 배인 직사각형의 세로를 정확히 반으로 자르면, 정사각형 2개가 나온다.
- 직각 이등변 삼각형 2개를 밑변이 마주하도록 붙이면 정사각형이 된다.

위의 묘사 중 어떤 것은 확실히 불완전하다. 그리고 다른 것들은 상당히 우회적이다. 묘사는 항상 결과가 있기 때문에 수평적 사고를 실행하기에 가장 쉽다.

문제 해결

묘사처럼 문제 해결 역시 이 책 전반에 걸쳐 연습했던 형식이다. 문제는 간단히 말해 가진 것과 갖고 싶은 것의 차이다. 어떤 질문이든 문제를 가지고 있다. 문제가 생기고, 그것을 해결하는 것은 포워드 사고와 그 과정의 기본이다. 묘사가 가진 것을 확인하는 것이라면, 문제 해결은 가질 수 있는 것을 기대하는 것이다.

어떤 문제든지 의도가 있다. 그리고 그것은 다양한 형태로 나타날 수 있다.

① 어려움 해결하기(교통 혼잡 문제)

② 새로운 것 일으키기(사과 따는 기계의 디자인)

③ 만족스럽지 못한 것 제거하기(도로에서의 사고, 기아)

이 문제들은 사건의 상태를 변화시키는 같은 과정의 다른 측면이다. 예를 들어 교통 혼잡 문제는 세 가지 방식으로 표현될 수 있다.

① 교통 혼잡의 어려움 해결하기

② 자유로운 교통 흐름을 유지할 수 있는 도로 시스템 디자인하기

③ 교통 혼잡으로 인한 좌절과 지연 제거하기

문제는 제한이 있는 것(open ended)일 수도 있고, 없는 것(open closed)일 수도 있다. 이 책의 문제들은 대부분 제한이 없는 것들이다. 왜냐하면 현실의 문제를 해결하기 위한 시간이나 시설을 갖는 것이 불가능하기 때문이다. 제한이 없는 문제는 어떻게 해결할 수 있을지에 대한 제안만 제시하면 된다. 실제로 그것들은 그것들이 효과적인지 알아보기 위해 실제로 시도해 볼 수 없기 때문에, 다른 방식으로 판단해야 한다. 판단은 '제안을 실제로 실행해본다면 무슨 일이 일어날까?'라는 생각에 기초한다. 판단은 교육자나 다른 교육생들이 할 수 있다. 하지만 잊지 말아야 할 것은 제안을 판단하는 것이 아니라 다른 접근 방법을 만들어내는 것이라는 사실이다. 되는대로 제안을 받아들이고, 거절하기보다는 그것을 면밀히 검토한다. 판단을 강요해야 하는 유일한 때는 제안이 문제로부터 멀어져서 더 이상 그것을 해결하려고 하지 않을 때다. 물론 문제는 다른 맥락에서 나온 정보를 통해 해결될 수도 있다. 하지만 이런 유형의 문제 해결을 연습하는 목적은 주어진 문제를 해결하려고 노력하는 것이다.

제한이 있는 문제는 확실한 해답이 있다. 해답은 제대로 작용할 수도 있고 그렇지 않을 수도 있다. 해답이 하나밖에 없는 것처럼 보일 수 있지만, 그것의 대안이 존재하는 경우가 더 많다. 많은 해답 중 일

부는 다른 것보다 나을 수도 있지만, 그것을 찾는 것이 목적이 아니라면 해답이 작용하는 것만으로도 충분하다. 가장 좋은 하나의 해답을 찾는 것보다 다양한 해답을 찾는 것이 더 좋다. 제한이 있는 문제는 상당히 단순해야 한다. 왜냐하면 간단하게 해결할 수 있어야 하기 때문이다. 아니면 수학처럼 현실 세계에 대해 자신만의 모델을 만들도록 허용하는 관념 시스템을 가져야 한다. 하지만 순수한 수학적 문제에서는 벗어나는 것이 좋다. 그것은 기술을 사용하는 지식을 요구하기 때문이다. 말로 나타낼 수 있는 해답을 가진 다양한 문제들이 있다. 그 중 일부는 수학을 포함하지만, 실제로는 문제를 바라보는 방식과 관련되어 있다. 예를 들어 오리들이 길을 따라 한 줄로 가고 있다고 하자. 한 마리 앞에 두 마리가 있고, 두 마리 뒤에 한 마리가 있었다. 오리는 모두 몇 마리 있었는가? 답은 세 마리다. 그러한 문제들을 볼 때마다 기록해 둘 수 있다. 교육자는 어떤 문제도 말에 관한 속임수가 분명히 밝혀야 한다. 왜냐하면 교육생들에게 교육자가 말장난으로 자신들을 속이려 한다는 인상을 주면 안 되기 때문이다.

유용한 유형의 문제는 제한이 있는 형태로 인위적이고 틀에 박힌 문제다. 그런 문제는 실제 사물을 다루는 데, 예를 들어 '작은 방을 가로질러 긴 사다리를 꺼내는 방법' 같은 것이다. 그런 문제는 일부러 간단하고 직접적인 행동을 선택해서 만드는 것이 가능하고, 시작점을 엄격히 제한함으로써 문제를 만들 수도 있다. 예를 들어 '만일 식탁에서 컵을 떼는 것을 금한다면 어떻게 비울 것인가?'와 같은 문제를 만들 수 있고, '어떻게 신문으로 물 3리터를 옮길 것인가?'와 같은 문제를 만들 수도 있다. 이런 유형의 문제를 사용할 때는 시작점을 조심해서 정의해야 한다. 나중에 다시 돌아갈 수 없으며, 가정이나 당연한 것이었다고 말할 수 없다. 예를 들어 교육생들에게 엽서를 특정한 모양으로 자르라고 시켰다고 하면, '하지만 나는 엽서를 접을 수 있다고 말하지 않았다.', '엽서를 접으면 자르기가 너무 쉽기 때문에 엽서를 접을 수 없다고 가정했다'와 같이 말하면 안 된다. 그것은 매우 중요한 지적이다. 만일 교육생들에게 가정을 만들라고 하고 그 경계를 추정하게 하면, 그것은 수평적 사고의 목적에 정면으로 배치되는 것이다. 수평적 사고는 가정의 제한에 도전하는 것이기 때문이다.

제한이 있는 형태의 인위적인 문제 대부분은 다소 사소하게 느껴질 것이다. 하지만 그것이 문제되진 않는다. 왜냐하면 그런 문제들을 다룰 때는 그것들을 해결하는 과정을 따로 분리하거나 다른 문제로 전환시킬 수 있기 때문이다. 이 문제의 의도는 단지 문제를 해결하는 과정의 레퍼토리를 발전시키는 것이다.

교실 상황에서 사용될 수 있는 유형의 문제도 있다. 교육자는 이미 답이 있는 문제를 말하되, 그것을 알려 주지 않는다. 그리고 교육자는 답을 찾기 전에 문제를 어떻게 말할 것인지 생각해야 한다. 이때 물론 상황은 교육생들에게 친숙하지 않은 것이어야 한다. 예를 들어 교육생들에게 이렇게 질문할 수 있다. '플라스틱 양동이나 배관을 어떻게 만들죠?' 주형, 압출 성형 등 몇가지 답을 알고 있는 교육자는 일단 교육생들이 대답하도록 독려하고, 마지막에 답을 알려준다. 종종 답을 아는 사람이 있는지 묻는다. 왜냐하면 이미 답을 알고 있으면

답을 말하지 않도록 주의시키거나 마지막에 답에 대해 설명해보도록 부탁할 수 있기 때문이다. 만일 교육생들에게 각각의 제안을 적어서 내라고 하면 답을 알고 있는 교육생 때문에 문제를 망치지는 않을 것이다. 이런 유형의 문제는 상상력을 발휘하거나, 잡지를 읽거나 전시회를 돌아다니면서 만들어낼 수 있다. 이미 만들어진 것을 다시 만드는 것도 좋은 방법이다.

디자인

디자인은 문제 해결의 매우 특별한 경우다. 사람들은 바라는 일이 일어나기를 원한다. 그들은 가끔 잘못된 것을 고치려고 하지만 일반적으로는 뭔가 새로운 것을 생각해내려고 한다. 그런 이유로 디자인은 문제 해결보다 제한이 없고, 더 많은 창의성을 요구한다. 디자인은 명확하게 정의된 대상과 명확하게 정의된 시작점을 연결하는 문제라기보다는 일반적인 지점에서 시작해서 일반적인 대상으로 향하는 문제다.

디자인은 항상 그림이 아니어도 되지만, 수평적 사고를 연습하기 위해서는 그림이 적합하다. 그림이 의미하는 것을 시각적으로 묘사할 수만 있다면 얼마나 잘 그렸는지는 중요하지 않다. 그림에 설명을 추가할 수도 있지만, 아주 간략해야 한다. 그림의 장점은 말로 설명하는 것보다 훨씬 더 많은 것을 보여준다는 것이다. 단어들은 아주 일반적일 수 있다. 하지만 그림에서 선은 정확한 위치에 있어야 한다. 예를 들어 감자 껍질을 깎는 기계의 디자인을 설명할 때, '감자가 이 구멍으로 들어가서 씻겨진다'라고 말하기는 쉬울 것이다. 그러나 그 것이 시각적으로 묘사될 때 아래의 디자인을 얻을 수 있다. 만일 디 자인을 한 사람이 감자를 씻는 데 물 한 양동이를 사용한다면, 양동 이를 기계의 측면에 설비하는 것이 가장 좋다. 따라서 물의 높이 역 시 측면에 의해 결정된다. 이 경우 양동이를 사용하는 문제는 말에 의한 묘사만으로는 절대 명확하지 않을 것이다.

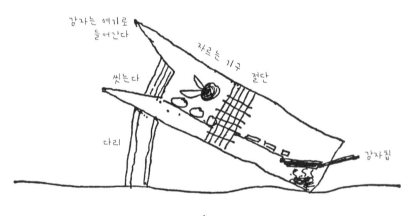

감자 깎는 기계

비교

디자인을 연습하는 첫번째 목표는 어떤 기능을 수행하는 데 대안 이 있다는 것을 보여주는 것이다. 디자인을 하는 사람은 오직 한 가 지 또는 몇 가지의 대안만을 볼 수 있다. 하지만 디자인을 하는 사람이 많아지면 대안 역시 많아질 것이다. 그래서 다른 사람의 디자인을 보여줌으로써, 다른 방식으로 일을 바라보는 것이 어떻게 가능한지 말할 수 있다. 디자인 과정의 목표는 디자인을 가르치는 것이 아니라 수평적 사고를 가르치는 것이다. 다시 말해서 어떤 일을 바라보는 방식의 대안을 만들어내는 능력을 가르치는 것이다.

디자인 연습을 할 때, 몇 가지 일반적인 주제를 교육생들에게 제시한다. 예를 들어 사과 따는 기계, 울퉁불퉁한 지면을 달릴 수 있는 차, 감자 껍질 깎는 기계, 엎질러지지 않는 컵, 신체의 재디자인, 소시지의 재디자인, 우산의 재디자인, 머리 자르는 기계 등이다. 교육생들에게 디자인을 제안하게 한다. 더 쉽게 비교하기 위해서는 교육생들이 각자 선택하게 하는 것보다 프로젝트를 제시하는 것이 좋다. 개별적인 디자인은 모아서 비교한다.

비교는 나무에서 사과를 따는 것과 나무를 흔드는 것의 비교처럼 디자인 전체에 주의를 기울이거나, 기계의 손으로 사과를 집는 것과 구멍을 통해 사과를 빨아들이는 것의 비교처럼 특정한 기능에 주의를 기울이는 것이 있다.

클리셰 단위

제출한 디자인을 검토할 때, 클리셰 단위는 가장 먼저 눈에 띈다. 클리셰 단위는 어떤 일을 하는 표준 방식으로, 다른 환경으로부터 빌려온 것이다. 예를 들어 감자를 씻기 위한 양동이와 물은 클리셰 단위이다. 디자인을 연습하는 두번째 목표는 일하는 표준 방식을 지적하고, 어떻게 그것이 가장 좋은 방법이 아닐 수 있는지 보는 것이다.

클리셰 단위를 지적할 때, 사람들은 그것을 판단하지 않는다. 그들은 그것이 클리셰 단위라고 비난하지 않는다. 디자인 과정에서는 더 적절한 것으로 이동하기 전에 클리셰 단위를 거쳐야 한다. 그러므로 클리셰 단위를 지적만 하고, 디자인을 하는 사람이 그 이상을 추구할 수 있도록 장려해야 한다.

때로는 디자인 전체가 클리셰 단위일 수 있다. 예를 들어 교육생들에게 울퉁불퉁한 지면을 달릴 수 있는 차를 디자인하라고 했을 때, 한 남자 아이는 대포, 기관총, 로켓 미사일을 완벽하게 갖춘 탱크를 그렸다. 그런 클리셰 단위는 영화, 텔레비전, 만화, 백과사전 등에서 직접 빌려온 것이다.

클리셰 단위는 디자인의 일부분으로 더 자주 사용된다. 사과 따는 기계 프로젝트에서 한 교육생이 나무에서 사과를 따는 로봇을 그렸다. 로봇의 머리 위에는 사람이 통제할 수 있는 전선이 연결되어 있었다. 로봇의 속눈썹은 완벽했다. 다른 교육생은 상자 비슷한 머리가 있는 구조물을 그렸다. 그것은 두 다리로 서며, 사과를 딸 수 있는 팔이 2개 있다. 그리고 각 팔에는 손가락이 5개씩 달려 있다. 또 다른 교육생은 다리를 없애고, 상자 비슷한 머리를 '빨리, 아주 빨리, 멈춤'이라고 쓰여 있는 계기판으로 바꾸었다. 그러나 손가락이 5개씩 달린 2개의 팔은 그대로 있었다. 그 후에 나온 디자인에서는 머리도 없애고, 팔만 유지했다. 그리고 마침내 작은 이동식 바퀴가 달린 정교한 차를

그렸다. 그것은 사과까지 뻗을 수 있는 팔을 가지고 있었다. 팔 끝에는 손가락이 5개씩 달린 완벽한 손이 있었다. 이 디자인은 사과 따는 기능을 나타내는 간결한 방식일 뿐이라고 추측했지만, 손 중앙에 검은 구멍이 있으며 '이 구멍을 통해 사과를 빨아들인다'는 주석을 달았다. 이런 디자인들에서 클리셰 단위는 인간을 완벽하게 복사한 것부터 5개의 쓸모없는 손가락이 달린 손을 가진 것까지 다양하다.

위에서 언급했던 것처럼, 사람들은 디자인 과정에서 클리셰 단위를 거쳐야만 할 것이다. 다음은 클리셰 단위를 다룰 수 있는 방식이다.

1. 다듬는 것과 쪼개는 것

완전한 클리셰 단위가 선택되면 필수적이지 않은 부분을 다듬어서 없앤다. 예를 들어 감자 껍질 깎는 기계의 정교한 디자인에서, 어떤 사람은 디자인을 더 진척시켜서 감자칩까지 만들고 싶었다. 그래서 그는 손잡이까지 달려 있는 프라이팬을 디자인에 추가했다. 그런데 감자가 프라이팬에 들어갔다 나오는 동안 프라이팬의 손잡이는 아무 쓸모가 없었다.

반복적으로 다듬는 것을 통해 사람들은 클리셰 단위의 꼭 필수적인 부분만 남긴다. 다듬는 것은 적은 양을 점진적으로 제거하는 것일 수도 있고, 많은 양을 제거하는 것일 수도 있다. 예를 들어 탱크의 클리셰 단위에서 모든 전쟁 기능을 제거하고, 앞뒤 차바퀴의 둘레를 긴 고리 모양의 벨트로 이어 걸어 놓은 장치만 유지할 수 있다. 사고의 비약이 너무 크면 클리셰 단위를 다듬는 것이라기보다는 쪼개는 문제가 될 것이다. 다듬는 것과 쪼개는 것은 모두 개념을 부수는 과정이다. 그리고 그것들을 사용할 수 있는 것은 고정된 패턴으로부터 벗어나기 위한 수평적 사고의 과정이다.

2. 분리와 추출

이것은 쪼개는 것의 한 형태다. 클리셰 단위의 중요한 부분을 추출하는 것은 쪼개는 것과 같다. 그러나 실제로 두 과정은 다르다. 사람들은 필수적인 부분을 알고 제거할 수도 있고(추출), 필수적인 부분에 이를 때까지 조금씩 다듬으면서 클리셰 단위를 다룰 수도 있다.

추출한 것은 클리셰 단위일 수도 있다. 반면 명백하지 않고, 클리셰 단위를 바라보는 특정한 방식에 의존하는 것일 수도 있다. 예를 들어 기능의 개념을 분리할 수 있다. 비록 개념은 클리셰 단위로부터 나온 것이지만, 특정한 묘사이기도 하다. 그러나 그것은 클리셰 단위

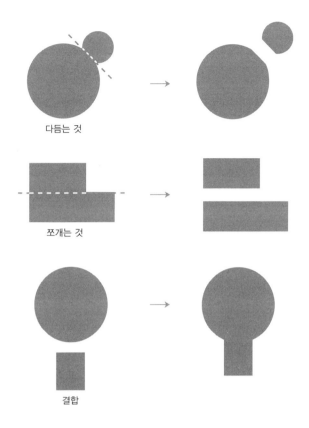

다듬는 것

쪼개는 것

결합

없이 발생할 수 없다. 따라서 사과 따는 기계에서, '따기'는 사람의 손이라는 클리셰 단위로부터 직접 분리된 기능이다.

3. 결합

여기에서는 다양한 출처에서 클리셰 단위를 선택하고, 결합해서 다른 곳에서는 생기지 않는 새로운 단위를 만든다. 결합 과정은 기능의 추가(예: 망원경 팔, 사과를 따는 손)로 이루어지거나 기능의 증가(예: 신체의 재 디자인: 코를 다리 위에 두어서 지면과 더 가깝게 하면 추적하는 데 유용할 수 있다)로 이루어질 수 있다.

클리셰 단위를 다루는 다양한 방식들은 정보 처리 시스템의 기본
이라 할 수 있는 선택과 결합의 과정을 다룬다. 그 과정은 앞의 그림
에서 제시되어 있다.

기능

기능은 무슨 일이 일어나고, 무슨 일이 진행되는지에 대한 묘사다.
특정한 대상이나 대상의 배열만을 클리셰로 생각하기 쉽지만 기능
또한 클리셰가 될 수 있다.

디자인의 상황에서도 기능을 바라보는 방식에는 계층이 있다. 가
장 일반적인 묘사로부터 가장 구체적인 묘사로 내려갈 수 있다. 예를
들어 사과 따는 기계의 경우 다음과 같은 계층을 가질 수 있다. '원하
는 곳에서 사과 얻기, 나무에서 사과 분리하기, 나무에서 사과 제거하
기, 사과 따기' 보통은 이런 계층을 거치지 않고, '사과 따기'와 같이
기능을 구체적으로 묘사한다. 묘사가 구체적일수록 그것에 더 구속
된다. 예를 들어 '따기'의 사용은 나무를 흔들어서 사과를 얻을 수 있
는 가능성을 배제시킨다.

지나치게 구체적인 기능의 아이디어로부터 벗어나기 위해 기능의
계층을 거꾸로 올라가려고 시도할 수 있다. 즉 구체적인 것으로부터
일반적인 것으로 거슬러 올라가는 것이다. 따라서 '사과를 따는 것이
아니라 제거하기, 사과를 제거하는 것이 아니라 나무에서 사과를 분

리해내기'라고 말할 수 있다. 지나치게 구체적인 기능의 아이디어로부터 벗어나는 방법은 수평적 태도로 바꾸는 것이다. 즉 '나무에서 사과를 따기' 대신에 '사과 주변의 나무 제거하기'를 생각할 수 있다.

아이들에게 물이 쏟아지지 않는 컵을 디자인하라고 했을 때, 그들은 다양한 기능적 접근을 했다. 우선 뒤집어지지 않는 컵을 디자인한 것으로, 천장으로부터 내려오는 긴 손, 컵을 부착시키기 위한 '끈적거리는 물질', 피라미드 모양의 컵 등의 방법이 제시되었다. 다음은 뒤집어졌을 때도 쏟아지지 않는 컵을 디자인한 것으로, 물을 마시고 싶을 때 손잡이로 여는 덮개를 만드는 방법, 컵이 어떤 위치에 있든지 물이 항상 바닥에 있도록 컵의 모양을 만드는 방법 등이 제시되었다.

기능의 문제는 일단 특정한 기능이 결정되고 나면, 아이디어가 상당 부분 고정된다는 것이다. 그래서 특정한 기능을 수행하는 방법이 아닌 대안이 되는 기능들을 만들어내려고 노력해야 한다.

기능을 추출하는 것은 디자인 과정에서 아이디어를 움직이게 하는데 매우 유용하다. 만일 어떤 일을 하는 특정한 방식에 열중한다면 그 일을 더 진행시킬 수 없다. 그러나 그 상황에서 기능을 추출해내면, 그것을 수행하는 다른 방법을 찾을 수 있다. 아래 그림은 그 과정을 나타낸다. 교육생들이 제출한 디자인은 같은 기능을 수행하는 다른 방법들을 보여주고, 비교할 수 있게 한다. 반대로 다른 개념이 어떻게 완전히 다른 접근 방법을 이끌어내는지 보여줄 수도 있다.

사람들은 기능을 다루면서 두 가지를 보여주려고 한다.

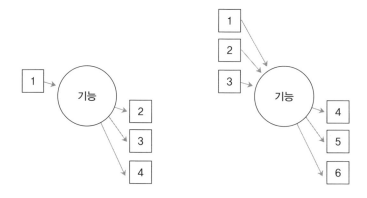

① 기능의 추출이 어떻게 그 기능을 수행하는 다른 방법들로 이끄
는가?

② 새로운 접근 방법을 만들기 위해 기능의 특정한 아이디어를 어
떻게 바꾸어야 하는가?

실제로 이렇게 말할 수 있다. '그것은 사과 따는 기능을 수행하는
방법 중 하나다. 다른 방법을 생각할 수 있는가?' 그러나 다르게 말할
수도 있다. '그것들은 사과 따는 기능을 수행하는 다른 방법들이지만,
그것을 바라보는 방식은 하나다. '딴다'는 아이디어는 잠시 미뤄두고
나무에서 사과를 제거하는 것만 생각해보자.'

디자인의 목적

디자인 문제에서 목적이 한 가지인 경우는 아주 드물다. 일반적으
로 주된 목적이 있고, 여러 개의 부차적인 목적들이 있다. 예를 들어

사과 따는 기계에 관한 디자인에서 주된 목적은 사과에 도달해서 따는 것이다. 그러나 그 목적을 이루는 과정에서 다른 목적들을 이루지 못하게 할 수도 있다. 사과를 따기 위해 나무를 흔드는 것은 주된 목적을 만족시키지만, 사과를 손상시킬 수 있다. 만일 사과를 따는 거대한 기계가 있다면 위의 목적들을 모두 만족시킬 수 있을 것이다. 하지만 너무 비경제적이어서 오히려 손으로 일일이 사과를 따는 것이 더 저렴할 것이다. 이렇게 세 가지 목적이 분명해졌다. 사과 따기, 사과 손상시키지 않기, 손으로 사과를 따는 것보다 경제적인 기계 만들기다. 다른 목적들도 있다. 예를 들어 기계는 일정한 속도로 일하거나 나무 사이를 쉽게 지날 수 있어야 한다. 이 모든 목적들은 원하던 기계를 묘사할 때 구체화되거나, 디자인이 검토될 때 분명해질 수 있다.

디자인을 하는 사람들 중 일부는 항상 이 모든 목적들에 주목한다. 그들은 느리게 디자인을 진행할 것이며, 목적들 중 하나라도 만족시키지 못하는 아이디어는 즉시 거절할 것이다. 그리고 일부는 주된 목적만을 만족시키려 하기 때문에 매우 빨리 진행할 것이다. 그들은 몇 가지 종류의 해답을 찾은 후에야 다른 목적들이 어느 정도 충족되었는지 살펴볼 것이다. 두번째 사람들의 경우가 더 생산적일 듯하지만, 그것은 마지막에 평가를 해봐야 알 수 있다. 평가가 철저하게 이루어지지 않아 중요한 목적이 간과되면, 그 결과는 비참할 것이다. 평가는 매 단계마다 하는 것보다 마지막에 하는 것이 더 낫다. 왜냐하면 매 단계마다 평가를 하는 것은, 그 자체로는 부적절하지만 더 좋은 아이디어로 이끄는 아이디어를 고려하지 못하도록 하기 때문이다.

디자인과 수평적 사고

디자인 과정은 수평적 사고를 많이 포함하고, 그것을 연습할 수 있는 훌륭한 환경을 제공한다. 사람들은 디자인 과정에서 항상 개념을 재구성하려고 한다. 그들은 클리셰 단위를 찾아서 제거하고, 계속 새로운 접근 방법을 만들어야 한다.

이 장의 많은 예시들은 주로 7세에서 10세의 아이들이 디자인한 것이다. 그들은 상대적으로 단순하고, 그들의 디자인 과정은 어른들의 것을 서툴게 모방한 것이다. 그런 예들의 장점은 디자인 과정의 실수가 훨씬 명확하게 드러난다는 것이 많다. 실수는 아이들의 특성이 아니라 의식이 정보를 다루는 방식에서 발생한다. 비록 덜 명확하지만 모든 연령대의 사람들도 같은 실수를 한다.

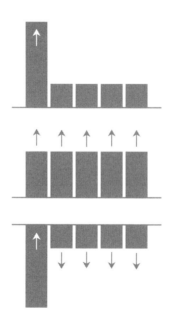

디자인의 첫번째 목적은 교육생들이 대안을 만들게 하는 것이다. 그리고 두번째 목적은 적절하기 때문에 만족하는 것이 아니라 더 나은 것을 볼 수 있게 하는 것이다. 세번째 목적은 고정된 패턴의 지배로부터 자유롭게 하는 것이다. 이 세 가지 목적은 수평적 사고의 목적을 다르게 말한 것이기도 하다.

연습

교육생들에게 구체적인 디자인 과제를 내준다. 교육생들은 각자 같은 과제를 다룬다. 모든 디자인은 그림이고, 어떻게 작용하는지 나타내기 위해 그림에 간략한 메모를 할 수 있다. 그러나 그림에 있는 것만 말해야 한다. 완벽하게 설명할 수 있다고 해서 그림에 없는 것을 말해서는 안된다. 그리고 설명이 그림을 대신 해서도 안된다. 각 디자인 프로젝트는 30분이면 충분하다. 중요한 것은 디자인이 얼마나 뛰어난지가 아니라 디자인 과정 자체이기 때문이다.

디자인 과제를 내주면, 어떤 교육생들은 추가적인 정보를 요구할 것이다. 예를 들어 디자인 과제가 울퉁불퉁한 길을 달릴 수 있는 차라면, 지면이 얼마나 거칠어야 하는지 물어볼 수 있다. 비록 그런 질문들이 합리적이고, 디자인을 하는 상황에서 대상을 구체적으로 표현할 수 있게 하지만, 이 과정에서는 그렇게 하지 않는 것이 좋다. 교육생들은 각자 나름대로 세부 사항을 가정하면 된다. 그것은 훨씬 다양한 반응을 가져온다. 결과를 이야기할 땐, 디자인의 주된 목적뿐만 아니라 다른 목적들도 충족시키는지 따져본다. 그러나 주어지지 않은 조건을 충족시키지 못했다고 해서 비난해서는 안된다.

교육생들이 제출한 디자인은 그 자리에서 토의할 수도 있고, 검토해서 다음 수업 시간에 토의할 수도 있다. 가능하다면 토의하기 전에 어떤 식으로든 디자인을 보여주는 것이 좋다.

앞에서 제안했던 것처럼, 토의는 일을 하는 다른 방식과 비교하고, 클리셰 단위를 골라내는 데 중점을 둔다. 그러나 어떤 디자인이 잘된 것인지 말하는 것은 상상력을 제한할 수 있으므로 안하는 것이 좋다. 만일 가장 잘 된 디자인을 고르고 싶다면 '잘 됐다'와 같이 디자인 전체를 포괄적으로 인정하기보다는 디자인의 독창성이나 경제성 등 특정한 것을 지적하면서 고른다. 아니면 '흥미로운', '진지한', '매우 다른'과 같은 말로 언급한다. 그러나 무엇보다 중요한 것은 어떤 디자인이든 비난하지 않는 것이다. 만일 디자인이 어떤 특성을 갖추지 못한 것을 비난하고 싶다면, 그 특성이 잘 나타난 디자인을 칭찬하는 것으로 대신한다. 그래서 교육생들이 다른 사람의 디자인을 판단을 못하게 해야 한다.

이 장에서는 디자인 프로젝트를 제안했다. 일반적으로 디자인 프로젝트는 머리를 자르는 기계처럼 현재 실현되지 않은 것을 디자인해보라거나 머리빗의 재디자인처럼 더 나은 방식으로 일할 수 있는 것을 디자인해보라고 할 수 있다. 프로젝트는 단순할 수도 있고, 복잡할 수도 있다. 전체적으로 단순하고 기계적인 디자인은 추상적인 디자인보다 더 유용하다. 교육생들이 매일 사용하는 물건이라면 무엇이든지 재디자인 해보라고 할 수도 있다. 예를 들어 전화기, 연필, 자전거, 신발, 책상 등의 디자인이다.

잘 될까?

사람들은 디자인 하나하나를 조심스럽게 분석하고, 제대로 작동하지 않을 것 같은 디자인을 거부한다. 그러나 그것을 오로지 온전하고, 작동 가능한 것들로만 제한하고 싶어 하진 않는다. 그런데도 그들은 교육생들이 작동할 수 있는 디자인을 하길 바랄 뿐 공상적인 디자인을 하는 것을 원하지 않는다. 교육생들에게 기대할 수 있는 수준은 그들의 나이에 따라 다르지만, 어떤 경우에도 그것을 시험해보지 않는다. 만일 교육자가 때때로 현실성 없는 디자인을 골라 그것이 유용한 아이디어로 이끌 수 있다는 것을 알도록 한다면 그것으로 충분하다. 디자인은 실행 가능한지를 판단하는 것이 아니라 디자인을 하는 사람이 실행 가능하도록 만들려고 시도했는지를 판단한다. 만일 디자인이 탐탁치 않더라도 그냥 넘어가는 것이 좋다.

수평적 사고를 연습하자

교육은 전통적으로 논리적 사고만을 강조해왔다. 그리고 창의력은 그저 신비스러운 능력으로 막연하게 장려되었을 뿐이다. 이 책에서 살펴 본 수평적 사고는 논리적 사고의 대용이 아니라 보완이다. 논리적 사고는 수평적 사고가 없다면 상당히 불완전할 것이다.

수평적 사고에서 정보를 사용하는 방식은 논리적 사고의 그것과 매우 다르다. 예를 들어 논리적 사고는 매 단계에서 반드시 옳아야 하지만, 수평적 사고는 그렇지 않다. 오히려 패턴을 재구성하기 위해 일부로 틀리기도 한다. 그리고 논리적 사고는 즉각적으로 판단하지만 수평적 사고는 정보가 상호 작용을 하고, 새로운 아이디어를 만들어내도록 판단을 연기한다.

수평적 사고의 두 가지 측면은 정보를 자극적으로 사용하는 것과 수용된 개념에 도전하는 것이다. 수평적 사고의 주된 목적은 그것들의 기초를 이루는 것이다. 수평적 사고는 패턴을 재구성할 수 있는 수단을 제공한다. 패턴의 재구성은 곧 통찰력의 재구성으로, 정보를 더 잘 사용하기 위해 필요하다.

의식은 패턴을 만드는 시스템이다. 의식은 환경 밖에서 패턴을 만들고, 그 패턴을 인식해서 사용한다. 그것이 의식을 효율적이라고 부를 수 있는 근거다. 정보의 도착 순서가 그것이 어떻게 패턴으로 배열될지를 결정하기 때문에 그 배열이 가장 좋은 배열은 아니다. 패턴에 포함된 정보를 더 유용하게 사용하기 위해서는 통찰력의 재구성에 대한 메커니즘이 필요하다. 그러나 논리적 사고는 그 메커니즘을 제공하지 못한다. 그것은 수용된 개념을 재구성하는 것이 아니라 단지 연관시키기 때문이다. 이런 유형의 정보 처리 시스템의 행위는 통찰력을 재구성하기 위해 수평적 사고를 요구한다. 수평적 사고의 자극적 기능과 도전 기능은 모두 그것을 목적으로 한다. 두 가지 경우 모두, 정보는 합리성의 범주를 벗어나서 사용되는데, 그것은 수평적 사고가 합리성의 외부에서 작용하기 때문이다. 그러나 수평적 사고의 필요성은 상당히 논리적이다.

수평적 사고는 수직적 사고보다 이른 단계에서 작용한다. 수평적 사고는 상황을 바라보는 방식을 재구성하는 데 사용된다. 그리고 수직적 사고는 그 패턴을 수용하고, 그것을 발전시킨다. 수평적 사고는 생산적이고, 수직적 사고는 선택적이다. 효율성은 두 가지 사고 모두의 목적이다. 전통적인 사고는 해답의 타당성을 넘어서기 위한 방법을 발전시키지 않는다. 즉 해답이 만족스러우면 사고를 멈추고, 더 좋은 대안을 찾지 않는다. 논리적 사고는 일단 타당한 해답을 찾으면 더 이상 진행시키기 힘들다. 논리적 사고의 기초인 거절하는 기능이 더 이상 제대로 작동하지 않기 때문이다. 수평적 사고를 하면 통찰력의 재구성을 통해 타당성을 넘어서서 사고를 쉽게 발전시킬 수 있다.

수평적 사고는 특히 문제 해결과 새로운 아이디어를 만드는 데 유용하다. 그러나 수평적 사고는 모든 사고의 필수적인 부분이기 때문에, 그것에만 제한되지는 않는다. 개념을 바꾸고, 그것을 새롭게 하지 않으면 개념에 발목을 잡히기 쉽다. 그때의 개념은 오히려 해롭다. 게다가 고정된 개념의 패턴들은 실제로 수많은 문제들을 만들어낼 수 있는데, 그것들은 특히 심각하다. 그것들은 오로지 통찰력을 재구성하는 것으로만 해결할 수 있기 때문이다.

과학 기술이 의사소통과 산업 발전의 속도를 빠르게 하면서 아이디어를 변화시켜야 하는 필요는 훨씬 분명해졌다. 그러나 우리는 그럴 수 있는 만족스런 방법을 발전시킨 적이 한 번도 없었다. 다만 항상 여러 가지 갈등에 의해 좌지우지되어 왔다. 그러나 수평적 사고는 통찰력을 재구성해서 아이디어의 변화를 유도한다.

수평적 사고는 통찰력이나 창의성과 연관되어 있다. 그것들은 종종 발생한 다음에서야 알 수 있지만, 수평적 사고는 그것들을 유발하기 위해 의도적으로 정보를 사용한다. 실제로 수평적 사고와 수직적 사고는 상호 보완적이기 때문에 혼합되어 사용된다. 그럼에도 불구하고 수평적 사고의 기본적 특성을 이해하고, 그것을 사용하기 위해 그 둘은 구분하는 것이 좋다. 그렇게 해야 혼란도 막을 수 있다. 왜냐 하면 수평적 사고에서 정보를 사용하는 원리는 수직적 사고의 그것 과 다르기 때문이다.

수평적 사고에 대해 읽는 것으로 수평적 사고를 사용하는 기술을 얻기는 어렵다. 그러기 위해서는 끊임없이 연습해야 한다. 이 책에서 연습을 강조한 것도 바로 그 때문이다. 간곡한 권고나 권유만으로는 충분치 않다. 수평적 사고를 적용기 위해서는 특별한 기술이 필요하 다. 그것들은 목적은 기술 자체를 위해서 사용되는 것과 의식이 수평 적으로 사용될 수 있도록 하는 것인데, 그 중 후자가 더 중요하다.

수평적 사고를 효율적으로 사용하기 위해서는 실용적인 언어 도구 가 필요하다. 그것을 특별한 방식으로 정보를 사용할 수 있게 해주며, 다른 사람에게 무슨 일이 일어났는지 나타내준다. 그것이 바로 PO 다. PO는 통찰력 도구로, 언어의 고정된 패턴을 깨뜨린다. PO는 의식 에 의해 쉽게 형성되는 패턴의 경직성을 느슨하게 하고, 새로운 패턴 을 자극한다. 수평적 사고는 의심을 위한 의심이나 혼란을 위한 혼란 을 만들어내는 것과는 관련이 없다. 그리고 질서와 패턴이 매우 유용 하다는 것을 알지만 그것들을 새롭게 하고, 더 유용한 것으로 만들기 위해서 변화를 강조한다. 수평적 사고는 특히 고정된 패턴이 얼마나 위험한지 강조한다. 왜냐하면 의식이 정보를 다루는 방식은 고정된 패턴을 만들기 쉽기 때문이다.